酒店服务心理学

【第4版】

HOTEL SERVICE
PSYCHOLOGY

主　编　程春旺
副主编　王小利　程姗姗　吴海洋

内 容 简 介

本书是根据酒店管理行业规范的要求,为满足高职高专酒店管理专业教学需要,按照"以任务驱动引领教学,提升职业素养为目标"的教学改革思路编写的模块化教材。

本书共有3篇13个模块,包括基础篇、服务篇与管理篇,其中基础篇分为6个模块,分别介绍了心理学概述、感觉与知觉、记忆与注意、需要与动机、气质与性格、情绪与情感;服务篇分为4个模块,分别介绍了酒店餐饮服务心理、酒店前厅服务心理、酒店客房服务心理和酒店投诉服务心理;管理篇分为3个模块,分别介绍了酒店员工心理与管理、酒店员工群体心理与人际交往和酒店领导心理。

本书既可作为高职高专酒店管理专业和旅游管理类专业的教学用书,也可作为成人高校、职业高中、相关培训机构和酒店内部的培训资料。

图书在版编目(CIP)数据

酒店服务心理学 / 程春旺主编. —4版. —西安:
西安交通大学出版社,2022.3(2024.1重印)
ISBN 978-7-5693-2427-3

Ⅰ.①酒… Ⅱ.①程… Ⅲ.①饭店-商业心理学-教材 Ⅳ.①F719.2

中国版本图书馆CIP数据核字(2021)第266873号

书　　名	酒店服务心理学(第4版) JIUDIAN FUWU XINLIXUE(DI 4 BAN)
主　　编	程春旺
责任编辑	张瑞娟
责任校对	侯君英
出版发行	西安交通大学出版社 (西安市兴庆南路1号　邮政编码710048)
网　　址	http://www.xjtupress.com
电　　话	(029)82668357　82667874(市场营销中心) (029)82668315(总编办)
传　　真	(029)82668280
印　　刷	陕西思维印务有限公司
开　　本	787mm×1092mm　1/16　印张 18.25　字数 353千字
版次印次	2022年3月第4版　2024年1月第2次印刷
书　　号	ISBN 978-7-5693-2427-3
定　　价	45.00元

如发现印装质量问题,请与本社市场营销中心联系。
订购热线:(029)82665248　(029)82667874
投稿热线:(029)82668525

版权所有　侵权必究

前言 PREFACE

随着我国旅游业的高速发展，酒店业面临着激烈的市场竞争，在高星级酒店越来越多的情况下，优质服务成为提高酒店核心竞争力的基础。要想提升酒店的服务水平，了解客人的心理需求，针对需求提供个性化服务是最好的途径。但是，只有满意的员工才能为客人提供满意的服务，所以，酒店员工自身的心理素质也需有所提升。此外，酒店要想在激烈的市场竞争中生存下来，还需拥有一批懂得顾客与员工心理，并具备较强管理能力的管理者。

本书针对目前酒店业对服务与管理人才的需求，以培养学生职业能力为核心，兼顾学生职业生涯规划与发展的要求进行编写，内容涉及基础篇、服务篇与管理篇共3篇13个模块。

本书特色如下：①侧重于分析酒店客人的心理需求，酒店服务人员可根据客人的心理需求为其提供个性化服务；②以案例分析引导学生思考如何发现客人的心理需求，并为客人提供满意的服务；③以任务驱动引领教学，提升学生分析问题、处理问题的能力；④内容前沿，关注目前酒店业的行业特点及心理学最新的研究成果；⑤为了适应目前酒店业对人才的需求，本书是在与行业企业共同开发与实施的课程教学的基础上编写的。

因此，本书可作为高职高专酒店管理专业和旅游管理专业的教学用书，也可作为成人高校、职业高中、相关培训机构和酒店内部的培训资料。

本书由常州纺织服装职业技术学院程春旺担任主编，由南京金肯职业技术学院王小利、常州工程职业技术学院程姗姗、常州纺织服装职业技术学院吴海洋担任副主编，由常州纺织服装职业技术学院钱华生担任主审。此外，参加编写的人员还有常州部分高星级酒店的从业人员。

本书在编写过程中参阅了大量的文献资料，在此对这些文献资料的作者表示由衷的感谢。由于编者水平有限，书中难免存在疏漏，恳请读者批评指正，并将您的宝贵意见发送到 ccwcom@163.com 邮箱。

编 者

目录 CONTENTS

基础篇

模块1　心理学概述 ··· 2
  任务一　认识心理学 ··· 3
  任务二　认识酒店服务心理学 ·· 8
  任务三　如何研究酒店服务心理学 ··· 12

模块2　感觉与知觉 ··· 21
  任务一　什么是感觉与知觉 ··· 21
  任务二　如何根据客人的感觉、知觉提供个性化服务 ················ 29

模块3　记忆与注意 ··· 42
  任务一　什么是记忆 ·· 43
  任务二　记忆与酒店服务策略 ·· 49
  任务三　什么是注意 ·· 51
  任务四　注意与酒店服务策略 ·· 56

模块4　需要与动机 ··· 63
  任务一　什么是需要与动机 ··· 64
  任务二　需要与动机在酒店服务中的实践意义 ························· 70

模块5　气质与性格 ··· 83
  任务一　什么是个性 ·· 84
  任务二　气质与酒店客人的行为关系 ····································· 89
  任务三　性格与酒店客人的行为关系 ····································· 96

模块6　情绪与情感 ··· 104
  任务一　什么是情绪与情感 ··· 105
  任务二　情绪、情感与酒店服务工作 ··································· 112

I

服务篇

模块 7　酒店餐饮服务心理 ……………………………………………… 126
　　任务一　餐饮服务认知 ………………………………………………… 126
　　任务二　客人对酒店餐饮的心理需求及服务心理策略 ………………… 131

模块 8　酒店前厅服务心理 ……………………………………………… 141
　　任务一　前厅服务认知 ………………………………………………… 142
　　任务二　客人对酒店前厅服务的心理需求及服务心理策略 …………… 146

模块 9　酒店客房服务心理 ……………………………………………… 155
　　任务一　客房服务认知 ………………………………………………… 155
　　任务二　客人对酒店客房服务的心理需求及服务心理策略 …………… 159

模块 10　酒店投诉服务心理 …………………………………………… 171
　　任务一　正确认识酒店客人投诉 ……………………………………… 171
　　任务二　酒店客人投诉心理及处理策略 ……………………………… 178

管理篇

模块 11　酒店员工心理与管理 ………………………………………… 192
　　任务一　酒店员工的职业心理素质 …………………………………… 193
　　任务二　酒店员工的压力管理 ………………………………………… 198
　　任务三　酒店员工的激励 ……………………………………………… 204

模块 12　酒店员工的群体心理与人际交往 …………………………… 215
　　任务一　酒店员工的群体心理 ………………………………………… 216
　　任务二　酒店员工的人际交往 ………………………………………… 222

模块 13　酒店领导心理 ………………………………………………… 236
　　任务一　领导与领导者 ………………………………………………… 237
　　任务二　领导者的影响力 ……………………………………………… 240
　　任务三　酒店领导艺术 ………………………………………………… 245

参考文献 ………………………………………………………………… 252

基 础 篇

模块 1 心理学概述

模块目标

◆ **知识目标**

1. 了解心理学的基础知识,认识心理活动的本质。
2. 分析酒店服务心理学对将来所从事酒店服务工作的重要性。
3. 掌握酒店服务心理学的研究内容、研究意义及研究方法。

◆ **能力目标**

1. 培养自觉运用心理学的知识与技能去观察和感知服务对象的意识。
2. 在日常的学习生活中能熟练运用观察法、访谈法、问卷法等方法来了解周围人群的某些心理现象。

模块任务

◆ 任务一　认识心理学
◆ 任务二　认识酒店服务心理学
◆ 任务三　如何研究酒店服务心理学

任务一　认识心理学

案例聚焦

现代社会，心理问题引起越来越多人的关注与重视。据调查，抑郁情绪已成为现代人常见心理问题之一。在我们身边有很多人受到心理问题的影响，这些影响对青少年而言尤为强烈。

此外，巨大灾害也会给人们造成严重的心理伤害或精神伤害。如在汶川地震后，中山大学第三附属医院医疗队曾赶往地震灾区，通过人员走访、问卷调查、面对面访谈等方式，发现近48%的灾区群众存在明显的心理健康问题，其中13.39%的灾区群众有创伤后应激障碍。心理专家对灾区群众进行了5000余人次的心理干预治疗，其中约50%的被干预者在睡眠、情绪、认知、意志活动等方面得到了明显的改善。但专家认为，后续的心理危机干预工作仍将持续很长时间。

但有时，巨大灾害并不是造成人们心理问题的主要因素。如2020年初，新型冠状病毒肺炎在武汉肆虐，人们除了关注疫情防控、患者救治之外，还对人群在疫情下的心理状态进行了研究。有研究报告显示，新型冠状病毒肺炎传染力强、传播范围广，疫情期间国家管控规模大，人群心理状态基于性别、年龄、地域等不同人口学特征呈现不同水平的差异。因此对于人群心理问题，除疫情本身之外，还应考虑长期居家、经济影响等社会因素。

由此看来，心理问题需考虑各方面因素。对于酒店来说，酒店顾客来自不同国家和地区，他们生活在各自国家和地区的文化环境中，形成了不同的生活习俗，同时形成了不同的生活禁忌。如江西景德镇某星级酒店为了突出中国瓷都特色，在客房内摆放了一些瓷器装饰品，其中包括佛教瓷像。某次一对信奉其他宗教的外国夫妇入住酒店，他们发现客房中摆放了佛教瓷像后强烈要求前台换房。这说明酒店在客房布置时考虑不周，未顾及不同国家和地区客人的宗教心理，导致客人不满。

任务执行

上述案例说明,现代人在学习、生活与工作中,掌握一定的心理学知识越来越重要。同时,心理学对缓解各种心理压力,提高现代人生活质量也有很大帮助。

一、心理学概述

心理+科学=心理学,即心理学是研究心理现象及其活动规律的科学。人的心理现象是指人的心理活动,如感觉、知觉、想象、思维、记忆、情感、意志、气质、性格等。心理现象不同于物理、化学等客观现象,它没有形状、大小、气味,不易被人直接认知。但是,心理现象又时时刻刻存在于人们的学习、生活与工作中。这些心理现象和心理活动之间有着紧密联系,并且存在着一定规律,这些规律通过科学研究可以被人认识。从系统论的观点来看,人的心理现象是一个多层次、相关联的复杂的大系统。

根据对人的心理活动的系统描述,人的心理现象大致可以分为三个部分,如图1-1所示。

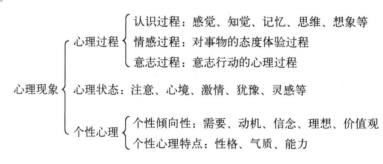

图1-1 心理现象三个部分

二、心理学的起源与发展

心理学的起源可追溯到古希腊哲学家对生命本质的阐述。亚里士多德热衷于研究生命的本质,用灵魂(Psyche)这一术语指代生命的本质,同时重视研究人在推理、说话、记忆及学习时所表现出来的日常行为。亚里士多德的《灵魂论》可以说是世界上第一部心理学著作。此外,我国古代思想家荀子、王充等也有不少关于心灵的论述。但是,直到1879年德国心理学家冯特在莱比锡大学创立世界上第一个心理学实验室,并采用科学的方法对人的心理进行研究,才标志着心理学作为一门独立的学科从其他学科中分离出来。

心理学的发展日新月异。在心理学诞生后的一百多年中,不仅涌现出多不胜数的心理学派,还出现了许多应用心理学,如教育心理学、管理心理学、服务心理学、消费心理学、犯罪心理学、临床心理学等。这些新的应用性心理学在其各自领域得到了广泛运用。它们对人们的生活、工作发挥着越来越重要的作用。尤其在当今社会,随着人们生活节奏加快,竞争压力也越来越大,人们对心理学的关注和重视也超过了以往。可以想象,在未来的社会中,心理学将扮演越来越重要的角色。

三、心理学的主要学派

虽然心理学成为一门独立学科的时间不长,但一百多年来心理学发展的速度之快,研究之深,范围之广,也是人们有目共睹的。同时,由于各细分领域的研究重点、理念、方法等的不同,心理学形成了众多学派,见表1-1。

表1-1 心理学主要学派

心理学派	创立时间	代表人物	主 要 观 点
构造主义	19世纪末	冯特 铁钦纳	构造主义也称为建构主义心理学派,是心理学史上第一个应用实验方法系统研究心理问题的派别。该学派认为人的心理意识现象是简单的"心理元素"构成的"心理复合体",它致力于心理意识现象"构造"的研究,以及心理意识现象"元素"的分析。构造主义心理学派把心理学看成一门纯科学,只研究心理内容本身,研究它的实际存在,不去讨论其意义和功用,因而比较狭隘
行为主义	1913年到1930年是早期行为主义时期,1930年起出现了新行为主义理论	华生 托尔曼 斯金纳	以美国心理学家华生为代表的早期行为主义主张心理学应该研究所观察到的并能客观地加以测量的刺激和反应,它认为人类的行为都是后天习得的,而且环境可以决定一个人的行为模式。但以托尔曼为代表的新行为主义者修正了华生的极端观点,并指出在个体所受刺激与行为反应之间存在着中间变量,这个中间变量是指个体当时的生理和心理状态,包括需求变量和认知变量。所谓需求变量本质上就是动机,认知变量就是能力。而在新行为主义中另有一种激进的分支则以斯金纳为代表,斯金纳在巴甫洛夫经典条件反射基础上提出了操作性条件反射,认为强化训练是解释机体学习过程的主要机制。行为主义心理学派促进了心理学的客观研究,扩展了心理学的研究领域。它对行为的突出强调促进了心理学的应用

续表

心理学派	创立时间	代表人物	主 要 观 点
格式塔	1912年	M.魏特海默	人的心理意识并不等于感觉、感情等元素的总和,行为也不等于反射弧的集合,思维也不是观念的简单联结,格式塔心理学派反对对任何心理现象进行元素分析。该学派重视整体的观点,强调各部分之间动态联系和对创造性思维的认识,对后来心理学的发展起到了积极的推动作用
精神分析	19世纪末、20世纪初	弗洛伊德	精神分析学说的最大特点,就是强调人的本能的、情欲的、自然性的一面,它首次阐述了潜意识的作用,肯定了非理性因素在行为中的作用,重视人格的研究和心理应用,开辟了潜意识研究的新领域
人本主义	20世纪50—60年代	马斯洛 罗杰斯	人本主义反对将人的心理低俗化、动物化的倾向,反对仅仅以病态人作为研究对象,把人看作本能牺牲品的精神分析学派,也反对把人看作是物理的、化学的客体的行为主义学派。人本主义主张研究对人类进步富有意义的问题,关心人的价值和尊严,促进人的自我实现
认知	20世纪50年代中期	奈瑟	广义的认知心理学派是指凡是研究人的认识过程的,都属于认知心理学。但目前西方心理学界通常所说的认知心理学,是指狭义的认知心理学,也就是信息加工心理学,通过与计算机相类比,以模拟、验证等方法来研究人的认知过程,认为人的认知过程就是信息的接收、编码、储存、交换、操作、检索、提取和使用的过程。强调人已有的知识与知识结构对他的行为和当前的认知活动起决定作用

由于各种流派的自我局限性,在研究心理现象过程中只重视某个环节,而忽略了其他环节,只做了片面、局部或环节性的研究,没有进行整体、全面或本质的研究。随着人们对心理现象研究的逐渐深入和想要把握整体心理状况的需求,心理学派的融合统一必然成为未来心理学的发展趋势。

四、心理的本质

关于心理的起源,历史上有唯心主义和唯物主义之争。唯心主义认为,心理是

"宇宙精神"的表现,是不依赖物质而存在的灵魂活动的结果。其代表人物有柏拉图、贝克莱、黑格尔、王阳明等。唯物主义认为物质是第一性的,心理、意识是第二性的;心理、意识是物质的产物,心理是脑的机能,是人脑对客观世界的主观能动反映。

(一)心理是脑的机能

心理现象是人体哪个器官的机能?古代朴素唯物主义者虽然认为心理现象是身体的一种机能,但是由于当时科学技术水平的限制,人们并不清楚产生心理活动的器官是哪一个。相当长的一段时期内,人们曾经认为心脏是产生心理活动的器官,心理是心脏的机能。如古希腊哲学家亚里士多德认为心脏是思想和感觉的器官,我国古代思想家孟子提出"心之官则思"。汉字中,与心理活动有关的字大多带有心字旁或竖心旁。我国一些成语也带有这种色彩,如"心安理得""心不在焉""心中有数"等;因为心脏位于胸腔中与腹部相近,所以又有"胸有成竹""满腹经纶""推心置腹"等成语。

然而随着事实和经验的积累,人们逐渐认识到心理活动不是与心而是与脑相联系的。如人们观察到,人在睡眠和酒醉时,心脏活动与清醒时并无多大差别,但精神状态大不相同;一些精神病人心跳正常,却神志不清。一个心脏机能正常的人,如果大脑受了损伤,心理活动就会受到严重破坏,如记忆丧失、言语、思维或身体运动出现障碍等。由此,人们认识到心理现象是脑的产物。我国明代医药学家李时珍曾提出"脑为元神之府"。清代著名医生王清任于1830年在《医林改错》中提出了"脑髓说",揭示了脑与周身的联系,明确指出"两目系如线长于脑,所见之物归于脑""两耳通脑,所听之声归于脑""鼻通于脑,所闻香臭归于脑"。

(二)心理是客观现实的反映

20世纪50年代,印度发现了两个狼孩——被狼叼走养大的孩子。虽然他们有健全的大脑,但由于脱离了人类社会,在狼群里长大,所以他们只具有狼的习性,不具备人的心理。1910年,美国加利福尼亚州发现一个现代"野孩",这个"野孩"才出生十几个月就被她父亲野蛮隔离,她没走出过家门,也没与人交流过。当大家发现她时,已经11岁的她既不会说话,也不会走路,智力水平如同1岁婴儿。这说明一个人如果脱离社会,就不能产生正常人的心理。心理是客观现实的反映,心理现象的产生是以客观现实为基础的,离开了客观现实,心理现象就成了"无源之水,无本之木"。

(三)心理具有主观能动性和个体差异性

当跳水运动员完成动作后,其动作的技术难度与完成程度已成事实,属于客观现实,然而,不同裁判员针对同一客观现实的评分结果并不会完全一致。一个旅游团队入住同一家酒店标准相同的若干间客房,有些队员非常满意,有些队员则有很多抱怨,这说明心理活动的内容虽然来源于客观现实,但是心理现象并不完全是客观现实而是经过加工的反映。心理现象产生的过程,是一个客观见之于主观的过程。不同的个体由于自身的遗传素质、知识经验、教育水平、思想意识、职业活动、个性等方面的原因,会在反映客观现实时打上个人的烙印。因此,心理具有主观能动性和个体差异性。

任务拓展

在20世纪后期,美国心理学会主席塞里格曼推动了一场心理学革命——积极心理学运动。他主张,心理学家不应只关注人的问题(如焦虑和抑郁),还应关注人类生活的美好方面(如研究使人对自己的生活感到幸福的众多因素),突出了研究心理健康与幸福的重要性。这场心理学革命引起许多心理学家对自己的教学及研究作出思考。

积极心理学继承了人文主义和科学主义心理学的合理内核,修正和弥补了心理学的某些不足,它一反以往的悲观人性论,转向重视人性的积极方面,使心理学的目的不仅是研究人的心理或行为上的问题,还要帮助人们形成良好的心理品质和行为模式。因为没有问题的人,并不意味着就能自然而然地形成良好的心理品质和行为模式。

任务反馈

思考:你认为还可以通过哪些实例说明心理是脑的机能?

讨论:研究表明,如果婴儿没有肌肤的接触,几乎活不过六个月,即使勉强活过六个月,以后也会反应迟钝,常做噩梦。据观察,婴儿特别喜欢毛巾、绒毛玩偶,若是它们被人夺去,婴儿就会大吵大闹,有些婴儿甚至没有它们就无法入睡。这说明了什么?

讨论:天空中出现一片乌云,气象学家、农民、诗人、行人分别会想到什么?这说明了什么?

任务二 认识酒店服务心理学

案例聚焦

一天下午,1528房的李太太气冲冲地跑到酒店前台,把房卡狠狠地扔给前台服务员,说道:"你们是怎么搞的,我的房门又打不开了!早上不是已经做了一张房卡吗?

怎么现在又不能用了,烦死了!"前厅经理正好在场,他先是安慰了客人,劝她不要着急,然后迅速地把房卡读了一遍,的确是1528房,时间也对,应该是可以打开的。为确保无误,前厅经理重新做了一张房卡,并陪同李太太一起去房间。李太太看到前厅经理来帮忙,心里还是非常高兴的。到了房间门前,前厅经理发现房卡并没有问题,这种情况很可能是客人没有正确使用房卡,插反了方向。于是,他又把门关上,用慢动作再一次把门打开。这一切李太太看在眼里,心里也明白了,顿时感到有些不好意思。但前厅经理还是礼貌地对她说:"对不起,李太太!可能是刚才门锁有点小问题,不好意思,耽误您的时间了。"这时李太太表情也变得自然了,忙说:"谢谢!谢谢!麻烦你了,你们酒店的服务很到位,以后来这座城市,我还会选择你们酒店的。"

任务执行

前厅经理在事件的处理过程中,没有和客人争论房卡到底有没有问题,也没有指出客人房卡使用不当,而是用行动让客人了解怎么使用房卡,没有让客人感到尴尬。这说明前厅经理在把握客人的心理方面是非常准确的,知道如何让客人感受到酒店的尊重和体贴,这正是酒店服务心理学的重要研究内容之一。

一、酒店服务心理学的研究内容

(一)酒店消费者的心理

酒店服务心理学研究不同类型的客人在预订、购买、接受酒店产品和服务过程中及购买后的心理活动变化的规律。酒店客人不仅具有普通人的心理特点,还具有在酒店消费过程中作为消费者所产生的特殊心理。也就是说,客人在酒店这样一个环境中,作为酒店服务活动的主体参与者,他的身份、地位发生了变化,心理也会有着相应的变化,这种变化是有规律可循的。

酒店消费者的心理研究大体可以分为以下几个方面:

(1)研究酒店消费者决策、购买及消费酒店产品过程中的心理活动;
(2)研究酒店消费者个性心理特征对消费行为的影响;
(3)研究社会环境因素对酒店消费者心理及行为的影响;
(4)研究酒店市场营销对消费者心理及行为的影响;
(5)研究酒店消费群体的心理及行为。

(二)酒店员工的心理

酒店服务离不开服务人员,服务质量的优劣很大程度上取决于酒店服务人员的服务意识和心理素质的高低。目前,酒店管理层有一个共识:只有一流的员工才有一流的服务,才能创造一流的酒店。一方面,研究员工的心理可以了解不同员工在不同时期的心理状态,进而通过各种方式激励员工工作的积极性和主动性,做好酒店人力资源的配置与优化;另一方面,通过对员工心理活动的研究,可以把握员工的心理问题,缓解其工作压力,促进员工身心健康。

（三）酒店管理人员的心理

酒店管理人员包括酒店基层、中层及高层管理人员,他们对酒店的日常经营和管理负责,是酒店经营方针的决策者和执行者。他们在经营决策过程中的心理活动对酒店有着重要影响。如一般酒店的日常运营更多地依靠酒店基层管理人员,这些管理人员大多是从基层的服务人员做起的,因为业务能力强,然后慢慢升到主管、经理职位,他们在角色转换过程中必然有一个心理适应的过程,通过对他们的心理需求及心理活动的研究,可以有的放矢,采取相应的培训提升管理人员的心理素质。

二、为什么要研究酒店服务心理学

（一）更好地为客人提供服务

研究酒店消费者在酒店消费的各种心理活动变化及其规律,对于酒店经营来说有着重要的意义。酒店服务人员只有认真了解了客人的心理,才能根据客人的个性心理需求提供个性化服务,让客人真正满意。

不同的客人有着不同的生活经历和体验,个性也有着很大的不同,面对酒店标准化的产品与服务,必然有着不同的心理感受和心理需求。这需要酒店服务人员掌握一定的心理学知识,在工作中认真观察、仔细分析,把握客人的心理,提供让客人满意的服务。

（二）有利于酒店员工队伍的稳定及素质的提高

对于酒店服务人员来说,学习心理学知识,可以适应职业需要,自觉培养良好的心理素质。同时,在工作实践中自觉运用心理学知识处理问题,对提高酒店员工的综合素质也很有帮助。对于管理层而言,学习心理学知识,可以更好地了解员工的心理需求,知道员工需要什么,可以更有效地与员工沟通,帮助员工、服务员工,增强集体凝聚力,建设一支高效稳定的员工队伍。

（三）促进酒店的长远发展

通过对酒店服务心理学的研究,酒店经营管理者可以更好地预测客源市场的变化规律,把握客人的心理需求和购买特点,有针对性地进行酒店产品的生产、定价和销售,最大限度地满足客人的需要,占据市场先机,取得良好的经济效益和社会效益,促进酒店的长远发展。

此外,人才短缺、员工流动率过高的问题,已成为困扰许多酒店经营者的普遍难题,制约着酒店的长远发展。由于有经验的员工流失严重,酒店需要招聘并培训新的员工队伍,这加大了酒店的经营成本,同时新员工服务质量一时难以达到要求,也必然影响酒店的服务质量。这些问题对于酒店的长远发展是不利的。如果酒店管理层能很好地重视这个问题,把握员工的心理需求,解决员工的实际困难,稳定员工队伍,酒店的长远发展就有人力资源的保障。另外,员工自身也要具有良好的心理素质,克服职业倦怠,对自己的职业生涯有一个良好的规划,与酒店共同成长。

（四）提升我国酒店业的经营管理水平

随着我国经济发展水平的提高及旅游业的迅猛发展,酒店业进入快速增长时期,尤其是星级酒店标准的实施在我国酒店发展历史上起了非常重要的作用,使我国部分酒店的硬件设施水平在较短的时期内赶上并且超过了全球水平,豪华程度有过之而无不及,但星级标准的另一个问题是"重硬件、轻软件",致使我国酒店的软件设施水平远低于硬件设施水平。伴随着越来越多的酒店进入市场接受考验,驻扎一线城市的外资品牌纷纷加大进军二三线城市的布局速度,中档酒店迅速崛起,经济连锁酒店也遍地"开花"。伴随着酒店业的迅速扩张,酒店管理人才短缺严重制约了我国酒店业的经营管理水平。通过对心理学知识的学习与运用,提高服务人员和管理人员的知识结构和员工素质,创建高素质的员工集体,必然会提升我国酒店行业整体的经营管理水平。

任务拓展

美国学者弗登伯格于1914年首次提出"职业倦怠"一词,该词形容的是"那些服务行业的人们因工作时间过长、工作量过大、工作强度过高所体验到的诸如情感耗竭、身心疲劳、工作投入度降低、工作成就感下降等消极状态"。

酒店员工"职业倦怠"是指酒店从业人员在酒店服务工作中因长期持续付出情感,并与他人发生各种矛盾冲突而产生挫折感,并最终表现出情绪和行为等方面的机能失调。面对来自工作和社会的重重压力,如果员工不能很好地定位自己的角色,在完成工作的过程中,不能正确认识和分解压力,调节情绪状态和心境,学会适应变化,那么引发职业倦怠的可能性就会加大。据分析,酒店业人才流失严重,人员流动频繁,在很大程度上是职业倦怠的结果。

任务反馈

思考：酒店服务心理学为什么注重对酒店消费者的心理研究？
讨论：请说明酒店员工职业倦怠现象的原因、后果及解决措施。

任务三　如何研究酒店服务心理学

案例聚焦

实习生李娟怀着忐忑的心情进入某家五星级酒店开始为期半年的实习。酒店方对这一批实习生非常关照,根据他们的个人条件及各部门的实际需要安排了工作,其中李娟被安排在中餐厅做服务员。为了让李娟能更快地适应岗位,中餐厅经理为她安排了一位经验丰富的师傅。经过短暂的培训,李娟正式顶岗工作,可是不知道怎么回事,李娟工作中虽然非常小心,对客人也非常热情,但仍有部分客人对她不满,甚至觉得她笨手笨脚。李娟觉得很委屈,向中餐厅经理提出调换岗位的请求。

经理听了李娟的抱怨后,又去找她的师傅了解情况,师傅反映李娟服务态度不错,对人很热情,服务技能也提高很快,只是在技巧方面有所欠缺,做事有时画蛇添足,不是很灵活,不知道哪些是客人需要的,哪些是客人不需要的,所以常常让客人觉得不开心。

经理了解情况后,找李娟谈心,肯定她实习以来进步很快,然后指出她存在的问题,要求她在以后的工作中要注意以下几点:①接待客人时注意观察客人的言谈举止,揣度客人的身份;②观察自己的师傅是怎么根据客人的具体情况来为客人服务的,学习掌握服务的分寸;③多思考,每天工作结束后,回顾、分析一下整个服务程序中哪些是客人满意的,哪些是客人不满的。李娟记住了经理的指导,在工作中勤于观察和思考,还找来了一些餐厅服务方面的案例进行研究,她的状况很快就得到了改善,客人对李娟的服务非常满意,有些熟客每次来用餐,还会特别指定让李娟来服务。

任务执行

在案例中,实习生李娟虽然服务技能提高很快,对客人也非常热情,但是由于不太能够把握客人的心理需求,常出现事与愿违的情况。通过经理的指导,李娟在后来的工作中,多观察、多学习、多思考,情况也很快发生了变化,这说明研究客人的心理也需要掌握一定的方法。

一、酒店服务心理学的研究原则

（一）客观性原则

客观性原则是指按照客观事物发展变化的本来面目，遵照实事求是的精神，对心理活动进行真实的表述和研究。然而，做到这一点并不容易，由于每个人都有自己的心理体验与主观意志，研究者可能在研究过程中根据自己的心理活动或主观体验去选择、推测、解释客观事实，从而可能会歪曲事实，陷入主观主义的境地。或者，研究者从某一理论假设出发，对调查或实验资料有好恶之分，喜欢支持自己假设的资料，轻视和自己的假设不一致的资料，因而歪曲事实。

在酒店服务心理学的研究中需要坚持客观性原则，要从各种客观实践活动中去观察消费者和服务人员的心理活动，不要主观臆测。同时，在对研究过程中获取的各种材料和数据进行整理分析时，也要坚持客观性原则，尽量避免主观因素和无关因素的影响，还原心理现象的本来面目，从客观事实中去寻找和发现规律。只有如此，研究的结果才是客观真实的，才具有实际意义。

（二）系统性原则

系统性原则是指应按照事物间普遍联系和整体性的观点去研究、考察人的心理活动和各种心理现象。心理现象的发生和变化并不是孤立的，它与诸多因素有关，是在多种因素的影响下发生的。例如，客人在酒店的消费心理活动通常与客人当时的生理活动状况有关，与酒店的环境刺激有关，与客人当时的心理状态有关，还与个体已有的知识经验和心理特点有关。此外，人的心理具有整体性，各种具体的心理现象密切联系、互相渗透、互相影响。因此，酒店服务心理学研究中一定要有系统的观点，注意多种因素间的相互联系与影响，只有充分考虑各种因素的影响，才能最大限度地接近心理现象的本质，接近客观现实，这样的研究成果才具有现实意义。

（三）发展性原则

心理现象与其他现象一样，都是发展变化的。人从出生开始，历经幼儿期、学龄期、青年期、中年期，最后到老年期，心理也同样要经历一个发生、发展、成熟和衰老的过程。此外，同一心理现象，如人的需要，也是发展变化的。婴儿时期，人的生理需要是主要的，随着年龄的增长，人的社会性需要越来越强烈。所以，人的心理活动是一个相对稳定而绝对变化的动态过程，心理学研究必须以发展变化的观点去看待个体的心理活动。对于来酒店消费的客人来说，其需求是在不断发展变化的，而服务人员随着工作经验的积累和生活阅历的加深，心理也必然发生改变。所以，只有用发展的眼光去看待问题，才能准确把握客人和员工的心理，才能采取行之有效的方法和策略。

(四)伦理性原则

伦理性原则是指心理学研究中应遵守社会道德伦理准则,在保护人的身心不受侵犯与伤害的前提下,为促进人的健康发展而进行研究。遵守社会道德伦理规范应是酒店服务心理学研究中的一个重要的原则,不能因为研究的需要而限制或剥夺个体接受外界刺激的机会,也不能因实验需要而给被试者心理健康造成伤害,更不能为观察某种现象而采用有损个体身心健康的生物化学技术,研究过程中务必保证被试者的权利不被侵犯。

二、酒店服务心理学的研究方法

心理学的研究方法体系包括哲学方法论、一般科学方法论和具体研究方法三个层次。最高层次的是哲学方法论,其为心理学研究提供正确的心理观和研究方法指导。中间层次的是一般科学方法论,如系统科学的基本原则。最低层次的是具体研究方法,即在心理学研究中运用的手段和技术,如在收集数据时采用观察法、调查法、实验法和测量法等,在分析数据时采用数学方法、模型方法和逻辑方法等。作为心理学分支学科的酒店服务心理学,其研究方法主要包括观察法、调查法、实验法及个案分析法等。

(一)观察法

观察法是研究者通过感官或借助于一定的科学仪器,在一定时间内有目的、有计划、有条理地直接观察被研究者的外部表现,了解其心理活动,进而分析其心理活动规律的一种方法。观察法是科学研究中最原始的方法,也是最基本,应用最广泛的一种研究方法。

观察法有多种形式:根据观察时是否借助仪器设备分为运用感官的直接观察法和运用仪器的间接观察法;根据观察者是否参与被观察者的活动分为参与观察法和非参与观察法;根据是否对观察对象实施干预、控制分为自然观察法和实验观察法;根据观察内容是否有统一设计的、有一定结构的观察项目和要求分为结构观察法和无结构观察法;根据观察内容的连续完整性及观察的记录方式分为叙述观察法、取样观察法和评价观察法。

酒店服务心理学研究中采用较多的是自然观察法,即在一种真实的服务场景里观察服务人员与客人的行为、动作等外部表现,并据此分析其心理活动规律。在实际操作中,应注意以下几个方面:

(1)所有的观察始终要有明确的观察目的和周密的计划,确定研究范围,不遗漏偶然事件。

(2)观察者不能干涉被观察者的正常活动。应让被观察者在一种完全自然真实的状态下,不知道有人在对其进行观察。

(3) 观察者应密切注意各种细节，并做好观察记录，积累充分的观察资料。

自然观察法是在正常环境下对酒店服务人员或客人的外部活动进行观察，被观察者并不知情，因此其表现比较自然，观察所获得的资料比较真实、可靠。这种方法比较简便易行，花费也相对低廉。但在进行观察时，观察者要被动地等待所要观察的事件的出现，有一定的局限性，而且只有当研究的问题从被观察者外部的行动即能说明时，才适宜应用观察法。另外，观察法的操作看似简单，但对操作者的要求较高，只有经过严格训练的人才能有效运用。

（二）调查法

调查法是指在心理学研究中，采取科学的方式或手段，通过问卷、谈话等方式获取相关资料，在进行数据整理和分析的基础上，间接地了解被调查者心理活动的方法。调查法可以用来探讨被调查者的机体变量（如性别、年龄、受教育程度、职业、经济状况等）、反应变量（如对问题的理解、态度、期望、信念、行为等）以及它们之间的关系。根据研究的需要，可以向被调查者本人做调查，也可以向熟悉被调查者的人做调查。

调查法分为问卷调查和访问调查两种方式。问卷调查是研究者根据实际需要，设计出问题表格让被调查者自行填写以收集资料的一种方法。这种方法具有向多人同时收集同类型资料的优点。缺点是发出去的调查表难以全部收回，只能得到部分被调查者的答案。访问调查是一种以面对面的方式向被调查者提出问题进行调查的方法。与问卷调查相比，访谈调查灵活性强、回答率高、遗漏率少，在访谈过程中还可以参照非言语行为。它的主要缺点是花费时间长，费用高，对研究者要求高，由于个体原因容易导致访谈偏差。

调查法是酒店服务心理学研究中常用的一种方法，通过访问或问卷调查的方式，可以非常直接地了解客人及服务人员的心理状况和需求。例如，客人在酒店进行消费时，通过服务人员与客人的接触谈话，可以比较直接地了解到客人的心理活动。也有很多酒店在客房内放置"酒店客房服务满意度调查表"，消费者可以根据自己在酒店住宿期间的感受对调查表上的各项内容进行综合评价，提出自己的意见或建议，这对于酒店收集相关信息和不断自我完善，有着非常重要的意义。

（三）实验法

实验法是指在观察和调查的基础上，对研究的某些变量进行操纵或控制，创设一定的情境，以探求心理现象的原因、发现规律的研究方法。心理学实验根据研究目的的不同，分为探索性实验和验证性实验；根据实验情境的不同，分为实验室实验和现场实验；根据实验设计的不同，分为单因素实验和多因素实验；等等。实验法的特点和优势在于：能够通过一系列的操纵和控制措施，从复杂因素的相互关系、相互作用中将自变量对因变量的作用分离开来，进而揭示和确认有关变量之间的因果关系。其主要不足在于：实验研究中对变量的操纵难免受到人为因素影响，且无法排除所有的无关变量。

在酒店服务心理学研究中，应用较多的是现场实验，即通过对服务现场环境要素或服务程序的调整控制，观察客人及服务人员的情绪变化反应，从而得出相应的结论。

（四）个案分析法

个案分析法是收集单个被试者各方面的资料以分析其心理活动的方法。收集的资料通常包括个人的生活史、家庭关系、生活环境和人际关系等。根据需要，也常对被试者做智力和人格测验，从熟悉被试者的亲近者那里了解情况，或从被试者的书信、日记、自传或他人为被试者写的资料中进行采集和分析。深入的个案研究可以使人们获得有益的启示，如皮亚杰根据对他的几个孩子的个案研究提出了认知发展理论。因为个案可能是非典型的，所以个案研究可能会产生误导。个案分析法所收集的资料往往缺乏可靠性，其研究结果也可能只适合于个别情况。

在酒店服务行业，酒店管理层对于VIP客人尤为重视。为了留住这类客人，酒店会采用个案法，收集客人在酒店里的消费信息，分析客人的消费心理与消费规律，把握客人的消费习惯，为客人提供个性化服务。

任务拓展

心理学研究的现状

现代科学技术的发展给心理学提供了新的研究方法。20世纪40年代以来，信息论方法、控制论方法和系统论方法在心理学各领域中得到日益广泛的应用。例如，对人的认知活动的信息传递、信息转换和信息流程的分析，对人机系统、人和计算机界面系统及管理心理学中的组织控制模型的研究，等等。1965年，L. A. 查德发表《模糊集合》一文后，模糊数学的理论和方法也被应用于心理学研究中。

心理学研究方法在心理学理论和研究的发展过程中得到了不断更新和完善。目前，心理学家在使用心理学研究方法时主要具有下列特点：①既重视精细的实验和仪器测定，又重视定性研究方法的应用。②越来越重视多种研究方法的综合应用。这一方面由于心理学的各种方法都有其适用性和局限性，另一方面由于人的心理和行为是受许多因素相互作用影响的。③电子计算机在心理学研究中得到越来越普遍的应用。电子计算机在心理学研究中有多种用途，既可呈现刺激和记录反应，也可处理数据和控制实验程序。④以辩证唯物主义哲学作为方法论来指导心理学的研究工作。可以预料，随着生产和科学技术的进步，新的、更加有效的心理学研究方法将会更多地涌现出来。

×××连锁酒店客人满意度问卷调查表

尊敬的会员：

您好！

感谢您一直对×××连锁酒店的关注与支持！

为提高我们的服务质量和入住舒适度，请您为我们打分！我们会综合您的信息，合理采纳您的建议。

您的姓名：_____ 会员卡号：_____ 联系方式：_____

(1) 您是否第一次入住×××连锁酒店

  A. 第一次   B. 超过5次   C. 经常

(2) 您的订房途径

  A. 400电话预订   B. 网络订房   C. 旅行社订房

  D. 分店电话预订   E. 公司协议房   F. 直接上门

(3) 您此次入住的目的是什么

  A. 出差   B. 旅游   C. 会议   D. 探亲访友

  E. 其他

(4) ×××连锁酒店给您整体感觉

  A. 满意   B. 一般   C. 不满意   D. 不知道

(5) 房间的布置与整体感觉

  A. 满意   B. 一般   C. 不满意   D. 不知道

  哪些方面需要改进

  A. 房间大小   B. 房间照明   C. 客房清洁度   D. 客房装饰

  E. 客房内小商品的种类不齐全   F. 其他

(6) 您对卫生间与淋浴的使用，是否满意

  A. 满意   B. 一般   C. 不满意   D. 不知道

  哪些方面需要改进

  A. 水温不舒服   B. 毛(浴)巾不够干净   C. 地漏不下水

  D. 卫生间太小   E. 卫生间布局不合理   F. 其他

(7) 睡眠是否舒适

  A. 满意   B. 一般   C. 不满意   D. 不知道

  哪些方面需要改进

  A. 床垫不舒服   B. 枕头不舒服   C. 被子不舒服

  D. 房间不通风   E. 房间隔音效果不好   F. 空调效果不好

  G. 床太小   H. 其他

(8)您对我们的服务是否满意
　　A.满意　　　　B.一般　　　　C.不满意　　　　D.不知道
哪些方面需要改进
　　A.入住登记手续烦琐　　　　B.退房结账时间过长
　　C.前台不专业、不熟练　　　　D.楼层服务员礼仪、礼貌未到位
　　E.其他

(9)您是否会再次入住或向朋友推荐我们酒店
　　A.是　　　　B.否

(10)您是通过什么途径了解×××连锁酒店的
　　A.朋友介绍　　B.上网搜索　　C.网站　　　　D.其他

(11)您喜欢以下哪种咨询、预约方式
　　A.酒店前台　　B.网络　　　　C.手机应用程序　D.短信

(12)您是否登录过×××连锁酒店的官网［若选择"没有",请直接转到(15)］
　　A.有　　　　B.没有

(13)您对网站的色彩、构架以及功能是否满意
　　A.满意　　　　B.不满意　　　　C.无所谓

(14)您认为网站应该改进或具备哪些功能
　　A.企业宣传　　B.网上预约　　C.论坛讨论　　　D.网上支付
　　E.在线咨询　　F.会员注册及管理　　　　　　　G.其他

(15)如果×××连锁酒店官网推出网站会员注册送积分,并推出系列优惠活动,您是否愿意注册为会员
　　A.愿意　　　　B.不愿意　　　　C.无所谓

非常感谢您的配合,完成这次客人满意度调查,审核通过后,×××连锁酒店将向您送出100积分,我们也会听取您的宝贵意见和建议,欢迎您再次光临!

任务反馈

思考: 酒店方可以通过哪些途径来获取客人对酒店产品与服务的意见或建议？如何提高问卷调查表的回收率？

讨论: 在酒店对客人服务的过程中,如何有效地观察客人,把握客人的心理需求？

知识回顾 >>>

1.什么是心理学？心理的本质是什么？

2. 简述心理学的起源与发展及各流派的主要观点。
3. 酒店服务心理学的研究内容包括哪些？
4. 为什么要学习酒店服务心理学？
5. 简述酒店服务心理学研究的原则及方法。

能力训练

1. 以一个宿舍为调查小组，以学校周围小餐饮店的学生消费群体为调查对象，设计一份调查问卷，调查学生消费群体对小餐饮店环境、食品安全、菜肴品种、菜肴口味、价格、服务等各方面的满意度。注意，问卷设计要科学合理。

2. 在学生消费群体中做真实问卷调查，并通过观察、访谈深度了解学生消费群体在小餐饮店的消费心理及潜在的消费需求，并做好详细记录。

3. 对回收的问卷进行整理及统计分析，并结合观察访谈记录，完成一份调查报告。调查报告要数据充分、条理清晰、观点明确。

案例分析

20世纪50年代末，美国威斯康星大学动物心理学家哈里·哈洛做了一系列实验，将刚出生的小猴子和猴妈妈及其同类隔离开。一些小猴子与母猴分开喂养后，虽然身体上没有什么疾病，行为上却出现了一系列不正常的现象。观察发现，小猴子对盖在笼子地板上的绒布产生了极大的依恋。它们躺在上面，用自己的小爪子紧紧地抓着绒布，如果把绒布拿走，它们就会发脾气，就像人类婴儿喜欢毯子和毛绒玩具一样。另外，哈洛和他的同事们还把一只刚出生的小猴子放进一个隔离的笼子中养育，并用两个假猴子替代真母猴。这两个代母猴分别是用铁丝和绒布做的，实验者在"铁丝母猴"胸前特别安置了一个可以提供奶水的橡皮奶头。按哈洛的说法就是"一个是柔软、温暖的母亲，一个是有着无限耐心、可以24小时提供奶水的母亲"。刚开始，小猴子多围着"铁丝母猴"，但没过几天，令人惊讶的事情就发生了：小猴子只在饥饿的时候才到"铁丝母猴"那里喝几口奶水，其他更多的时候都是与"绒布母猴"待在一起；小猴子在遭遇不熟悉的物体，如一只木制的大蜘蛛的威胁时，会跑到"绒布母猴"身边并紧紧抱住它，似乎"绒布母猴"会给小猴子更多的安全感。

哈洛等人的研究表明：父母对孩子的养育不能仅仅停留在喂饱层次，要使孩子健康成长，一定要为他提供触觉、视觉、听觉等多种感觉通道的积极刺激，让孩子能够感到父母的存在，并能从他们那里得到安全感。"黏人"的宝宝有时让人心烦，但是这恰恰说明他具有一种积极的情绪，对亲人的依恋。为孩子建立安全的依恋是保障他心理健康发展的基础。儿童与依恋对象之间温暖、亲密的联系使儿童既得到生理上的满足,更体验到愉快的情感。与喂食相比,身体的舒适接触对依恋的形成起更重要的作用。父母与孩子之间要保持经常的肌肤接触,如抱抱孩子,摸摸孩子的脸、胸、背等让孩子体味着"接触所带来的安慰感",对大一些的孩子也应如此。尽量避免父母与孩子的长期分离。长期分离造成的"分离焦虑"对孩子心理的正常发展有明显的消极影响。父母应尽量克服困难,亲自担当起抚养、教育孩子的责任。如果必须分离,则应与孩子做好沟通并坚决离开。父母对孩子发出的信号要敏感地做出反应,使孩子感受到自己的存在价值;做亲子游戏时,父母应保持愉快的情绪与孩子玩耍,并全身心地投入其中。孩子有了安全感,才能逐渐形成坚强、自信等良好的个性品质,成为一个对人友善、乐意探索、具有处事能力的人。

思考:

1. 美国威斯康星大学动物心理学家哈里·哈洛与其同事所做的小猴子实验说明了什么?

2. 当前我国农村有大量留守儿童,其心理健康问题日益突出,有的留守儿童亲情缺失,心理扭曲,人格异化。针对这种现象,请运用心理学知识,谈谈如何解决他们的心理健康问题。

模块 2 感觉与知觉

模块目标

◆ **知识目标**
1. 了解感觉与知觉的概念、分类及规律。
2. 理解感觉、知觉与酒店客人的行为关系。
3. 认识感觉、知觉对酒店服务工作的重要性。

◆ **能力目标**
1. 形成良好的感觉与知觉能力。
2. 根据客人的感觉、知觉做好酒店服务工作。

模块任务

- ◆ 任务一 什么是感觉与知觉
- ◆ 任务二 如何根据客人的感觉、知觉提供个性化服务

任务一 什么是感觉与知觉

◎ 案例聚焦

"最近,我的一个好朋友来看我,她刚从一片森林里散步许久回来,我问她看到了

什么,她答道:'没什么特别的。'如果我不是听惯了这种回答,我都可能不相信,因为很久以前我已确信这个情况:能看见的人却什么都看不到。"

"独自一人,在林子里散步一小时之久而没有看到任何值得注意的东西,那怎么可能呢?我自己,一个不能看见东西的人,仅仅通过触觉,就发现了许许多多令我感兴趣的东西。我感触到树叶的完美的对称性。我会用手喜爱地抚摸过桦树那光滑的树皮,或松树的粗糙的外表。春天,我摸着树干的枝条满怀希望地搜寻着嫩芽,那是严冬过后,大自然苏醒的第一个迹象。我抚摸过花朵,感受花瓣那令人愉快的天鹅绒般的质地,感觉它那美妙的卷曲,感知大自然向我展现的奇迹。有时,如果我很幸运,我把手轻轻地放在一棵小树上,还能感受到一只高声歌唱的小鸟的愉快颤抖,我十分快乐地让小溪里清凉的水穿过我张开的手指流淌过去。对我来说,一堆厚厚的松针叶或一片松软而富弹性的草地比最豪华的波斯地毯更让人喜爱。而且四季的变迁就像是一部令人心潮澎湃的、不会落幕的戏剧。戏剧的剧情从我的手指尖端涌淌出来。"

这是美国著名女作家海伦·凯勒在她的散文《假如给我三天光明》中的一小段描写。海伦·凯勒是一位盲人和聋哑人,看不见,听不到,只能通过触摸来感知世界,然而通过这段描写却能看出,一个对她来说即使没有声音、颜色的世界,也是无比美妙的。

任务执行

感觉和知觉总称为感知觉,是人对客观世界认识的初级阶段,每个人可以凭借自己的感觉和知觉去认识世界,只要一睁开眼,人就可以通过看、听、触摸等简单的活动来了解世界。人类其他心理活动也都来源于感觉与知觉。

一、什么是感觉

(一)感觉的概念

日常生活中,我们常常会说到"感觉"这个词,如"我对这家酒店的感觉很不错""我感觉这道菜不新鲜"等。这里的"感觉"指的是"觉得",与心理学的专有名词"感觉"的意思并不相同。在心理学中,感觉指人脑对直接作用于感觉器官的客观事物的个别属性的反映。例如,通过眼睛看到物体的颜色属于视觉,通过耳朵听到物体发出的声音属于听觉,通过鼻子闻到物体发出的气味属于嗅觉,通过皮肤接触感受物体的温度或软硬程度属于肤觉。感觉是最简单的心理过程,借助感觉所获得的信息,可以帮助人们进行更复杂的知觉、记忆、思维等活动,从而更好地反映客观世界。

感觉在人类的生活中具有非常重要的作用,不仅能反映客观事物的个别属性,还能认识自己机体的状态,如饥、渴等,从而有效地进行自我调节。所以,感觉是维持人正常心理活动的重要基础。实验表明,在动物个体发育的早期进行感觉剥夺,会使动物的感觉功能产生严重缺陷;人也无法长时间忍受全部或部分感觉剥夺。感觉剥夺会使人的思维过程混乱,出现幻觉,注意力不能集中,甚至还会产生严重的心理障碍。

(二)感觉的分类

从引起感觉的刺激来源看,感觉分为外部感觉和内部感觉。外部感觉是由机体以外的客观刺激引起的反映外界事物个别属性的感觉,外部感觉包括视觉、听觉、嗅觉、味觉和肤觉。内部感觉是由机体内部的客观刺激引起的反映机体自身状态的感觉,内部感觉包括运动觉、平衡觉和机体觉。不同感觉对应的感受器也不同,见表2-1。

表2-1 不同感觉对应的感受器

感觉种类		感受器
外部感觉	视觉	视网膜上的视觉细胞
	听觉	耳蜗中的毛细胞
	嗅觉	嗅觉受体细胞
	味觉	味觉感受细胞(味蕾)
	肤觉	分布于真皮中的神经末梢
内部感觉	运动觉	肌肉、关节、韧带中的肌梭、腱梭和关节小体
	平衡觉	耳蜗中的半规管和前庭器官
	机体觉	内脏壁上的感受器

(三)感受性和感觉阈限

在人们的生活环境中存在许多刺激,但并不是所有刺激都能被感觉到,如专心听课的同学听不见旁边同学轻微的翻书声,正常人感觉不到飘落在皮肤表面的灰尘。所以,能引起感觉的刺激,其强度必须是适宜的,而感觉强度依赖于刺激度,心理学用感受性、感觉阈限来说明二者的关系。

感受性指感觉器官对适宜刺激的感觉能力,感受性一般用感觉阈限来度量。感觉阈限指能引起某种感觉的最小刺激量,感受性的大小与感觉阈限成反比。感受性越高,引起感觉所需的刺激量越小,即感觉阈限越低,说明感觉越灵敏;反之,则越迟钝。不同的人对相同的刺激的感受性常常是不同的,同一个人对不同刺激的感受性也常常是不同的。一般认为,儿童的感受性比成年人高,女性的感受性比男性高,老年人的感受性随着年龄的增加越来越低,而且人的感受性可以通过练习不断得到提高,如盲人的听觉和肤觉比一般人敏锐,正是他们经常使用和练习的结果。

每一种感觉都有两种感受性和感觉阈限:绝对感受性和绝对阈限,差别感受性和差别阈限。绝对感受性指刚刚能觉察出最小刺激强度的能力。绝对阈限指刚刚能引起感觉的最小刺激量。如人能在晴朗的黑夜中看见30英里(1英里=1.609千米)外的烛光,能闻出扩散到三个房间的一滴香水的芳香。差别感受性是指刚刚能够觉察出两个同类刺激物之间最小差异量的能力。差别阈限是指能够引起差别感觉的两个同类刺激物之间的最小差别量。如一人提了100克重的东西,若增重3克,他就会感觉到东西加重了一些。

(四)感觉的规律

1. 感觉的适应性

感觉的适应性是指由于刺激物对感受器的持续作用,使感受性发生变化。适应既可以引起感受性提高,也可以引起感受性降低。如视觉适应包括明适应和暗适应两种。当人从暗处来到光亮处时,刚开始会觉得目眩,看不清周围的东西,几秒钟以后才逐渐看清周围的物体,称为明适应。明适应使视觉器官在强光的刺激下感受性降低了。当人从光亮处来到暗处时,开始什么也看不清,一段时间后才逐渐看清周围事物的轮廓,称为暗适应。暗适应使视觉器官在弱光的刺激下感受性提高了。日常生活中还能观察到其他感觉适应的现象。例如,参加舞会,刚到现场时会觉得音乐声很强,耳朵受不了,可是过一段时间后,就慢慢适应了。"入芝兰之室,久而不闻其香;入鲍鱼之肆,久而不闻其臭"这体现了嗅觉适应。触觉的适应较快,如常戴手表的人平时不觉得手腕上有重物。

2. 感觉的相互作用

感觉的相互作用不仅体现在同一感觉之间的相互作用,也体现在不同感觉之间的相互作用。同一感觉之间的相互作用是指同一感受性中的其他刺激影响着对某种刺激的感受性的现象。不同感觉的相互作用指不同感受器因接受不同刺激而产生的感觉之间的相互影响,也就是说,对某种刺激的感受性会因其他感受器受到刺激而发生变化。

同一感觉相互作用的突出事例是感觉对比。例如,一个灰色方块放在黑色背景上比放在白色背景上看起来更亮一些;客人用餐时,如果先吃的是较咸的菜肴,后吃的是清淡的菜肴,就会觉得清淡的菜肴没有味道,好像没有放盐一样。

不同感觉的相互作用一般表现为:对一个感受器官的刺激能影响其他感受器官的感受性。例如,感冒的人常常味觉不敏感,这是味觉和嗅觉相互作用的结果。不同感觉的相互作用还有一种特殊表现——联觉——一种感觉引起另一种感觉的心理现象。例如,红色苹果有甜的感觉,绿色苹果有酸的感觉;红、橙、黄产生暖的感觉;绿、青、蓝产生冷的感觉。

3. 感觉的实践性

人的感觉能力可以通过后天的训练而得到发展,具有实践性特点。随着个体年龄的增长和生活实践的丰富,人的感受性也会逐渐发展。某些特殊职业要求从业者长期使用某种感觉器官,因而这些从业者相应的感觉比一般人敏锐。例如,有经验的磨工能看出0.0005毫米的空隙,而常人只能看出0.1毫米的空隙;音乐家的听觉比常人敏锐;调味师的味觉、嗅觉比常人敏锐。

由于盲人不能用眼睛来了解这个世界,所以他们多依赖于用听觉、触觉等来获得信息,于是,盲人的听觉、触觉比一般人要敏锐,他们可以依靠触觉识别盲文,可以凭着手杖敲击地面的声音判断路况。这种某一感觉系统的技能丧失后而由其他感觉系统的技能来弥补的现象,称为感觉的代偿作用。

二、什么是知觉

(一)知觉的概念

知觉是人脑对直接作用于感觉器官的客观事物整体属性的反映,它是在感觉的基础上产生的。虽然知觉是在感觉的基础上产生的,但在产生过程中很难把它们划分为两个截然不同的阶段,一般情况下,感觉和知觉的过程是同时进行的,比如我们看到一个西红柿,就会立刻对它的大小、形状、颜色等属性进行感觉,同时对西红柿的外部特征形成了知觉。所以,不能把知觉归结为感觉的简单相加,或各种感觉的机械综合。知觉除了以感觉作为基础外,还依赖于人过去的知识经验。

(二)知觉的分类

根据不同的标准,可以对知觉进行不同的分类:根据知觉是否正确,分为正确的知觉和错误的知觉(错觉);根据知觉过程中起主要作用的感觉器官,分为视知觉、听知觉、触知觉、嗅知觉、味知觉等;根据知觉对象的不同,分为物体知觉和社会知觉。物体知觉就是对物的知觉,如对自然界中机械、物理、化学、生物各种现象的知觉。任何事物都具有空间、时间和运动的特性,因而物体知觉又分为空间知觉、时间知觉、运动知觉。社会知觉就是对人的知觉,如对由人的社会实践所构成的社会现象的知觉,具体包括对他人的知觉、对自己的知觉、对人与人之间关系的知觉等。

错觉是一种特殊的知觉,是人在特定条件下对客观事物必然产生的某种有固定倾向的受到歪曲的知觉,也就是对客观事物不正确的知觉。其产生的原因是由于外界的客观刺激,不是通过主观努力就可以纠正的,因此不存在个体差异。例如,1千克铁和1千克棉花的物理重量相同,但人们在比较时会觉得1千克铁比1千克棉花重。

(三)知觉的特性

1. 知觉的选择性

现实生活环境复杂多样,作用于感觉器官的刺激很多,人不可能对所有刺激都进行感知,只能有选择地把一部分刺激作为知觉对象,这种现象称为知觉的选择性。被选择的事物成为知觉的对象,而其他事物则成为知觉的背景。知觉的对象能被人们清晰地感知,知觉的背景只能被人模糊地感知。

个体的愿望、活动的目的、知识经验等主观因素也会影响知觉对象的选择。例如,客人到餐厅用餐时,对自己所点的菜肴和为自己提供服务的人员感知得比较清晰,而对周围其他用餐人员感知得比较模糊;去书店买酒店管理方面的书,凡是封面上有"酒店"二字的书就很容易被知觉到;一群陌生人中一个熟人容易成为知觉的对象;一群熟人中出现一个陌生人,这个陌生人也会立刻成为知觉的对象。

在知觉选择过程中,除个人的主观因素外,刺激物本身的特性也会影响知觉的选择。一般来说,能引起人无意注意的刺激容易成为知觉的对象,如强度大的、对比明显的刺激物容易成为知觉的对象,而轻微的声音、暗淡的色彩则不容易成为知觉对象。

2. 知觉的整体性

客观事物是由不同部分、不同属性组成的,但是人在知觉客观对象时,总是把它作为一个整体来反映,甚至当客观事物的个别属性或个别部分直接作用于人的时候,也会产生这一事物的整体映象,这就是知觉的整体性。例如,人的面部特征是人们感知人体外貌最强的刺激部分,只要认得人的面部特征,不管其发型、服饰等如何变化,只要面部没有变化,就不会认错人。知觉的整体性主要依赖于个体本身的主观状态,其中最主要的是知识与经验。当知觉对象提供的信息不足时,知觉者总是以过去的知识经验来补充当前的知觉。例如,给动物学家一块动物身上的骨头,他就可以塑造出完整的动物形象来,而对于缺乏动物解剖学知识的人来说则是不能办到的。

3. 知觉的理解性

人们根据已有的知识经验来解释知觉的对象,并用语言来描述,使它具有一定的意义,这就是知觉的理解性。知觉的理解性受到客观刺激本身的特点、人自身的知识经验、言语指导、实践活动的任务、个人兴趣爱好等因素的影响。例如,从事酒店服务的人员由于长时间和客人接触,会比较准确地辨认出客人的身份、职业等。

4. 知觉的恒常性

当知觉的条件在一定范围内发生变化时,而知觉映象却保持相对不变,这就是知觉的恒常性。人在知觉过程中总是利用过去的知识经验来解释新信息,使人在客观事物发生一定变化的情况下,仍然能对事物保持比较正确的知觉,这对人适应环境具有重要意义。如对于长住酒店的客人,不论客人每天的装扮如何变化,熟悉他的服务员都能很容易地认出。

三、感觉、知觉的区别和联系

感觉和知觉有相同的一面,它们都是对直接作用于感觉器官的事物的反映,都是人类认识世界的初级形式,反映的是事物的外部特征和外部联系。如果要想揭示事物的本质特征,仅靠感觉和知觉是不行的,还必须在感觉、知觉的基础上进行更复杂的心理活动,如记忆、想象、思维等。

感觉和知觉既有区别又有联系,它们是不同的心理过程,感觉反映的是事物的个别属性,知觉反映的是事物的整体属性,感觉仅依赖个别感觉器官的活动,而知觉依赖多种感觉器官的联合活动,因此知觉比感觉更加复杂。

知觉是在感觉的基础上产生的,没有感觉,也就没有知觉。人们感觉到的事物的个别属性越多、越丰富,对事物的知觉也就越准确、越完整,但知觉并不是感觉的简单相加,因为在知觉过程中还有人的主观经验在起作用,人们要借助已有的经验去解释所获得的当前事物的感觉信息。

任务拓展

感觉剥夺对人究竟有什么影响?

一、对人不利的感觉剥夺

第一个以人为被试者的感觉剥夺实验是由贝克斯顿(W. H. Bexton)、赫伦(W. Heron)、斯科特(T. H. Scott)于1954年在加拿大的一所大学的实验室里进行的。被试者是自愿报名的大学生,每天的报酬为20美元(因为当时大学生打工一般每小时约挣50美分,所以他们极其愿意参加实验)。

所有的被试者每天要做的事是24小时躺在有光的小屋的床上,时间尽可能长。被试者有吃饭的时间、上厕所的时间。实验严格控制被试者的感觉输入,例如,给被试者戴上半透明的塑料眼罩,可以透进散射光,但没有图形视觉;给被试者戴上纸板做的套袖和棉手套,限制他们的触觉;头枕在用U形泡沫橡胶做的枕头上,同时用空气调节器的单调"嗡嗡"声限制他们的听觉。

实验前,大多数被试者以为能利用这个机会好好睡一觉,或者考虑论文、课程计划。但后来他们报告说,对任何事情都不能进行清晰的思考,哪怕是在很短的时间内。他们不能集中注意力,思维活动似乎是"跳来跳去"的。感觉剥夺实验停止后,这种影响仍在持续。

实验表明,感觉剥夺影响了复杂的思维过程或认识过程。另外还发现,接受感觉剥夺实验的被试者中有50%报告产生了幻觉,其中大多数是视幻觉,也有被试者报告产生了听幻觉或触幻觉。

二、对人有益的感觉剥夺

有实验还表明,感觉剥夺不会对大多数人造成困扰;相反,它能减轻压力,有助于人们积极面对生活。

彼特·索德费尔德(Peter Suedfeld,1980)曾以吸烟者、肥胖者为被试者进行实验,发现对他们的感觉输入进行限制有助于修正他们的行为。例如,让吸烟者在一个限制刺激的环境中——一个安静的黑屋子里,让床上躺24小时(可以起来喝水、上厕所),同时听着有关吸烟不利的话。在实验结束后的一个星期内,接受黑屋实验的被试者无一吸烟,实验结束一年后,接受黑屋实验的被试者中,2/3的人仍不吸烟,其数量是只听吸烟不利的话而没有限制感觉输入的不再吸烟者的2倍。

三、差别阈限

1830年,德国生理学家韦伯研究差别阈限时发现,差别阈限值与原有刺激量之间的比值在很大范围内是稳定的,即在中等刺激强度的范围内,对两个刺激物之间的差别感觉,不是由两个刺激物之间相差的绝对数量来决定的,而是由两个刺激物之间相差的绝对数量与原刺激量之间的比值来决定的,这就是韦伯定律。例如,对于50克的重物,如果其差别阈限是1克,那么该重物必须增加到51克人才能觉察出重量增加了;对于100克的重物,则必须增加到102克人才能觉察出重量增加了。用公式表示为

$$K = \Delta I / I$$

式中:K为韦伯分数,是一个常数;I为原刺激量,ΔI为引起差别感觉的刺激增量。

不同感觉的韦伯分数是不一样的,见表2-2。

表2-2 不同感觉的韦伯分数

感 觉 类 别	韦伯分数 K
视觉(对亮度差异的辨别)	1/60
动觉(对重量差异的辨别)	1/50
听觉(对声音高低差异的辨别)	1/10
肤觉(皮肤表面对压力大小差异的辨别)	1/1
嗅觉(对天然橡胶气味差异的辨别)	1/4
味觉(对盐的咸度差异的辨别)	1/3

任务反馈

思考:如何理解感觉与知觉的关系?为什么说没有感觉,也就没有知觉,但知觉又不是感觉的简单相加?

讨论:

1. 在以上两个实验中,感觉剥夺为什么会对人产生不利或者有益的影响?

2. 在有关价格升降幅度与消费者感知的研究中发现,商家需要降价15%才可能

获取成功,较低的价格调整是难以引起客人察觉的。请用相关原理解释这种现象。

任务二　如何根据客人的感觉、知觉提供个性化服务

案例聚焦

　　一位年轻的女孩来到酒店中餐厅,服务员小芳上前接待,客人点完餐后,对小芳说:"服务员,餐厅的温度太低了,我有点冷,请帮忙把空调温度调高一点。"小芳微笑着说:"好的,请您稍候,我马上去帮您调。"过了一会儿,小芳拿了一个披肩走过来,对女孩说:"小姐,温度已经帮您调好了,如果您还觉得冷的话,我给您拿来了一个披肩,您可以先披一下。"女孩看到漂亮的披肩,很高兴地接过来披在身上。用完餐后,女孩把披肩还给小芳,并非常真诚地感谢小芳的服务。

　　事实上,由于餐厅的空调是中央空调,由酒店统一设定温度,不可以随便调整。小芳在平时也经常遇到客人要求调整空调的温度,故总结出一个规律,一般客人在等餐期间想把温度调高,而在用餐过程中会要求把温度调低,因此很难满足所有客人的要求。于是小芳请示餐厅经理,准备了一些外套、披肩提供给那些觉得比较冷的客人,效果还是挺不错的。

任务执行

　　案例中,客人要求酒店服务人员去调低温度,由于客观原因,酒店无法满足客人的需求,但服务人员并没有直接拒绝客人,而是对客人说:"温度已经帮您调好了",因为没有直接说调高了,所以并不算欺骗客人,然后给客人提供披肩,在感觉上让客人觉得温度升高了。说明服务人员清楚,空调温度的微小变化,客人其实是很难感觉到的;但是服务人员的态度,客人是非常容易感知的。这说明服务人员对感知觉相关知识的掌握对其处理工作中的问题有很大帮助。

一、感觉规律在酒店服务中的应用

（一）视觉与色彩的运用

　　色彩对视觉有着直接影响,不同年龄、性别、民族、职业的人群对色彩的感受也是

不同的,而这些感受又直接影响着人的心理。如果酒店在对客服务区,如前厅、客房、餐厅及文娱活动场所等装饰布置上,巧妙运用色彩,营造舒适的氛围,使宾客在视觉方面获得极大的享受,则会获得客人的良好印象。员工服装的色彩选择除了体现酒店特色外,也应符合美学要求,满足客人的视觉需要。旅游饭店星级的划分与评定中对饭店工装色彩有明确要求:首先,应围绕饭店标准色或饭店装饰装修主色调,确立工装的主体色调;其次,在主色调的基础上,根据岗位工作特点,选取不同部门、岗位的识别色,使不同部门、不同工种的工装既有不同的色彩配置,又统一于整体的色调之中,形成与饭店环境和谐统一、生动活泼的视觉感受。

(二)听觉与酒店背景音乐

听觉是仅次于视觉的重要感觉,客人在酒店内的听觉刺激主要来源于酒店背景音乐。选择合适的背景音乐不仅体现酒店的文化,更能给客人带来精神上的愉悦与心理上的享受。同样,员工在温馨的音乐氛围中也能保持良好的心境,无形中提高了服务效率与服务质量。不同的人群对音乐的喜好也是不同的,因此酒店应根据客源状况选择合适的背景音乐。旅游饭店星级的划分与评定中对酒店公共音响系统有明确规定,要求饭店公共音响转播系统的平均声压为50~60分贝,频率为100~6000赫兹,音质良好。四星级应有公共音响转播系统,背景音乐曲目、音量适宜,音质良好。五星级应有公共音响转播系统,背景音乐曲目、音量与所在区域时间段相适应,音质良好。

(三)味觉在餐饮中的应用

味觉是指食物在人的口腔内对味觉器官化学感受系统的刺激并产生的一种感觉。从味觉的生理角度分类,只有酸、甜、苦、咸四种基本味觉,在这四种基本味觉中,人对咸味的感觉最快,对苦味的感觉最慢,因此,菜肴的咸度是客人在用餐过程中最容易感觉的。而且,味觉的感受性受温度影响较大,如一般中餐菜肴温度在30摄氏度左右时口感最好。另外,人们对食物的需求状态和身体状况也会影响味觉的感受性。

(四)嗅觉对客人心理的影响

曾经有一位客人写下过下面一段文字:

香格里拉酒店我住过不少,每一间的设计不尽相同。从硬件到软件,从装修到服务,各有特色,各有所长。然而有一样东西在全世界所有的香格里拉酒店都是一样的,那就是香格里拉酒店大堂的味道。

我不知道有多少人注意到了这一点,其实这便是我喜欢上香格里拉酒店的最重要的原因。当你频繁地从一个城市飞到另一个城市,从一个国家飞到另一个国家时,无论你原本充满多少激情,都很难逃脱疲惫的感觉。可是当你从一个香格里拉酒店迈进另一个香格里拉酒店时,无论你飞行了多少里数,经历了多少奔波,一进大堂,扑面而来的那种淡淡的、甜甜的、优雅的香气,总能让你感到熟悉,使你不知自己身在何处。

你甚至会以为时间为你停止了,把那段使你疲惫的时光删除掉,留下美好的,家一般的感觉。

我曾经专门问过几个香格里拉酒店的工作人员,关于这香味的来历,但始终没有人能说得很清楚。或许是欧舒丹的某种薰衣草香配上另外几种其他的什么花香……或许吧。其实它是什么品牌,什么香型一点都不重要,重要的,是从这样的细节,这样一个长久不变的悉心关照中,让你体会到了香格里拉酒店的某种精神——永恒、和平、宁静。

通过这段文字可以看出,客人对香格里拉酒店大堂的气味非常敏感。这种气味不仅能让客人感觉到一种家的温馨,更是香格里拉酒店某种精神的象征。其实这也是一种营销手段,即环境香味营销。通过在空间环境的空气中加入特有香味,使身在其中的人都能感受到心情愉悦。这种营销方式多见于娱乐休闲服务场所,如酒店、会所、高档餐厅、银行大堂、高档商场、机场候机室等。

二、知觉原理在酒店服务中的应用

(一)给客人留下良好的第一印象

第一印象也称首因效应或优先效应,是人与人第一次交往中给人留下的印象,在对方的头脑中形成并占据着主导地位的效应。个体在社会认知过程中,通过第一印象最先输入的信息对客体以后的认知产生重要的影响。第一印象形成后,人们常会不自觉地把当前印象同第一印象相联系。如果客人对酒店形成良好的第一印象,即使酒店在后续的服务过程中有不完善的地方,客人也很容易谅解。当客人对酒店的第一印象很坏时,即使酒店后面的服务质量很高,也很难让客人满意。因此,在酒店服务过程中,最好能给客人留下良好的第一印象。

客人对酒店的第一印象包括酒店外部建筑风格、内部设施、装潢及服务人员的仪容仪态。因此,酒店要在建筑风格方面突出自己的特色,在内部设施、装潢方面适应客人的心理需要,服务人员要仪容整洁、衣着得体,热情好客,力求给客人留下良好的第一印象,为后续的对客服务工作打下良好的基础。

首因效应的产生与个体的社会经历、社交经验的丰富程度有关。如果个体的社会经历丰富、社会阅历深厚、社会知识充实,则会将首因效应的作用控制在最低限度。另外,通过学习,在理智的层面上认识首因效应,明确首因效应获得的评价,一般都只是在依据对象的一些表面的非本质的特征基础上做出的评价,这种评价应当在以后的进一步交往认知中不断地予以修正完善,也就是说,第一印象并不是无法改变。因此,当因为某些客观原因导致客人的第一印象不好时,也不要失去信心,而应该努力想办法去改变客人的印象,挽回酒店形象。

(二)充分利用晕轮效应

晕轮效应又称光环效应,它是一种影响人际知觉的因素。在人际相互作用过程中形成的一种夸大的社会印象,正如日、月的光辉,在云雾的作用下扩大到四周,形成一种光环作用,所以人们就形象地称这一心理效应为光环效应。和光环效应相反的是恶魔效应,即对人的某一品质或对物品的某一特性有坏的印象,会使人对这个人的其他品质,或这一物品的其他特性的评价偏低。

晕轮效应容易产生"一好百好,一俊遮百丑"以偏概全的认识偏差,因此酒店应充分利用晕轮效应对人际关系的积极作用,比如酒店服务人员待客诚恳,那么即便员工能力稍差,客人对酒店也会非常信任,因为对方只看见酒店的诚恳。酒店在服务工作中要扬长避短,让客人充分注意到酒店的优势方面,对酒店产生良好的感知。

晕轮效应的最大弊端在于以偏概全。晕轮效应不但常表现在以貌取人上,还常表现在以服装定地位、性格,以初次言谈定人的才能与品德等方面上。在对不太熟悉的人进行评价时,这种效应体现得尤其明显。酒店服务人员在工作中不能带有主观色彩,不能以貌取人,要树立"酒店服务无小事"的思想,不要因为客人对酒店某个环节或某个工作人员的不良印象,而造成对酒店整体的不良印象。

(三)利用角色知觉把握客人心理

角色知觉是指个体对于自己或他人在特定的社会或组织中的这种地位、权利、义务、权力和职责以及由此产生的行为的知觉,是指对社会上所扮演的角色的认识和判断。在现实生活中,人们在社会上从事各种各样的工作,扮演着各种各样的角色。因此,人们对每一种社会角色的行为标准都有着比较固定的看法。例如,人们认为经商的人就应该是精明强干、善于经营,教师就应该是严肃认真、学识渊博,导游员应该稳重老练、能言善辩。角色知觉能够帮助人们找准自己的位置,知觉别人所担任的角色。

在酒店里,服务人员与客人扮演着不同的社会角色,客人无论身份地位的高低,在进入酒店的那一刻起,其角色就是消费者,是"上帝",需要服务人员为自己提供服务,只要客人的要求是正当的,服务人员就需要尽心尽力地为客人提供优质服务。服务人员也必须充分认识到自己的服务角色,提高服务意识,不仅要把握自己的角色定位,还需要丰富工作经验,利用角色知觉去把握客人的心理,从而为客人提供个性化的服务。

(四)淡化客人的时间知觉

例如,客人经过长途跋涉来到酒店,希望尽快能到客房休息,或者是到餐厅用餐,但在这个过程中,有时会不可避免地出现排队等待的情形,一旦等待时间超过客人的忍耐程度,客人就会抱怨,甚至会去投诉。这时酒店不但要尽快为客人提供服务,还要尽量淡化客人的时间知觉。

时间知觉是人对客观现象的延续性和顺序性的反映,即对事物运动过程的先后和长短的知觉。人的时间知觉与活动内容、情绪、动机、态度有关。内容丰富而有趣的情境使人觉得时间过得很快,而内容贫乏枯燥的事物使人觉得时间过得很慢;积极的情绪使人觉得时间短,消极的情绪使人觉得时间长;空闲比忙碌的感觉时间长;进程前的等待比进程中的等待感觉时间长；不确定的等待比已知的、有限的等待感觉时间长；没有解释的等待比有解释的等待感觉时间长；不公平的等待比公平的等待感觉时间长；单独等待比群体等待感觉时间长；等等。

因此，客人在等候区域对时间的感知与实际时间是有差异的，这与等候区域设施和设备的布置密切相关，如果设施和设备能为客人提供舒适的环境，并采取某种让客人参与其中的活动来占据这个等候时间，客人的"心理等候时间"就远远少于实际等候时间，甚至有时客人感到"怎么不知不觉就到我了"；如果相反，客人就会感到焦躁不安，感到"度日如年"，心理等候时间就会远长于实际等候时间。

除提供舒服的等候环境外，酒店还可以尽量缩短客人精神上的等候时间，比如让客人明白"你知道他在等待"，告诉客人还要等多久，让客人了解事态发展情况，或者告诉客人，还有一些其他客人也面临着同样的等待，在等待的过程中，让客人有一些事情可做。当然，最重要的是让客人看到酒店的实际行动，在最短的时间里帮助客人解决实际问题。

（五）运用知觉的选择性原理帮助客人确定选择目标

在现实中，作用于人的客观事物是纷繁多样的，人不可能在瞬间全部清楚地感知到，但可以按照某种需要和目的主动而有意地选择少数事物作为知觉的对象，或无意识地被某种事物所吸引，以它作为知觉对象，对它产生鲜明、清晰的知觉映象。酒店可以根据知觉的选择性原理帮助客人确定选择目标：首先，酒店应能够提供给客人可供选择的目标，目标不能太少，让客人觉得无可选择，也不能太多，让客人觉得无从选择，比如酒店客房所能提供的房型种类、餐饮部菜单上的菜肴品种和酒水种类等数量必须科学合理；其次，酒店还可以根据自身产品的特色及利润高低，使那些主销产品成为客人优先知觉的对象，如在点菜、点酒时，把主要推销的品种安排在菜单、酒单的突出位置，成为客人知觉选择的首要目标。

知觉的选择性既受知觉对象特点的影响，又受知觉者自身主观因素的影响，如兴趣、态度、爱好、情绪、知识经验、观察能力或分析能力等。因此，酒店在运用这一原理时，不仅要考虑到酒店自身产品的特点，还必须分析该产品主要消费者的相关信息，这样才能在服务过程中，既帮助客人确定选择目标，又能使酒店取得良好的经济效益。

（六）运用知觉的整体性、理解性原理开展营销活动

知觉具有理解性，人总是凭借以往的知识经验来理解事物，确定它的名称、特性。如人们根据已有的知识能迅速区别酒店的大厅、飞机场的办票厅、大机关的会客室和银行的营业厅。同时，人们还以自己过去的经验补充知觉，使一个具体的知觉具有整体性。知觉的理解性与整体性能使知觉的速度提高，使知觉更为精确、深刻。因此，酒店在开展营销活动过程中，可以充分利用知觉的整体性、理解性原理。例如，人们点菜时听了服务员对"东坡肉"典故的介绍，对这道菜的知觉就不再仅仅是一道菜了，还蕴

含着一些文化的气息,激发了消费的心理需求。在餐厅里,摆上一些漂亮的酒杯和红酒,客人看到后的知觉不仅仅是酒杯与酒,还有酒的色、香、味及饮酒后的奇妙感觉。在一些节日,如中秋节、圣诞节、情人节,酒店通过对酒店公共区域的特别装饰,让客人感受到节日的气氛,刺激客人的消费需求,取得较好的营销效果。

三、感知觉与酒店服务策略

(一)给客人留下良好的感知觉

对于出门在外的人来说,酒店就是自己临时的家,所以客人希望酒店带给自己的是一个温馨的港湾,而不是一个冷冰冰的临时落脚的地方。酒店能否留住客人,让客人成为酒店的忠诚客户,就取决于酒店给客人所留下的感知觉。在客人进入酒店时,他们只能通过酒店的服务环境、服务人员及服务人员的服务态度来感知酒店。因此,酒店要想给客人留下良好的感知觉,就需要从酒店的服务环境、酒店员工的个人形象及服务态度方面入手。

1. 建设良好的酒店服务环境

随着现代科学技术发展,智能化设施普遍运用于酒店服务中,这降低了酒店的人力成本,但同时减少了客人与服务人员接触的机会,客人对酒店的感知就会集中于酒店的服务环境。进入酒店前,客人会感知酒店建筑的风格,外部景观设计;进入酒店后,会感知酒店内部的装潢、设施设备、整体氛围等。这些会给客人留下深刻的印象,尤其是客房,它是客人在酒店内停留时间最长的场所,客房内的服务环境直接影响到客人对酒店的整体印象。因此,我国星级酒店评定标准严格规定了星级酒店服务环境要求。例如,五星级酒店对前厅服务环境要求:空间宽敞,与接待能力相适应,气氛豪华,风格独特,装饰典雅,色调协调,光线充足等。对客房服务环境要求:70%的客房面积(不含卫生间和门廊)不小于20平方米,装修豪华,具有文化氛围,有舒适的床垫、写字台、衣橱及衣架、茶几、座椅或沙发、床头柜、床头灯、台灯、落地灯、全身镜、行李架等高级配套家具,室内满铺高级地毯,或用优质木地板或其他高档材料装饰,采用区域照明且目的物照明度良好等。

据调查,客人对酒店服务环境的要求大致包括14项内容:洁净、舒适、宁静、优质接待、餐饮、景致、周围环境、餐厅、客房、咨询、洗衣、旅游、商务和委托代办。这些要求涉及酒店在城市或景区中的位置、自然环境、建筑景观、停车场、内部装潢、迎送、设施设备、服务项目、文娱活动、购物服务等因素。因此,酒店必须在这些方面提高要求,创建良好的内外部环境,提供周全、体贴的个性化服务,使客人在酒店里产生美好的感知觉,体验酒店对客人的一片真情,从而对酒店留下良好的印象。

2. 树立良好的酒店员工个人形象

在现代快节奏生活中,酒店不能以"日久见人心"的自信感去安慰自己,而应该以留给客人良好的第一印象为目标来要求自己。客人进入酒店,最先感知到的就是酒店服务人员,服务人员的个人形象直接影响到客人对酒店的态度。因此,酒店在招聘、培训员工过程中,要树立良好的酒店员工个人形象。

在酒店员工个人形象中,员工的仪表仪容是十分重要的表现,在一定程度上体现了酒店的服务形象。良好的仪表仪容易让人产生美好的第一印象,从而对酒店产生积极的宣传作用,同时还可能弥补某些服务设施方面的不足。仪表端庄大方,整齐美观,还是尊重他人的体现。在整个酒店服务过程中,客人都在追求一种比日常生活更高标准的享受,这里面包含着美的享受。

培根说过:"相貌的美高于色泽的美,而优雅合适的动作美又高于相貌的美。"这说明,最受欢迎的人不是长得漂亮的人,而是仪态最佳的人,仪态美包括日常生活中的仪态和工作中的举止。作为酒店服务人员,其仪态方面必须符合酒店服务标准,站有站姿,坐有坐相,举止端庄,自然优美,面部表情要尽量保持真诚的微笑,服务工作中的各种动作要合乎规范,举手投足间表现出作为一名酒店服务员应该有的精神面貌。

语言也是酒店员工个人形象的重要组成部分,是酒店服务中至关重要的元素。各个酒店要求服务人员在工作中使用礼貌用语,随时要有"五声十字":"五声"即宾客到来时有问候声,遇到宾客有招呼声,得到协助有致谢声,麻烦宾客有致歉声,宾客离店有道别声;"十字"即请、您好、对不起、谢谢、再见。同时要求说话时,声音优美,语气柔和、语调平稳、语速适中,表达恰当。拒绝出现烦躁、嘲讽、傲慢的话语。

3. 培养良好的服务态度

酒店属于服务型企业,服务和生产是同时进行的,即服务人员在为客人提供服务的同时,客人也就在消费服务。在竞争激烈的市场环境下,很多酒店都非常清楚,酒店接待每位客人都是一次精彩的亮相,而每次亮相都是酒店的关键时刻,关键时刻中最重要的是酒店服务人员的服务态度。

服务态度是酒店服务人员在酒店服务工作中对客人在语言、表情、行为举止等方面所表现出的一种心理倾向。良好的服务态度能使客人乐意和服务人员交流,接近酒店与客人之间的关系,促使客人的再次光临;而恶劣的服务态度会给客人一种拒人于千里之外的感觉,形成心理抵触,对再次光临酒店心有余悸,望而却步,导致酒店失去一些客人。同时,服务态度还有感化与激化功能,在客人情绪不满时,良好的服务态度能够适度地化解客人的不满情绪,取得客人的谅解,甚至消除客人对酒店的不良印象,留住客人。而恶劣的服务态度则会让客人不良的情绪进一步恶化,甚至会让客人失去理智,发生冲突和矛盾,这样不仅失去了这一部分客人,还会给周围其他客人留下不好的印象。

酒店服务人员应该随时注意自己的服务态度,不能让自己的服务态度影响客人的情绪及客人对酒店的评价和印象。酒店人员的服务态度取决于员工的主动性、积极性、责任感和个人素质的高低。

首先,酒店服务人员应牢固树立"宾客至上,服务第一"的专业意识,在服务工作中应时时处处为客人着想,表现出一种主动、积极的情绪,凡是客人需要,不分分内、分外,发现后即应主动、及时地予以解决,做到眼勤、口勤、手勤、脚勤、心勤,把服务工作做在客人开口之前。

其次,酒店服务人员在服务工作中应热爱本职工作,热爱自己的服务对象,像对待亲友一样为客人服务,做到面带微笑、端庄稳重、语言亲切、精神饱满、诚恳待人,具有助人为乐的精神,处处热情待客。

另外,酒店服务人员在为各种不同类型的客人服务时,应有耐心,不急躁、不厌烦,态度和蔼;要善于揣摩客人的消费心理,对于他们提出的所有问题,都应耐心解答,百问不厌;能虚心听取宾客的意见和建议,对事情不推诿,与宾客发生矛盾时,应尊重宾客,并有较强的自律能力,做到心平气和、耐心说服。

最后,酒店服务人员要想将服务工作做得细致入微、面面俱到、周密妥帖。还必须在服务前,做好充分的准备工作;在服务时,应仔细观察,及时发现并满足宾客的需求;在服务结束时,应认真征求宾客的意见或建议。

(二)培养服务人员良好的感知能力

在客人对酒店进行感知的同时,酒店服务人员也在对客人进行感知。客人对酒店的感知是无意识的,而酒店服务人员则是有目的、有意识地对客人进行感知,因为只有准确、全面地感知客人的需求,给客人提供的服务,才能越细致、越周全甚至超前。所以,酒店服务人员必须具备良好的感知能力。提高服务人员的感知觉能力,首先要培养酒店服务人员良好的观察力。

观察力是指观察的能力,即通过观察活动认识事物特点的能力。观察力是智力发展的基础,是有目的、有计划、比较持久的知觉过程,是人主动获得感性认识的活动形式。

那么,如何培养良好的观察力?首先,要有明确的观察目的,带着一定的任务去观察是进行观察的前提,观察目的越明确,任务越具体,观察效果越好。酒店服务人员可根据具体工作部门,或工作中出现的问题来有目的地进行观察。例如,客房服务员可将观察不同类型客人对客房服务方面不同的要求作为观察任务,就会发现观光旅游客人与商务客人对客房设施的需求有所不同。餐厅服务员可将观察不同类型客人对酒店菜肴的不同要求作为观察目的,就会发现不同地区客人的口味特点是不一样的。

其次,必须根据目的制订出可行的观察计划,做到心中有数,减少观察的盲目性。制订计划时,要有充分的知识准备,才能使所定计划顺利进行。例如,餐厅服务员制订以观察不同客人对酒店菜肴的不同需求为观察目的的计划时,事先应了解酒店菜肴的基本种类,熟悉烹饪方面的知识,掌握酒店菜肴的特点,否则观察目的就很难达到,观察计划就只能是一纸空文,达不到应有的效果。

最后，应该在观察中细心体会，多动脑，观察之后要及时总结，必要时还应与经验丰富的同事、领导进行交流。人的心理活动是十分复杂的，如果不细心，就很容易造成观察不准确、不全面的后果。在每一次观察结束后，都应进行总结、整理、归纳出一些有规律的东西，从中找出客人心理活动的特点，便于在以后的工作中更好地观察客人，掌握客人的心理需求，为客人提供个性化服务。

培养良好观察能力的基本途径是经常练习。酒店服务人员可以在工作中从以下几个方面进行练习：练习对两个人或两类人进行比较，如韩国人与日本人饮食习惯有何不同；女性宾客与男性宾客对客房要求有什么差异。练习在短时间内说出观察对象尽可能多的特点。可以从观察同事、家人、亲朋好友的变化进行练习，也可以同观察能力较强的人一起观察，通过一起观察同一对象，取长补短，提高自己的观察能力。练习发现观察对象微小的变化，微小的变化一般不易引起人们的注意，只有观察能力强的人才能迅速捕捉到。只有经过持续不断的练习，才会总结出观察的技巧，不断提高观察能力，从而顺利感知客人的需求。

（三）对客人进行准确感知

酒店服务人员最令客人佩服的本领，就是能把客人最感兴趣的某种需要一眼看穿，并根据实际情况提供相应的服务，而达到这一良好效果的前提，就是服务员对客人的准确感知，能透过客人的外部表现去了解其心理活动。一个观察力较强的服务人员，在日常接待中能够通过对客人眼神、表情、言谈、举止的观察发现客人某些不很明显又很特殊的心理动机，从而运用各种服务心理策略和灵活的接待方式来满足他的消费需要，把服务工作做在客人开口之前。具体来说，对客人进行准确感知，要注意观察以下几个方面：

(1) 观察客人的衣着服饰。

衣着打扮反映了人的文化修养、社会地位、职业特点、性格特点、民族特点、年龄特点、经济收入状况等，通过对客人衣着打扮的观察，可以判断以上的特点，并据此推测客人的身份。例如，政府公务员、公司职员或商人多为衣装笔挺，打扮整洁干练的样子，力图给人以精明能干、处事严谨的印象。一般情况下，性格外向的人喜欢鲜艳、亮丽的服饰；性格内向的人喜欢素雅、深色的服饰。衣着还可以反映民族的特点，我国是一个多民族的国家，每个民族都有自己的服饰，也有着各自不同的消费需求。注意，通过衣着服饰了解客人的身份，是为了更好地把握客人的个性化需求，有针对性地为客人提供服务，而不是以此来以貌取人，区别对待。

(2) 观察客人的面部表情。

表情是内心的反映，眼睛是心灵的窗户。人内心的感情变化一般可以从面部表情中看出。例如，人在心情放松时面部肌肉会自然放松，而在紧张的情况下面部肌肉会僵硬。在与客人谈话时,如果对方的眼睛看向远方,则表示他对你的谈话不感兴趣,或正在考虑别的事情,如果对方目光害怕与你接触或者有意避开,说明他害羞或心中恐惧。酒店服务人员可以通过观察客人的面部表情来分析客人的心理活动,揣摩客人的真正需求。

(3)观察客人的体型、肤色。

客人的体型可以反映出客人的性格、生活的地区差别。如我国,居住在东北、西北地区的人体型较高大,居住在西南、东南地区的人体型较瘦小。肤色可提供宾客的国籍、职业方面的信息。如西欧、北美等地白种人居多,非洲、南美等地黑种人居多,亚洲以黄种人为主。脑力劳动者在室内工作时间较长,皮肤白一些;长期在户外工作的人皮肤黑一些。

(4)观察客人手势、走路姿态等动作。

人们在生活中,除语言交流,还可以通过手势来表达自己的思想,尤其在语言不通时,手势就更为重要。例如,光临酒店的客人常用食指与中指组成V形表示祝贺、兴奋、胜利的意思;有时客人还可以用手势来表示数字。每个人走路的姿势也不同,有时可以反映一个人的性格、职业、情绪等特点。如在餐厅服务中,客人进门后,走路急匆匆,四处找座位,并不时看表,这就说明他饭后可能有急事,服务人员应尽快接待,优先安排。军人的步态是正规有力的,舞蹈演员的步态则是轻盈飘逸的。急性子人走路快如风,慢性子的人走路四平八稳。

(5)观察客人的语言交流。

从一个人谈吐的内容、口音、语速、用词等可以反映出一个人的文化修养、性格、职业、籍贯等信息。例如,餐厅服务人员可以从就餐宾客的交谈中了解到谁是付钱请客的主人,从客人说话的口音中判断客人来自哪里,从而给客人更贴心的服务。如有一次,某餐厅来了几位客人,从他们的谈话中,服务员了解到,是一个客人要请朋友,既要品尝某个名菜,又想尝尝其他特色菜点。服务人员就主动介绍本店的各种风味小吃,从烹制方法说到口味特点、营养价值,说得客人馋涎欲滴,食欲大增,不仅对酒店特色菜肴赞不绝口,对酒店服务人员的服务也非常满意。

(6)观察客人的行李、用具及生活习惯。

一般来说,观光旅行的客人的行李多为大旅行箱或登山包,还会携带照相机、数码摄像机等;参加学术交流的学者的行李多为资料、书籍、笔记本电脑等;商务客人的行李一般较少,随身只带手提箱或笔记本电脑;回国探亲的华侨行李较多。通过对客人行李物品的观察,可以了解客人外出的目的、客人的职业等情况。另外,每个国家、每个民族的人都有自己的生活习惯或忌讳,酒店服务人员通过观察、积累,可以为客人提供更个性化、更优质的服务。

任务拓展

颜色心理效应

同一种颜色,对不同国家、不同文化的人,可能会带来不同的感受。

红色:视觉刺激强,让人觉得活跃、热烈,有朝气。在中国人的观念中,红色往往与吉祥、好运、喜庆相联系,它便自然成为一种节日、庆祝活动的常用色。同时,红色又易联想到血液和火炮,有一种生命感、跳动感,有时也有危险、恐怖、血腥之感。

黄色:明亮和娇美的颜色,有很强的光明感,使人感到明快和纯洁。幼嫩的植物往往呈淡黄色,又有新生、单纯、天真的联想,明亮的黄色还可以让人想起极富营养的蛋黄、奶油及其他食品。不过黄色又与病弱有关,植物的衰败、枯萎也与黄色相关联。因此,黄色又使人感到空虚、贫乏和不健康。

橙色:兼有红色与黄色的优点,明度柔和,使人感到温暖又明快。一些成熟的果实往往呈现橙色,富于营养的食品(面包、糕点)也多是橙色。因此,橙色又易引起营养、香甜的联想,是易于被人们所接受的颜色。

蓝色:极端的冷色,具有沉静和理智的特性,恰好与红色相对应。蓝色易产生清澈、超脱、远离世俗的感觉。深蓝色会滋生低沉、郁闷和神秘的感觉,也会产生陌生感、孤独感。

绿色:具有蓝色的沉静和黄色的明朗的特性,又与大自然的生命相一致相吻合。因此,它具有平衡人类心境的作用,是易于被接受的色彩。绿色又与某些尚未成熟的果实的颜色一致,因而会引起酸与苦涩的味觉。深绿易产生低沉消极、冷漠感。

紫色:给人优美高雅、奢华贵气的感觉。含红色的个性,又有蓝色的特征。暗紫色会引起低沉、烦闷、神秘的感觉。

黑色:具有包容和侵占性,衬托高贵的气质,也可以流露不可征服的霸气。

任务反馈

思考: 不同的颜色会给客人带来不同的心理反应,酒店在哪些方面可以运用颜色心理效应来满足客人的心理需求?

讨论: 酒店服务人员需要有良好的感知能力,这种感知能力是天生具备的,还是可以通过后天培养的呢?如果可以通过后天培养,则哪些方法可以有效地提高服务人员的感知能力呢?

知识回顾

1. 什么是感觉？感觉有哪些规律？
2. 什么是知觉？知觉有哪些特性？
3. 什么是第一印象和晕轮效应？
4. 谈谈如何根据客人的感知觉做好酒店服务工作。
5. 如何有效地感知客人的心理需求？

能力训练

1. 结合实际情况选定生活周围的一个人进行为期一周的观察，并拟订观察计划，做好详细的观察记录。

2. 根据自己的观察记录，描述观察对象一周内的活动规律，尝试总结观察对象的性格特点、兴趣爱好等，并与观察对象交流，探讨本次观察是否真实准确，积累观察经验。

案例分析

庄先生到上海出差入住某高星级酒店，上午入住，在酒店简单休息后就去楼下吃饭，然后出去办事，经过一下午又开会又总结又听报告的忙碌后，全身疲惫地回到客房，准备痛痛快快地冲个热水澡，舒舒服服地睡上一觉。可当他躺在床上正准备休息时，一阵"嘀嘀嘀"的声音把他吵醒了，声音响了一下子又停了，他也就没太在意。可当他再次准备入睡时，讨厌的"嘀"声又响了，如此反复几次，早已睡意全无，他终于受不了了。庄先生打开灯想看一看声音是从哪里发出来的，听了一会儿，发现原来是卫生间的水管在滴水。

于是庄先生打电话到房务中心，让服务员赶紧到客房来处理一下，过了一会儿，服务员打电话过来说，酒店维修人员已经下班了，明天才能处理，庄先生一听急了，责问服务员，那晚上怎么休息啊？服务员却责怪庄先生为什么白天没有发现水管滴水，晚上才发现，现在维修人员已经下班了，修不了了。庄先生听说修不了，只得要求换房，可是酒店拒绝了庄先生的要求，认为这一点声响不至于影响休息，只要把卫生间的门关紧一点就可以了。无奈之下，庄先生忍受了一夜，第二天一早，就提出退房，离开了这家高星级酒店。

思考：

1. 为什么庄先生白天没有发现卫生间水管的滴水问题，晚上却发现了，并严重影响了休息呢？

2. 针对庄先生提出的问题，服务员的处理有何不妥之处？如果是你，你会如何处理？

3. 这家酒店在服务与管理中存在哪些方面的问题？

模块 3 记忆与注意

模块目标

◆ **知识目标**

1. 了解记忆、注意的概念、分类及品质。
2. 理解记忆与酒店服务策略的关系。
3. 理解注意与酒店客人行为的关系。
4. 认识酒店服务人员的注意与酒店服务工作的关系。

◆ **能力目标**

1. 培养良好的注意力和记忆力。
2. 根据客人的注意做好酒店服务工作。

模块任务

- ◆ 任务一　什么是记忆
- ◆ 任务二　记忆与酒店服务策略
- ◆ 任务三　什么是注意
- ◆ 任务四　注意与酒店服务策略

任务一　什么是记忆

案例聚焦

李先生是香港某公司驻北京办事处的经理。该办事处设在北京某四星级酒店的八楼。李先生因为业务关系，也会经常安排公司客户入住该酒店。一天上午，李先生急匆匆地来到酒店前台，将一盒包装漂亮的礼物交给前台服务员小王，请她转交给次日从香港来北京并将入住该酒店的周小姐。李先生再三提醒小王，一定要在次日周小姐抵店时送出。原来这位周小姐是李先生的女朋友，而且第二天就是周小姐的生日，但李先生因为临时有工作安排，所以没有时间陪她。小王到前台工作时间不长，第一次看到这么漂亮的礼物包装盒，非常好奇，一边随口答应客人，一边反复观看。等下班的时候，她不仅忘了与下一个班次的前台服务员办理委托转交手续，也忘了在交班本上做记录，甚至连礼物放在哪儿都忘了。

第二天，周小姐如期从香港抵达北京。到达酒店前台后，她听说李先生临时有工作安排脱不开身，不能亲自前来接她，也不见留下什么礼物，便独自生着闷气去了房间。晚上，李先生回到酒店，一走进客房，就被周小姐数落了一番，说生日这天，李先生不仅不能陪她，让她一个人在酒店里闷了一天，还连个生日礼物也没有。李先生一听，知道前台没有按照自己的要求将生日礼物送给周小姐，导致周小姐误会了自己，非常生气，打电话给前厅经理，要求前台服务员来房间向周小姐解释并道歉。

任务执行

案例中，前台服务员小王在工作时，没有按照酒店的操作程序办理委托转交手续，不但完全忘记了客人交代的任务，甚至连礼物放在哪儿都忘记了。案例说明，在酒店服务工作中，服务人员不仅要按照操作程序与规范工作，还要有良好的记忆力。

一、记忆的基本概念

记忆是个体经验在头脑中识记、保持和重现的心理过程。个体经验是指个人过去对事物的感知，对问题的思考，对某个事件引起的情绪体验和情感，以及进行过的操作动作等。这些经验都可以以映像的形式存储在大脑中，在一定条件下，这种映像又可以从大脑中提取出来，这个过程就是记忆。

记忆与感知一样，都是人脑对客观现实的反映，但记忆比感知复杂得多。感知过程反映的是当前直接作用于感官的对象，是对事物的感性认识。记忆反映的是过去的经验，它兼有感性认识和理性认识的特点。

记忆包含两个方面的含义：一是记，即大脑从外界纷繁复杂的信息中提取部分有用的信息形成感知觉，再从感知觉中选择部分信息形成短时记忆，又同样从短时记忆中选定部分信息形成长时记忆的过程；二是忆，即大脑根据当前外界传入的信息的情况迅速提取大脑储存的相关信息经验，结合外界传入的信息，生成某种心理行为反应或应答的过程。

记忆在人们的生活中起着极其重要的作用，千百年来，人类依靠记忆积累经验，创造文明。个别人的记忆力是常人不可企及的，如拿破仑对于自己手下的士兵，只要见过一次，就可以在下次见到时准确地认出来；著名作家钱锺书先生不但精通七种语言，而且当向他提问任何一种文学理论观点时，他都能准确援引原文并指出出处；1938年，俄罗斯国际象棋冠军阿廖欣在美国同时下32盘盲棋，在2000个方格上调遣成千枚棋子。在酒店服务工作中，服务人员也需要有良好的记忆力，记住自己的工作职责，记住酒店设施设备的使用方法，记住培训过的服务程序与规范，记住客人的相关信息。

二、记忆的类型

人类的记忆现象多种多样，包含的类型同样也是多种多样。根据记忆的不同特性，研究者将记忆划分成不同的类型。

（一）根据记忆内容分类

根据记忆内容的变化，分为形象记忆、抽象记忆、情绪记忆和运动记忆。

形象记忆是以事物的具体形象为内容的记忆类型。例如，酒店服务人员对见过的人或物、听过的音乐、嗅过的气味、尝过的滋味、触摸过的物体等的记忆都属于形象记忆。

抽象记忆也称为逻辑记忆，它是以词语、概念、原理为内容的记忆。这种记忆所保存的不是具体的形象，而是反映客观事物本质和规律的定义、定理、公式、法则等。它是人类所特有的，具有高度理解性、逻辑性的记忆。例如，酒店服务人员对部门规章制度的记忆，厨师对烹饪知识的记忆等。

情绪记忆是以体验过的某种情绪和情感为内容的记忆。如酒店客人在住店期间的愉快经历，酒店服务人员为客人提供服务并获得客人赞赏时的满足感和成就感等。情绪记忆的印象有时比其他记忆的印象表现得更为持久、深刻，甚至让人终生难忘。

运动记忆是以各种动作、姿势、习惯和技能为主要内容的记忆。运动记忆是运动、生活和劳动技能的形成及熟练运用的基础,对形成各种技能、技巧是非常重要的。运动记忆一旦形成,保持的时间往往很长。

(二)根据记忆感知器官分类

根据记忆感知器官的不同,分为视觉记忆、听觉记忆、嗅觉记忆、味觉记忆、肤觉记忆、混合记忆。

视觉记忆是指视觉在记忆过程中起主导作用的记忆类型。视觉记忆主要是根据形状印象和颜色印象记忆的。

听觉记忆是指听觉感知在记忆过程中起主导作用的记忆类型。

嗅觉记忆是指嗅觉感知在记忆过程中起主导作用的记忆类型。

味觉记忆是指味觉感知在记忆过程中起主导作用的记忆类型。

肤觉记忆是指肤觉感知在记忆过程中起主导作用的记忆类型。

混合记忆是指在记忆过程中有两种以上(包括两种)感知器官同时起主导作用的记忆类型。

(三)根据记忆保持时间长短分类

根据记忆保持时间长短的不同,分为瞬时记忆、短时记忆、长时记忆。

瞬时记忆也称为感觉记忆,是指引起感觉的刺激消失后留下的极短时间的记忆,保持时间一般为 0.25~2 秒,转瞬即逝、须臾即忘,人们往往感觉不到。大脑对瞬时记忆不做加工和重复,形成的痕迹是表浅而活动的,很快就会消失,遗忘后不能恢复。

短时记忆也称为操作记忆或工作记忆,保持时间不超过 1 分钟,常与一定的操作动作相联系,操作结束,准确的记忆内容也就消失。边记边忘的短时记忆是一种正常现象,能减轻大脑的记忆负担。

长时记忆是指保持时间在 1 分钟以上,甚至终身的记忆。大脑对此记忆内容进行了储存前的主动、积极加工,形成的痕迹大都是结构的、深刻的、牢固的,保持时间较长,遗忘后大都能回想起来。

(四)根据记忆有无明确目的分类

根据记忆有无明确目的,分为无意记忆和有意记忆。

无意记忆是没有任何记忆的目的与要求,也不需要做出任何记忆的意志努力,不用采取任何记忆方法的记忆。这类记忆具有自发性,并带有一定片面性。例如,客人进入酒店对于前厅环境的记忆。

有意记忆是指有预定的记忆目的和要求,需要做出记忆的意志努力,并运用一定记忆方法的记忆,它具有自控性和创造性。有意记忆在人们的学习和生活中有着重要的意义。

无意记忆和有意记忆是相辅相成的,并在一定的条件下可以相互转化。也就是说,无意记忆可以向有意记忆转化,有意记忆也可以向无意记忆转化。

(五)根据记忆方法分类

根据记忆方法的不同,分为理解记忆与机械记忆。

理解记忆是指通过理解记忆材料的意义,把握记忆材料内容的记忆。例如,对事件的起因、经过和结果的记忆,对公式推导的记忆,等等。理解记忆的基本条件是理解。

机械记忆是指根据记忆材料的外部联系或表现形式,采取简单重复的方式进行的记忆。例如对历史年代、外语单词、电话号码、人名地名的记忆等。机械记忆的基本条件是重复。

与机械记忆相比,理解记忆的记忆效果更好,但是在工作中,机械记忆与理解记忆都很重要,它们在记忆过程中可以相互补充。如客房服务员在记忆操作规范时,首先要理解为什么要这样操作,但这仅仅是记住了操作内容,而要准确记住操作各环节的具体标准,还需要借助于机械记忆。

三、记忆的品质

在现实生活中人们常常发现,有些人记得快,记得牢,有些人则记得少,记得慢,有些人忘记快,有些人忘记慢。这些记忆问题的出现往往涉及人的记忆品质。一般根据什么来判断人的记忆品质及记忆的优劣呢?综合起来,一个人的记忆力水平可以从记忆品质的敏捷性、持久性、正确性和准备性等四个方面来衡量。

(一)记忆的敏捷性

记忆的敏捷性是指一个人在识记事物时的速度方面的特征。能够在较短的时间内记住较多的东西,就是记忆敏捷性良好的表现。记忆的敏捷性取决于大脑皮层中条件反射形成的速度。条件反射形成得快,记忆就敏捷;条件反射形成得慢,记忆就迟钝。在敏捷性方面,有的人可以过目不忘,有的人则久看难以成诵。酒店服务人员需要有敏捷的记忆,如在餐厅为客人提供服务时,有的客人要骨碟,有的客人要烟灰缸,有的客人要餐巾,有的客人要开水,这些都是对服务人员记忆敏捷性的考验。记忆的敏捷性是记忆的品质之一,但它不是衡量一个人记忆好坏的唯一标准。在评价记忆好坏时,应与记忆的其他品质结合起来才有意义。

(二)记忆的持久性

记忆的持久性是指记住的事物所保持的时间的长短。有的人能把识记的东西长久地保持在头脑中,而有的人则会很快地把识记的东西遗忘。能够把知识经验长时间地保留在头脑中,甚至终生不忘,就是记忆持久性良好的表现。记忆的持久性取决于条件反射的牢固性。条件反射建立得越牢固，记忆就越长久；条件反射建立得越松散，记忆就越短暂。要想记得牢，必须要经常复习，使条件反射不断被强化而得到巩固。

（三）记忆的准确性

记忆的准确性是指对记忆内容的识记、保持和提取的精确程度方面的特征。它可以反映记忆提取的内容与事物的本来面目相一致的程度。记忆的正确与否与条件反射有关。如果条件反射形成得准确、牢固，记忆的准确性就强；如果条件反射形成得不准确、不牢固，记忆的准确性就弱。记忆的准确性是记忆的重要品质，如果离开了准确性，记忆的敏捷性、持久性也就失去了意义。心理学研究证实，最初印象往往对人的心理活动产生很大影响。要保证记忆的准确性，第一次接触记忆内容时就要进行认真、正确的识记。对已经产生准确记忆的内容，要通过不断强化去巩固它，对错误记忆和模糊记忆的内容，要修正后再强化，这样才能有效地保证记忆的准确性。

（四）记忆的准备性

记忆的准备性是指能够根据自己的需要，从已识记的知识储备中迅速而准确地提取所需要的信息的品质。记忆的目的在于实际需要时，能迅速、灵活地提取信息，回忆所需的内容并加以应用。记忆的准备性这一品质，与大脑皮层神经过程的灵活性有关：由兴奋转入抑制或由抑制转入兴奋都比较容易、比较灵活，记忆的准备性水平就高；反之，记忆的准备性水平就低。在准备性方面，有的人能得心应手，随时提取知识加以应用，有的人则不然。要想使自己的记忆具有良好的准备性，首先要使记忆具有准确性、系统性、持久性，还要通过各种方法培养和锻炼自己回忆的技巧，并多运用已经记忆的知识，达到"熟能生巧"的程度。比如拿破仑曾说，一切事情和知识在他头脑里就像放在橱柜的抽屉里一样，只要他打开某个抽屉，就能准确地取出所需要的材料。

四、如何提高记忆力

记忆力是人脑的记忆能力，每个人在日常生活与工作、学习中都离不开记忆。怎样才能有较强的记忆力呢？

（一）记忆前有明确的目的

实践证明，在其他条件相同的情况下，有明确的记忆目的，则记忆力持久且强劲。在一个检查记忆力的实验中，把记忆力大致相同的同学分成两组，然后观看一段录像。其中甲组同学事先得到明确的提示，大都能寻找出录像中有几处错误，而乙组同学并没有什么明确的目的，其记忆力明显低于甲组。因为记忆的目的和任务，直接影响着人记忆的自觉性、积极性、主动性和计划性。拥有明确的记忆目的，会刺激人的大脑神经系统，激发思维活动，提高记忆效果。

(二)记忆时有良好的心理状态

心理学实验证明,一个人在心情舒畅、精神饱满的情况下一般会对自己的记忆能力充满自信,这时的记忆效果最好,反之则差。如何保持良好的心理状态呢?第一要相信自己的记忆能力,只有对记忆能力充满信心,才能把全部精力都集中在要记忆的内容上,使大脑皮层细胞兴奋起来,形成记忆内容的神经联系;第二要保持良好的身体状况,在记忆前,要有充足的睡眠,平时注重锻炼身体,吃一些有益于提高记忆能力的食品;第三要有遭受挫折的心理准备,不要被一时的困难吓倒,要相信通过自己的努力,一定能够完成记忆任务。

(三)对记忆内容有浓厚的兴趣

兴趣是记忆的最佳动力。记忆既是脑的生理过程又是心理过程,因而受人对记忆内容的兴趣的影响。一个人面对他所感兴趣的信息和对象时,会产生高度集中的注意力与观察力,精神亢奋,记忆内容在大脑中产生的印象也较为深刻,不易遗忘。因此,在记忆时,应对记忆内容充满好奇,有强烈的探求心理,这样才能激发对记忆内容的浓厚兴趣。

(四)记忆过程中保持高度的注意力

在记忆过程中,只有专心致志、聚精会神,信息和对象才会在大脑皮层中烙上深深的印迹,记忆效果才会好;如果在记忆过程中,注意力不集中,经常受到周围其他事物的干扰,人的记忆力就会下降。因此,在背诵一些材料时,应该选择一个安静的环境,在情绪比较稳定的情况下,才会有较好的记忆效果。

(五)记忆后及时复习,防止遗忘

记忆与遗忘是对立统一的,记忆的过程就是与遗忘做斗争的过程。人的遗忘是有规律的,一般来说,不重要的和未经复习的内容容易遗忘,开始时遗忘得快,接下来会遗忘得慢。因此,在遗忘到来之前,必须及时复习,以便大大提高记忆的持久性。首先要有简练的复习提纲,依纲复习,"纲举目张";其次要将及时复习、集中复习、分散复习相结合。

(六)掌握科学的记忆方法

人们常说:"劈柴不照纹,累死劈柴人。"这说明做事情要掌握科学规律,科学的记忆方法能帮助人提高记忆效果。例如,在理解的基础上进行记忆,对记忆材料进行归纳整理,或者把记忆材料编成顺口溜,进行合理联想,等等。记忆方法的选用还要根据记忆者的个人情况来确定,不可一概而论,应该选择最适合自己的科学记忆方法。

任务拓展

A先生工作繁忙,每天劳累不已,不仅没有充分的时间放松,连睡眠的时间都不够。最近,他总是因为马虎大意而被上司批评,生活中不是忘了钥匙放在哪,就是忘记带手机出门。这种健忘是因用脑过度而引起的,称为疲劳性健忘。

B先生从小就好忘事,曾被老师批评为"马大哈",到现在虽然已大学毕业四年,仍然改不了丢三落四的习惯。这种健忘与遗传和幼时的生活习惯有关,称为原发性健忘。

C先生喜好杯中之物,且经常抽烟,总是比一般人更容易遗忘事情,到医院检查的结果是患有一定程度的脑动脉硬化。他的健忘与大脑皮层记忆神经受损有关,称为器质性健忘。

任务反馈

思考:A、B、C三位先生在记忆方面都存在一定障碍,你认为他们的记忆能力还可以恢复吗?

讨论:形象感知是记忆的根本,它是指以感知过的事物的形象为内容的记忆,包括事物的形状、体积、质地、颜色、声音、气味等具体形象的识记、保持和重现。在酒店服务工作中,如何利用形象感知来提高服务人员的记忆能力?

任务二　记忆与酒店服务策略

案例聚焦

小张是中餐厅收银员。一天中午,正是用餐时间,外面下着暴雨,酒店客人大都选择在酒店的中餐厅用餐,客来客往,特别繁忙。这时服务员小王拿来一份账单,说客人要求签单。小张一看,账单上客人用潦草的笔迹签着姓名与房号,隐约能看出是108房间的周先生,小张正要与酒店前厅收银员核实客人的身份,以及该客人以往的消费信用,来决定是否给予签单,突然记起来,半个小时前,108房间的周先生已经在中餐厅用过餐,并签过单挂过账了,怎么还会再次来餐厅用餐呢?于是小张把账单还给小王,让小王去跟客人核实一下,并让客人签上全名。经过核实,原来这是908房间的客人,正好与108房间的客人同姓周。

> 任务执行

案例中,小张对当天经手的签单能够保持良好的记忆,没有把908房间客人的消费账单挂到108房间客人的账上,避免了很多麻烦。

一、记住服务程序,提高服务技能

现代酒店中各部门的服务工作已经形成了比较稳定和科学的服务程序与服务规范,酒店服务人员上岗前都会进行严格的服务程序与服务规范培训。只有严格地履行这些服务程序,酒店服务工作才会做得符合要求、完美得体。这就需要酒店服务人员牢记相对复杂的服务规范,在这个基础上才能谈得上提高服务技能,才能在对客人服务时娴熟自如地运用。

二、记清客人要求,提供及时服务

酒店服务人员在为客人提供服务时,务必要记清楚客人的具体要求,为客人提供及时服务。有时客人的要求很简单,服务人员比较容易记住;而有时客人的要求很多,这就需要服务人员训练自己的临时记忆能力,能够把客人所有的要求都记住。有些情况下,客人会有一些托付酒店服务人员办理的事情,在这些服务项目的提出到提供之间有一个或长或短的时间差,这时就需要酒店服务人员能牢牢记住客人所需要的服务,并在稍后的时间中准确地予以提供,不会使客人所需要的服务被迫延时或干脆因为被遗忘而得不到满足。

三、记住酒店服务设施与服务项目,及时提供资讯

在酒店服务中,客人常常会向酒店服务人员提出一些如酒店服务项目、服务设施、特色菜肴、烟酒茶点的价格,甚至周边的城市交通、旅游等方面的问题,酒店服务人员平时就需要积累并记住这些相关的信息,在客人需要时才能一一解答,使客人能够及时了解自己所需要的各种信息。另外,酒店相对复杂的服务设施的分布、功能及操作对于初来乍到的客人来说是比较陌生的,作为酒店服务人员应该对这些了如指掌,在客人需要的时候,就可以如数家珍地一一介绍,及时为客人提供最全面的资讯,同时使酒店的服务资源得到充分利用。

四、记住客史资料,提供个性化服务

酒店客人来自世界各地,是一个异常复杂的群体,他们的生活习惯、个性特点等是千差万别的,因此酒店对于客人所提供的服务也是因人而异的,这就需要酒店服务人员记住客史资料。当一位再次光临酒店或第二次消费同一项目的客人到来时,酒店服

务人员便可以根据自己的记忆迅速地把握客人的特征,为客人提供更有效、更有针对性的服务。如果一位客人的姓名、籍贯、职业、性格、兴趣爱好、饮食习惯等被酒店服务人员记住,并在与客人的交往中恰当地表现出来,客人将会有种受尊重、被重视的感觉。这对于酒店来说非常重要,因为客人的这种感觉会促使他把酒店当作自己的家,把酒店服务人员当作自己的亲人。

任务拓展

增强记忆的七种食物

卷心菜:卷心菜中富含维生素B,能有效预防大脑疲劳,起到增强记忆力的作用。

大豆:含有卵磷脂和丰富的蛋白质,每天食用适量的大豆或豆制品,可增强记忆力。

牛奶:富含蛋白质和钙质,可提供大脑所需的各种氨基酸,每天适量饮用可增强大脑活力。

鲜鱼:富含蛋白质和钙质,特别是含有不饱和脂肪酸,可分解胆固醇。

蛋黄:含有卵磷脂、钙等脑细胞必需的营养物质,可增强大脑活力。

木耳:含有蛋白质、脂肪、多糖类、矿物质、维生素等多种营养成分,为补脑佳品。

杏:含有丰富的维生素A和维生素C,可有效地改善血液循环,保证脑供血充足,有利于增强大脑记忆。

任务反馈

思考:在酒店服务工作中,需要服务人员记忆的内容包括哪些?
讨论:酒店服务人员拥有良好的记忆能力对提高服务质量有哪些帮助?

任务三 什么是注意

案例聚焦

著名的诺贝尔奖获得者赫伯特·西蒙在对世界经济发展趋势进行预测时指出:"随着信息的发展,有价值的不是信息,而是注意力。"这种观点被IT业和管理界形象地描述为"注意力经济"。最早正式提出"注意力经济"这一概念的是美国的迈克尔·戈德海伯,他认为,当今社会是一个信息极大丰富甚至泛滥的社会,而互联网的出现使得信息非但不是稀缺资源,相反是过剩的;而相对于过剩的信息,只有一种资源是稀缺的,那就是人们的注意力。

任务执行

从心理学上看,注意力就是人们关注一个主题、一个事件、一种行为和多种信息的持久程度。在当今信息过剩的社会,吸引人们的注意力往往会形成一种商业价值,获得经济利益,因此在经济上,注意力往往又会成为一种经济资源。注意力经济通过最大限度地吸引用户或消费者的注意力,培养潜在的消费群体,以便在未来获得最大的商业利益。在这种经济状态中,最重要的资源既不是传统意义上的货币资本也不是信息本身,而是大众的注意力。只有大众对某种产品注意了,才有可能成为消费者,购买这种产品。而要吸引大众的注意力,重要的手段之一,就是视觉上的争夺,因此,注意力经济也称为"眼球经济"。

一、注意的基本概念

注意是人的心理活动或意识对一定对象的指向和集中。注意是一种心理状态,一种比较紧张、积极的心理状态,它是意识的基本特征。人的一切自觉的心理活动,都是以注意为基础的。俄罗斯教育家乌申斯基曾精辟地指出:"注意是我们心灵的唯一门户,意识中的一切,必然都要经过它才能进来。"

指向性和集中性是注意的两个基本特性。指向性是指心理活动在某一时刻总是有选择地朝向一定对象。因为人不可能在同一时刻注意到所有的事物,接收所有的信息,只能选择一定对象加以反映。指向性可以保证人的心理活动清晰而准确地把握某些事物。集中性是指心理活动停留在一定对象上的稳定和深入程度。注意集中时心理活动只关注所指向的事物,抑制了与当前注意对象无关的活动。注意的集中性保证了人对注意对象有更深入完整的认识。

指向性和集中性保证了注意的产生和维持。当学生上课的时候,他的心理活动不可能指向教室内外的所有事物,而是选择教师的讲课作为自己的注意对象。在听课过程中,他必须始终关注教师的教学,抑制与听课无关的活动。只有在正确指向的基础上加以集中,才能清晰、完整、深入地理解教学内容。

二、注意的种类

根据人在注意过程中的目的和意志努力程度的不同,心理学家把注意分为无意注意、有意注意及有意后注意三种。

(一)无意注意

无意注意是指事先没有预定目的,也不需要做意志努力的注意。例如,在大街上突然传来急促的救护车鸣笛声,行人不由自主地转头去看,这种注意称为无意注意。这种注意的产生和维持不需要意志努力,而是人们自然而然地对那些强烈的、新颖的和感兴趣的事物所表现的心理活动的指向和集中。

因为无意注意不需要个人的意志努力,所以无意注意属于消极注意。无意注意虽然主要是由外界刺激物所引起的,但也取决于人本身的状态。同样的事物,可能引起一些人的注意,而不会引起另一些人的注意。也就是说,无意注意的产生往往与情绪、兴趣和需要有关,所以无意注意也称为情绪注意。

(二)有意注意

有意注意是指有预定目的,需要一定意志努力的注意。因为有意注意需要个人的积极性和意志努力,所以有意注意也称为积极注意或意志注意。有意注意主动地服从于既定的目的或任务,它受人的意识的自觉调节和支配。有意注意是在人类社会实践中产生和发展起来的。

劳动本身是一种复杂和持久的工作,必然会有困难和单调的因素,这就要求人们把自己的注意有意识地集中并保持在工作上。有意注意充分体现了人的能动作用,是人类特有的注意,是注意的高级发展形式。

(三)有意后注意

有意后注意是指事前有预定的目的,几乎不需要意志努力的注意。有意后注意是注意的一种特殊形式,兼有无意注意和有意注意两方面的某些特点。例如,在从事某一活动时,个体开始对它没有兴趣,需要意志的努力才能完成,但随着活动的逐步深入,个体对它逐渐发生了兴趣,这时不需要意志努力就能保持自己的注意。

有意后注意是一种高级类型的注意,具备了无意注意和有意注意的优点:一方面它具有一定的目的性;另一方面它不需要意志努力,个体不易产生疲劳。所以有意后注意具有高度的稳定性,是人类从事创造性活动的必要条件。一切有成就的科学家和艺术家都会高度关注自己的事业,废寝忘食地为科学或艺术做出创造性的贡献。

无意注意、有意注意和有意后注意在实践活动中紧密联系、协同活动。有意注意可以发展为有意后注意,而无意注意在一定条件下也可以转化为有意注意。

三、注意的功能

作为心理活动的一种积极状态,注意不是一种独立的心理过程,而是整个心理活动的引导者、伴随者,它使心理活动处于积极状态并获得必要的驱动力。在人的心理活动过程中,注意有三种主要功能。

（一）选择功能

注意能使心理活动选择有意义,符合当前活动需要,和任务要求相一致的刺激信息,同时避开或抑制无关刺激的作用。这是注意的首要功能,它确定了心理活动的方向。心理活动如果没有注意的选择功能,就不可能将有关的信息检索出来,意识会处于一片混沌状态。

（二）保持功能

注意能使人的心理活动较长时间保持在所选择的对象上,维持一种比较紧张的状态,保证活动的顺利进行。没有注意的保持功能,头脑中的信息会很快在意识中消失,正常的心理活动就无法展开,人类也就无法进行正常的学习和工作。

（三）调节监督功能

注意能使人调节和控制自己的心理过程,监督所从事的活动,使其朝着一定方向和目标进行。注意的调节监督功能可以提高活动的效率,在注意集中的情况下,可以减少错误,提高准确性和速度。另外,注意的分配和转移能保证活动的顺利进行,以适应千变万化的环境。

四、注意的品质

注意力有四种品质,即注意的广度、注意的稳定性、注意的分配性和注意的转移性。这四种品质是衡量一个人注意力好坏的标志。

（一）注意的广度

注意的广度也称为注意的范围,是指在同一时间内意识所能清楚把握的对象的数量。注意的广度受注意对象特点的制约。一般来说,注意对象越集中,排列越有规律,越能成为相互联系的整体,注意的广度也就越大;另外,不同的人具有不同的注意广度。一般来说,孩子的注意广度要比成年人小。通过不断地有意识训练,注意广度也会不断得到提高。

（二）注意的稳定性

注意的稳定性也称为注意的持久性,是指一个人在一定时间内比较稳定地把注意集中于某一特定的对象与活动的能力。有研究表明,人对某一对象的注意通常在半小时后就会发生明显衰减。

注意的稳定性与注意对象的特点有关。内容丰富的对象比内容单调的对象，活动、变化的对象比静止、固定的对象更容易使人保持稳定的注意。同时，注意的稳定性还取决于个体的状态。如果个体对其从事的活动持积极的态度，有高度的责任感、坚强的意志和浓厚的兴趣，就容易保持注意的高度稳定性。

（三）注意的分配性

注意的分配是指人在同时进行两种或多种活动时，能够把注意指向不同的对象。例如，前台服务人员在为客人办理入住手续时，不但要询问客人、查询客房、验证客人身份，同时还要向排队等候的客人问好，或者接听电话。由此可见，注意的分配是可能的。但是，注意的分配有严格的条件限制：首先，人对同时进行的每一种活动必须都是相当熟练的；其次，同时进行的几种活动之间已经建立起联系，形成固定的反应系统，人很容易同时进行各种动作或活动，注意分配就能够实现。

（四）注意的转移性

注意的转移是指根据新的任务，主动地把注意从一个对象转移到另一个对象上。注意的转移与分心不同，注意的转移是任务的要求，随着当前的活动，有意识地改变注意的对象；分心则是指注意偏离了当前活动和任务的要求，受无关刺激干扰，使注意重心离开了应该注意的对象。注意力转移的速度快慢是思维灵活性的体现，也是与工作效率相关的。

任务拓展

心理学家很早就开始研究注意的广度问题。1830年，心理学家汉密尔顿（Hamilton）最先做了这方面的实验，他在地上撒了一把石子儿，发现人们很难在一瞬间同时看到6颗以上的石子儿。如果把石子儿2个、3个或5个组成一堆，则人们同时看到的堆数和单个的数目一样多。运用速示器进行的研究表明，成人在1/10秒内一般能注意到8~9个黑色的圆点或4~6个没有联系的外文字母。

研究表明，通过以下措施可以提高人的注意力：①养成良好的睡眠习惯；②学会自我减压；③学会运用积极目标的力量；④善于排除外界干扰；⑤善于排除内心的干扰；⑥培养对某件事情的兴趣。

任务反馈

思考：汉密尔顿有关注意广度的实验说明了什么问题？

讨论：根据人在注意过程中的目的和意志努力程度的不同，心理学家把注意分为无意注意、有意注意及有意后注意三种。在实践活动中，有意注意可以发展为有意后注意,而无意注意在一定条件下也可以转化为有意注意,那么这些转化应该具备什么样的条件?

任务四　注意与酒店服务策略

 案例聚焦

小芳是某星级酒店中餐厅的服务员。最近在为客人服务时,她注意到很多客人到餐厅坐下以后,做的第一件事就是将摆在面前的餐具往桌子中心移,然后双手靠在餐桌边上点菜、喝茶或者和朋友聊天。

于是小芳在一次餐前例会上对餐厅经理说:"王经理,我有一个想法。咱们酒店摆台时有明确规定,要将骨碟摆在距离桌子边缘1厘米的地方,大家都是这样操作的,但这样对客人不是很方便。我最近发现不少客人坐下后都会将桌子上的餐具往里面移。您看我们是否能就此做些改进,摆台时把骨碟等餐具往里面摆一点,以免客人坐下后再自己移动餐具!"王经理一听,考虑了一下说:"你这想法不错,我先观察几天,然后尽快向上级汇报,看看能否采用。"一个星期后,分管餐饮部的经理宣布了摆台的这一改动,还表扬了小芳,对小芳在工作中能够注意到客人这一个微小的活动细节表示肯定。从此以后,小芳在餐厅里再也没有发现客人坐下后有移动餐具的现象了。

任务执行

案例中,小芳在工作时注意到客人的习惯性动作,并因此向餐厅经理提出了改进措施,说明小芳在工作中能把注意力集中在自己的服务对象上,观察仔细,在细节上创新,方便了客人。相信细心的客人也会注意到酒店的这一微小变化,并感谢酒店体贴周到的服务。

一、客人的无意注意与酒店服务策略

客人进入酒店一般都有着明确的目的与动机,对于酒店的建筑外观、内部装潢、设施设备、员工形象、产品及服务等会有着各自的注意重点。然而这并不是说客人只会注意到自己感兴趣或者有明确目标的对象。在一定情况下,其他对象也会引起客人的无意注意。

（一）影响客人无意注意的因素

引起客人无意注意的因素很多，除酒店本身的某些特点外，还与客人自身的需要、兴趣、态度及身体状况等有关。

刺激物的强度是引起客人无意注意的重要原因。在无意注意中，起决定作用的往往不是刺激的绝对强度，而是刺激的相对强度，即刺激强度与周围物体强度的对比。例如，在寂静的夜晚，客房卫生间的马桶滴水声，走廊传来的房门撞击声，都会引起客人的无意注意，甚至影响客人休息。

刺激物之间的对比关系，如刺激物在强度、形状、大小、颜色和持续时间等方面与其他刺激物存在显著差别时会引起人们的无意注意。例如，酒店在新年时，会在酒店大堂布置一些烘托节日氛围的饰品，这与酒店大堂平时的布置完全不一样，形成的对比必然会引起客人的无意注意。

活动的、变化的刺激物比不活动、无变化的刺激物更容易引起人们的无意注意。例如，酒店霓虹灯一亮一暗，很容易引起人们的无意注意，在餐厅里走动的服务员也会吸引客人的无意注意。

新奇的事物也很容易成为无意注意的对象。例如，酒店前厅、客房、餐厅里别具风格的装饰会引起客人的无意注意；客房内新添置的高科技设施也会吸引客人的无意注意；在特殊节日里，员工新奇的服饰也会吸引客人的无意注意。

客人自身的需要、兴趣、态度及身体状况也是决定无意注意的重要因素，凡是能够满足客人的需要和引起客人兴趣的事物都会更容易使客人产生期待的心情和积极的态度，从而引起无意注意。一般情况下，与自身有关的人或事都容易引起客人的无意注意。另外，客人当时的精神状态也对无意注意有重大影响。客人在精神饱满时，更容易对新鲜事物产生注意，而且注意也容易集中和持久。

（二）酒店服务策略

第一，酒店无论在硬件设施设备，还是在管理与服务方面，与周边其他酒店相比，肯定有着自身的优势与不足。根据扬长避短的原则，酒店应把自身的特色与优势突显出来，吸引客人的无意注意，并且努力淡化自身的不足，使其不成为客人注意的焦点。

第二，要吸引客人的无意注意，还必须科学地设计刺激物，充分考虑到刺激物的刺激强度、对比性，通过创新，吸引客人的无意注意。除吸引客人的无意注意外，还应该让客人产生兴趣，保持对刺激物的注意。另外，吸引客人无意注意的刺激物应迎合客人的消费心理，但不要过分夸张、低俗，更不要引起客人的反感。

第三，要根据客人的需要、兴趣、态度及身体状态，灵活运用服务策略。在客人对刺激物感兴趣时，酒店服务人员可以为客人提供更多相关信息，让这种无意注意变为有意注意。如果客人特别专注于某件事情，或者客人比较疲劳、情绪不佳时，不要让无关的刺激物去吸引客人的无意注意,以免客人受干扰而产生不愉快的心理。

二、客人的有意注意与酒店服务策略

不同的客人对于酒店的注意对象会有所不同,酒店中所有事物都可能成为客人的注意目标,然而酒店很难做到一切尽善尽美,符合每一位客人的要求。因此,酒店应考虑大多数客人的注意目标,不断完善设施与服务,吸引客人的眼球,提高客人的满意度。

总体上看,客人对酒店的注意主要集中体现在环境、卫生、设施、服务态度、价格等方面。

(一)营造良好的酒店环境

每个人对于自己周围的环境都会特别关注,客人进入酒店,也会特别注意酒店内外环境。酒店外部环境包括酒店的地理位置、交通等,酒店内部环境包括前厅、客房、餐厅的装饰风格和氛围等。

酒店应根据客人的特点,通过庭院绿化、主题装修、意境创设等突出酒店特色。例如,北京春秋园宾馆是一家明清宫廷风格的豪华四合院酒店。为了让每一位客人享受中国传统宫廷式居住环境,酒店专门聘请著名宫廷画师对所有房间进行传统手工彩绘并配以纯金装饰,房间内陈设全部为明式硬木雕花家具。

(二)讲究清洁卫生

清洁卫生是客人对酒店的基本要求,也是大多数客人选择酒店的首要因素。因此,酒店应保持内外环境清洁、食品饮料卫生安全、服务人员着装整洁等。对于酒店清洁卫生,行业有明确的清洁卫生标准,规定无论是前厅、客房、还是餐厅都要保持地面清洁,无污垢、杂物,走廊、墙壁、门窗、服务台、桌椅应光洁、干净,灯光明亮,室内无灰尘,物品摆放有序,空气清新,无蚊蝇害虫等。

清洁卫生是客人评价酒店的一项重要标准,也是酒店能否给客人留下良好印象的重要因素,因此,酒店应严格按照行业清洁卫生标准,严格执行清洁卫生操作规范,高标准、严要求,为客人创造一个清洁卫生的环境,满足客人追求清洁卫生的需求。

(三)完善服务设施

随着科学技术的发展和人们消费水平的提高,客人对酒店服务设施设备的要求也在不断提高,客人会有意注意并比较各个酒店的设施设备水平。因此,酒店应该把握目前市场上酒店服务设施、设备更新情况,及时更新酒店服务设施、设备,提高档次,满足客人的高档次、高享受的消费心理。同时,在完善设施的基础上,还必须使设施、设备保持一个良好的状态,加强管理,注意维修,当客人需要使用时,能够正常、安全地为客人提供服务。

（四）体现良好的服务态度

酒店为客人提供的除酒店的餐饮、客房、娱乐设施等具体有形产品外，更重要的是为客人提供无形的服务。良好的服务态度是酒店成功的先决条件，客人是否感受到被尊重，取决于酒店服务人员对客人的服务态度。良好的服务态度会让客人对酒店留下良好的印象，这在一定程度上能够弥补酒店设施等方面的不足。

因此，酒店服务人员要充分意识到良好的服务态度的重要性，在为客人提供服务时，要积极主动、热情大方、耐心细致、保持微笑。与客人交流时，一定要注意自己的一言一行，百问不厌，有问必答，不急躁、不推托、不敷衍，时时保持良好的精神面貌。

（五）价格公平合理

客人在选择酒店时，价格往往是一个不可忽略的要素，很多客人会根据自己的消费能力来选择相应档次的酒店。在日常生活中，消费者也都是希望自己能以最小的经济支出获得最大限度的满足，这不仅是经济上的节约，更是一种心理上的满足。无论客人的消费能力高低，都不愿意在接受同样的产品与服务时，支付比别人高的价格。因此，酒店应该制定公平合理的价格，让客人觉得物有所值、不吃亏，这样客人的心情才会舒畅。

三、培养酒店服务人员良好的注意品质

在酒店服务工作中，服务人员需要有良好的注意品质，即不仅需要保持注意的稳定性，还需要扩大注意的范围，提高注意的分配能力。虽然每个人的注意力是有差别的，但是经过有意识的训练，人的注意力是可以提高的。

（一）保持注意的稳定性

酒店服务工作有时非常单调，是一项对体力、脑力要求都很高的工作，需要服务人员在工作过程中保持注意力高度的集中。注意的稳定性能保证服务人员在工作中始终关注自己的服务对象。

保持注意的稳定性：首先，理解活动的目的、任务的重要性，理解得越清楚、越深刻，对完成任务的愿望越强烈，就越有利于注意稳定；其次，培养自己对工作的兴趣，兴趣可以激发人努力集中注意去完成任务；最后，保持注意的稳定性还要排除来自外界刺激物的干扰和自身机体的某些状态的干扰（如疲劳、疾病和一些无关的思绪）。在这种情况下，人们为了集中注意力，除采取一定的措施排除干扰外，还要用坚强的意志与干扰做斗争。

（二）扩大注意的范围

酒店服务工作具有很大的灵活性，有时需要为多位客人提供服务，这就需要服务人员扩大注意的范围，做到眼观六路、耳听八方。注意范围的大小与个人的知识经验

有密切的关系。因此,服务人员首先要对自己的工作非常熟练,在工作中不断积累经验、总结经验;其次,在工作中要运用多种感官去接受注意对象发出的信息,用眼睛去看,用耳朵去听,用鼻子去嗅,多渠道、全方位扩大对服务对象的注意范围。

(三)提高注意分配能力

酒店服务工作复杂琐碎,有时还要处理一些突发事件。这些需要服务人员具有较好的注意分配能力,能够在同一时间内把注意指向两种或两种以上的对象(或活动)。例如,餐厅服务员在斟酒时,既要注意手中的托盘和盘中的酒瓶,同时注意保持身体的姿态,还要注意不能把酒水洒到客人身上,以及注意其他客人的各种服务要求。提高注意分配能力的方法:首先,提高自己的服务技能,只有对服务操作非常熟练,才可以同时进行而不出现差错;其次,这些操作活动应是有联系的,不能相互排斥,否则容易导致失误;最后,在工作中要有自信,并保持轻松的心态,如果过度紧张,就会手忙脚乱,什么事情都做不好。

任务拓展

心理学研究表明,一般情况下,当人的注意力集中于某种事物时,会有以下的外部表现。

一是适应性动作出现。人在注意状态下,感觉器官一般是朝向注意对象的。当人注意某个事物时,会"注目凝视";注意某种声音,又会"侧耳倾听";专注于回忆往事或思考问题时,又常会"眼神发呆,若有所思"。

二是无关动作停止。当人集中注意时,就会高度关注当前的活动对象,一些与活动本身无关或起干扰作用的动作会相应减少甚至停止。因此,一个认真听讲的学生不会总是东张西望、交头接耳,或者玩一些与活动不相干的东西。

三是呼吸运动变化。人在注意时,呼吸常常是轻缓而均匀的,有一定的节律。但有时在紧张状态下高度注意时,则常会"屏息静气",甚至牙关紧闭,双拳紧握。

任务反馈

思考:酒店如何把自己的优势与特色突显出来,吸引客人的无意注意?客人进入酒店时,有意注意的目标主要集中于哪些方面?

讨论:当人的注意力集中于某种事物时,人会有相应的外部表现。酒店服务人员如何根据客人的外部表现判断客人的注意状态,进而探寻客人的心理需求,为客人提供个性化服务?

知识回顾

1. 什么是记忆？记忆的品质体现在哪些方面？
2. 什么是注意？注意有哪些功能？
3. 如何提高记忆力？
4. 如何培养良好的注意品质？
5. 如何根据客人的注意做好酒店服务工作？

能力训练

1. 记忆能力训练：按照3~4人为一组进行分组，为每组提供一份酒店各部门电话号码、一份各部门人员名单、一份操作流程，要求学生运用各种记忆方法记住这些内容，并在课堂上进行竞赛，看哪一组同学记得快、记得准，并分享记忆经验。

2. 注意分配能力训练：由一位同学扮演服务员，其他同学扮演客人。扮演服务员的同学为客人斟酒，在服务过程中，既要注意手中的托盘和盘中的酒瓶，注意保持身体的姿态，还要注意不能把酒水洒到客人身上，以及每位客人对酒水的不同要求。

案例分析

星期天上午八点，北京某星级酒店前厅，几位客人正在办理离店手续。一位英国来华的乔治先生，在前台前踌躇，似有为难之事。大堂经理小严注意到乔治先生没有带行李下来，他记得乔治先生还要住两天，便主动上前问候，询问乔治先生是否需要帮助。乔治先生说："我想去游览北京故宫，想乘旅行社的专车去，因为他们一般配有讲英语的导游，这对我游览有很大的帮助。"小严问："乔治先生，那您昨天预订旅行车票了吗？"乔治答："没有，因为昨天看到天气不太好，所以不想去。但是今天天气还不错，挺凉爽的，而且我也没有事，便有了想去的念头，你能帮我联系一下吗？"小严知道，酒店规定，报名旅行社跟团旅游的客人必须提前一天登记，这样旅行社的车第二天才会到酒店来接客人，而昨天没有一个客人登记，这样旅行社的车今天肯定不会来了。

小严想了想对乔治先生说："一般情况下，旅行社的车会在八点半左右到酒店来接客人去故宫旅游，今天他们应该还没有出发，请您稍等，我帮您去问问旅行社吧。"乔治先生一听，疑惑地问道："那你有他们的号码吗？"小严自信地说："之前我帮客人联系过旅行社，记得他们的号码。我现在打电话联系旅行社，如果他们还没发车，就请旅行社开车到酒店来接您。"小严马上打电话给旅行社，旅行社告诉小严，去故宫的车刚开走,让小严直接与导游联系,并在电话里告诉了小严导游的手机号码,于是,小严又马上跟导游联系,导游同意并说马上将车开到酒店接乔治先生。小严放下电话,对乔治先生说:"乔治先生,再过10分钟,旅行社的车就来接您,请您稍等。"乔治先生很是感动,连声说:"谢谢! 你太好了,给我的帮助太大了。"

思考: 大堂经理小严是如何主动为乔治先生提供服务的?良好的注意品质与记忆力在本案例中对小严的服务发挥了什么作用?

模块 4 需要与动机

模块目标

◆ **知识目标**

1. 了解需要的含义、特征、类型及马斯洛需要层次理论。
2. 理解动机的含义、类型和功能。
3. 掌握需要在酒店中的应用。
4. 掌握酒店客人动机的类型和激发酒店客人消费动机的策略。

◆ **能力目标**

1. 能够分析、判断酒店客人的消费需求和消费动机。
2. 能够有针对性地采取相关措施来激发酒店客人的消费动机。

模块任务

◆ 任务一 什么是需要与动机
◆ 任务二 需要与动机在酒店服务中的实践意义

任务一 什么是需要与动机

案例聚焦

某跨国公司高薪聘请营销人员,企业负责人出了一道"10日之内尽可能多地把木梳卖给和尚为公司赚钱"的考题,大多应聘者作鸟兽散,仅剩甲、乙、丙三人。限期到,甲只卖出一把,据说还遭到寺内众僧责骂,幸亏一游僧动了恻隐之心才解囊买下。乙卖出10把木梳,乙建议一座寺庙的案前摆放木梳,目的是不让进香者蓬头垢面,亵渎神灵。丙卖出1000把,丙向一座颇负盛名的寺庙的方丈进言,让方丈书写"积善"两字刻于木梳上,让善男信女"梳却三千烦恼丝,青灯黄卷绝尘缘"以显佛祖慈悲。方丈闻言大喜,此举一出声名远扬,为求"慈悲梳"进山的朝圣者几欲踏破山门。

任务执行

从需求上讲,和尚自己是不需要梳子的,但是通过挖掘梳子的象征意义,结合和尚所处的环境,聪明的商人仍然把梳子推销给了和尚。通过满足游客和上香人的心理需求,和尚的梳子销路大增,寺庙的美誉度也提高了不少,从而形成良好的销售循环。这个案例说明消费者的需要是可以创造和引导的。

一、需要

(一)需要的定义

需要是个体内部产生的一种缺失状态,是个体对一定事物的需求和追求。目前心理学家对其解释的版本较多,但一般认为需要是个体对其生存和发展的某些条件感到不满或缺乏,导致体内失衡并力求获得满足的一种心理状态。

需要的这一概念有两个基本内涵:①需要是一种缺乏状态,这种缺乏状态是个体不断出现的内部失衡状态。人的缺乏状态有两种,即生理上的缺乏和心理上的缺乏。②需要是由缺乏状态引起的主体自动平衡和倾向。例如,当个体出现生理上的缺乏时,如主体感觉到饥饿、寒冷时,这种缺乏状态就会要求主体自身去寻求食物、衣物;当个体出现心理上的缺乏时,如主体感觉到孤独、寂寞时,个体就会主动去寻求爱情、尊重、社会交往等需要,从而来平衡这种缺乏状态,最终达到满足的心理状态。

（二）需要的特点

1. 指向性

需要总是指向某种特定的事物，因为个体的缺乏总是特定对象的缺乏。这种缺乏可以是物质性的东西，也可以是精神性的内容，即表现为想要追求某一事物或开始某一活动的想法，也表现为想要避开某一事物或停止某一活动的想法。

2. 发展性

需要是个体生存发展的必要条件。个体生存发展的不同阶段，有不同的需要类型和需要特点。其次，人类的需要是随着社会生产力和物质文化生活水平的提高而不断发展变化的，呈现出动态发展的趋势。早期社会，人类的需要较简单，主要追求生理和安全需要，后来随着社会发展，才产生文化与精神的需要。人类的需要呈现逐渐复杂化、多样化、动态化的发展态势。

3. 异同性

需要因人而异，不同地域、不同文化背景、不同种族、不同宗教信仰、不同个性甚至不同性别的人其需要都会有所差异；但需要也有其共同性，最基本的生理需要、安全需要、精神需要和社会活动需要是人类不可缺少的，这是共同的。

4. 层次性

人的需要是有层次的。通常来讲，人总是先满足最基本的生理需要，如吃、穿、住等，而后是满足社会和精神需要，如社交、爱等。人们的需要总是不断地由低级向高级发展的。

5. 周期性

人的各种需要不会因为一次满足后就消失掉，它会反复出现。如人的生理需要就表现出极强的周期性，它不会因满足而终止，而总是在一定的时间后这种需要会再次出现。

（三）需要的分类

人的各种需要复杂多样，相互关联，形成了一个庞大的需要体系。对人的各种需要，学术界有不同的分类方法，常见的有以下三种。

1. 按照需要的起源分类

（1）生理需要：又称为自然需要，是人类对维持生命和繁衍后代的必要条件的要求，它源于生命现象本身，包括对阳光、空气、水、食物、衣物、睡眠、安全、性等的需要。人类通过积极主动去寻求这些物质，从而达到生理上的满足。

（2）社会需要：人类在一定社会环境中对文化、精神等方面的需要。如对群属、交际、沟通、劳动、知识、社会道德、审美、宗教信仰、成就、尊重等的需要。社会需要是人们在成长过程中通过对各种经验的积累和学习获得的。这些需要对维系人类社会生活，推动社会进步有重要作用。

人的生理需要和社会需要相互联系。生理需要是社会需要的物质基础，社会需要是生理需要的扩大和提高。

2.按照需要的对象分类

(1)物质需要:人们对物质对象的需要。在物质需要中,既包括自然需要(如阳光、空气、水、食物、衣物、睡眠、安全等),也包括社会需要中的物质用品的需要(如交通工具、文化娱乐用品、生活用品等)。

(2)精神需要:人们对精神生活和精神产品的需要。例如,对知识、审美、艺术鉴赏、宗教信仰、荣誉、情感、地位、自尊、求知、道德等方面的需要。它是人类对客观事物进行探索、追求,对人类的科学文化知识进行学习的体现。

物质需要和精神需要是相对的,又是密切相关,互相交叉的。

3.按照需要的显现程度分类

(1)现实需要:消费者具有明确的消费意识和足够的消费能力,已经或者即将实现的消费要求和欲望。

(2)潜在需要:未来即将出现的消费需要。其主要表现为两种形式:一种是具有明确消费意识,但目前缺乏足够支付能力的那部分需要;另一种是有足够的支付能力,但由于目前消费者的消费意识不太明确或市场上还没有出现其所期望的产品,因而还没有形成现实需要的那部分需要。

(四)马斯洛的需要层次理论

马斯洛是20世纪50年代中期兴起的人本主义心理学派的主要创始人。他的理论既不同于行为主义的外因决定论,又不同于弗洛伊德的生物还原论。马斯洛把人类多种多样的需要归纳为生理的需要、安全的需要、社交的需要、尊重的需要和自我实现的需要。这五种需要又可以分为基础性需要和成长性需要两大类,其中,生理的需要与安全的需要是人生存的基础性条件,属于基础性需要;而人对社交的需要、尊重的需要、自我实现的需要等都是人在成长过程中不断形成的需要,属于成长性需要。这五种按照其发生的先后顺序,由低级至高级呈金字塔形依次排列,如图4-1所示。

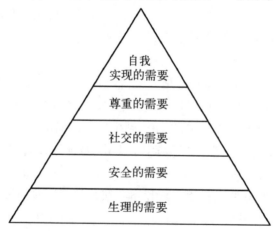

图4-1 马斯洛的需要层次关系

1. 生理的需要

生理的需要是人最基本的需要,是人类维持生存和发展的一种需要,是应当最先得到满足的需要,包括对食物、空气、休息、住所、御寒、性等其他生理性的需要。如果这类需要不能满足,就会危及人类的生存。马斯洛指出:"如果一个人极度饥饿,那么,除了食物外,他对其他东西无兴趣。他梦见的是食物,记忆的是食物,想到的是食物。他只对食物发生感情,只感觉到食物,而且也只需要食物……"从这个意义上说,生理需要是推动人类行为活动的强大动力。

2. 安全的需要

生理的需要得到满足后,就会产生安全的需要。安全的需要除生命安全外,还包括财产安全、心理安全。马斯洛认为,整个有机体是一个追求安全的机制,人的各种器官和机能运作的主要目的就是为了寻求安全。

3. 社交的需要

社交的需要又称为爱与归属的需要。爱的需要,即人都希望伙伴之间、同事之间的关系融洽或保持友谊和忠诚,希望得到爱情,渴望爱别人,也渴望接受别人的爱;归属的需要,即每个人都有一种归属感,希望自己能够归属于某个群体,希望得到群体和成员的认可,希望成员之间能够成为一家人,相互关爱和照顾。

4. 尊重的需要

尊重的需要是人对自身社会价值追求的体现。在社会交往中,每个人都希望既受到尊重又有自尊。受到尊重是指个人希望别人能够尊重自己,能够认可自己的能力,受到他人对自己的赏识,从而获得威信、地位和名誉等。自尊是指个人希望获得独立、自信、自主和成就等。如果在社会交往中人的尊重需要得到满足,就会增强主体的自信心,对自我的价值就会更加肯定,从而获得自尊。

5. 自我实现的需要

自我实现的需要是人类需要中处于最高层次的需要,是人所追求的最高目标,是最大限度地开发自身的潜能,实现自己的理想和抱负的需要。它是指人们理想、抱负的实现及自我潜能的充分发挥,这是一种高级的精神需要。当然,每个人在满足自我实现需要时所采取的途径是因人而异的。达到自我实现境界的人,接受自己也接受他人。随着社会的发展和人们对生活质量的关注,对自我实现的要求会越来越多。

马斯洛的需要层次理论有两个基本论点:①人是有需要的动物,其需要取决于他已经得到了什么和缺少什么。只有尚未满足的需要能够影响行为。换言之,已经得到满足的需要不再能起激励作用。②人的需要有轻重层次,某一层次需要得到满足后,上一层次的需要才会出现。但任何一种需要并不会因为下一个高层次需要的出现而消失,只是高层次需要产生后,低层次需要对行为的影响变小而已。各层次的需要呈相互依赖与重叠的关系。

马斯洛需求层次理论的基础是他的人本主义心理学,他提出人的需求有一个从低级向高级发展的过程,这在某种程度上是符合人类需要发展的一般规律的。需求层次理论指出,人在每一个时期都有一种需要占主导地位,而其他需要处于从属地位,这一点对于酒店管理工作具有启发意义。然而需求层次理论具有自我中心的倾向,存在着人本主义局限性,人的动机是行为的原因,而需求层次理论强调人的动机是由人的需求决定的,需求满足的标准和程度也是模糊的。

二、动机

(一)动机的含义

动机是引发、维持个体的行为,并使行为导向一定目标的心理过程或内在动力。动机是支配人们行为最根本、最直接的驱动力。动机分为物质动机和精神动机。物质动机主要来源于维持人类生存和繁衍后代的需要,如食物、空气、水、阳光、睡眠、性等;精神动机主要指人的信念和道德理念等。个人的责任心或事业心,在一定条件下会推动主体产生相对应的行为。

(二)动机的类型

1. 根据动机的起源分类

(1)生理性动机:以个体生理性需要为基础的动机。如个体对空气、水、食物、衣物、睡眠、性等的需要,由这些需要引发的动机来源于人体内部某些生理状况的先天动力,并非后天学习和培养得来的。

(2)社会性动机:以人的社会性需要为基础的动机。每个人都是生活在社会当中的,是"社会人"。受社会因素、社会文化的影响,个体为了获得社会的认同就会产生各种社会性动机,如交往动机、受人尊重动机、成就动机、奉献动机等,这些社会性动机属于高级动机,是后天形成的,一般可以通过外界学习而获得。严格地说,由于人类生理需要的满足要受社会生活的影响,因此,人没有纯粹的生理性动机。

2. 根据引起动机的原因分类

(1)内在动机:由内部因素引起的动机,是由活动本身产生的快乐和满足所引起的,它不需要外在条件的参与。

(2)外在动机:由外部活动的刺激而引起的,如有的学生认真学习是为了获得老师和家长的好评。

内在动机的强度大,持续时间长;外在动机持续时间短,往往带有一定的强制性。因此,相对而言,内部动机比较稳定,会随着目标的实现而增强;而外部动机则是不稳定的,往往会因目标的实现而减弱。在一定条件下,外部动机可以转化为内部动机。因此,这两种动机缺一不可,必须结合起来才能对个人行为产生更大的推动作用。

3. 根据动机对行为所起作用的大小和地位分类

(1)主导动机:在活动中起支配作用的动机,是个体最重要的、最强烈的、对行为影响最大的动机。

(2) 辅助动机：强度相对较弱，较不稳定，处于相对次要地位的动机。

主导动机对行为起决定作用，辅助动机对行为起从属作用。事实表明，主导性动机与辅助性动机的关系较为一致时，活动动力会加强；彼此冲突时，活动动力会减弱。

4. 根据动机引起行为与目标之间的远近关系分类

(1) 近景性动机：与近期目标相联系的动机。

(2) 远景性动机：与长远的目标相联系的动机。

二者的划分是相对的，某一动机与一种动机相比可能是近景性动机，而与另一种动机相比则可能是远景性动机。近景性动机和远景性动机具有相对性，在一定条件下，两者可以相互转化。远景目标可分解为许多近景目标，近景目标要服从远景目标，体现远景目标。"千里之行，始于足下"是对近景与远景动机辩证关系的描述。

(三) 动机的功能

1. 激活功能

动机能引发、推动人们产生某一行为。动机是引起行为或活动的原动力，它对行为起着推动作用。例如，当个体感到寒冷时就会去寻找衣物；当个体感到孤独时，就会去寻找亲情、爱情、友情；当个体感到心灵疲惫时，就会去寻找放松和自我解脱的途径和方式。

2. 导向功能

在动机的引导下，个体的行为将指向一定的目标。个体从事的任何行为都受到一定目标的指引。例如，喜欢健身的客人在选择酒店时，会优先考虑那些健身设施比较齐全的酒店。因此，具有某种动机的人，会忽视其他事物，表现出明显的专一性。

3. 调节与维持功能

动机一旦产生，人们总会想方设法排除万难使活动能够进行下去。当一个人从事的活动目的与其动机所指向的目标一致时，他对这种活动就会表现出极大的热情和积极性。因而，动机强度的大小决定了活动实现的可能性和稳定性。

任务拓展

动机的本能理论

本能理论是最早出现的行为动力理论。本能理论的基本观点是，人的行为主要受人体内在的生物模式驱动，不受理性支配。最早提出本能概念的是生物进化论的创始人达尔文。而在动机心理研究方面较早进行深入研究的则是詹姆斯、麦克杜格尔和弗洛伊德。其中，麦克杜格尔系统地提出了动机的本能理论，认为人类的所有行为都是以本能为基础的；本能是人类一切思想和行为的基本源泉和动力；本能具有能量、行为和目标指向三个成分；个人和民族的性格和意志也是由本能逐渐发展而形成的。

本能论过分强调先天和生物因素，忽略了后天的学习和理性因素。实际上，本能在人类的动机行为尤其是社会动机行为中不起主要作用。虽然本能对自然动机起着主导作用，是自然动机的源泉，但由于自然动机不具有重要的社会意义，而且在现实生活中人类纯粹的自然动机几乎是不能独立存在的。所以，本能论只具有从理论上对自然动机进行解释的意义，而不具有重要的社会意义。例如，社会发展到今天，人们的吃饭行为已不纯粹是一种本能行为，人们一般是定时定点在食堂就餐，而不是饿了就吃。在很多情况下，吃饭行为并不是由躯体的饥饿感引起的。因此，本能论者没有把握住人类行为的社会本质，用本能这种不具有重要社会意义的动机来解释人类广泛的复杂的社会行为，必然会犯生物决定论的错误。

任务反馈

思考：需要与动机之间的关系是什么？

讨论：如何根据马斯洛的需要层次理论来满足酒店客人的各个层次的需要？

任务二　需要与动机在酒店服务中的实践意义

案例聚焦

小周是一家星级酒店的餐厅服务员，一天中午包厢里来了几位客人，她发现有位客人不习惯用金属筷子，总是夹不住菜，非常尴尬。那位客人虽然看了看服务员，却没有说什么。小周看客人用金属筷子确实不方便，便到备餐间拿来一双木筷，然后走到客人旁边，轻声地对客人说："先生，这里有一双干净的木筷，希望您用起来能方便一点儿。"客人看到小周拿来一双木筷，眼睛一亮，非常高兴。用餐结束后，这位客人专门找到餐厅经理表扬了小周。

> 任务执行

案例中,客人只是看了看服务员,没有说什么,而服务员小周却准确地观察到了客人的需要和动机,并为客人提供了具有针对性的服务,获得客人的赞许。酒店客人的需要受到多种因素的影响,并且这些影响因素会随着社会的进程而变化,所以酒店工作人员必须全面地了解客人的各种需要,才能提供令客人满意的、有针对性的优质服务。

一、需要在酒店服务中的实践意义

（一）酒店客人需要的特点

1. 需要的多样性

由于酒店客人来自不同地区,他们可能年龄不同、职业不同、家庭模式和收入水平不同、个人生活方式不同、兴趣爱好不同等,这些因素导致他们对酒店的需要存在着不同程度的差异性和层次性。例如,从酒店产品和服务要求来看,商务客人比较关注酒店的位置、交通、办公设施、服务效率;观光游览型客人则比较关注酒店周围的环境是否安静优美,能否品尝到当地的风味小吃以及体验到当地的民风民俗。由此可见,客人的需要又呈现出多样性的特点。但是作为一家酒店想满足所有客人的各种需要是不可能的。因此,只有通过充分地了解市场,结合自己的特点,确立经营方向,提供相应的产品和服务才能吸引客人,从而在市场上占有一定的份额。

2. 需要的指向性

客人选择酒店是有一定指向性的,有些是生理需要占主导地位,有些是精神需要占主导地位。例如,饥饿的客人希望酒店提供美味可口的菜肴;疲倦的客人希望酒店提供舒适温馨的客房;有商务交流需求的客人希望提供安静、舒适的洽谈环境。酒店应该根据每位客人的需要,提供他们所期望的环境、服务产品和气氛。

3. 需要的主观性

尽管酒店对每位客人都实行规范服务,但能否使每位客人的消费需要都得到满足,在很大程度上取决于客人的自我感觉和主观判断。因此,客人的需要具有个体主观性。他们在评判服务或产品时,带有非常明显的主观性,以自己的好恶和需要来评价产品或服务的好与坏。所以,服务要灵活多变,针对客人的需要采取相应的措施,绝不能生搬硬套,千篇一律。

4. 需要的发展性

随着的社会的飞速发展,酒店客人的需要千变万化。传统的连锁品牌酒店已经无法满足他们的个性化的需求。目前,很多时尚精品酒店越来越吸引客人的眼球。例如，北京某精品酒店，藏身于四合院中，酒店空气里弥漫着檀木的味道，桌椅面上都篆刻着精美的中国古典图案，员工穿着大长衫或者旗袍。这类酒店文化气息非常浓厚，专门服务于追求时尚与个性的年轻人。他们受过良好的教育，有着较好的工作和一定的经济实力，对生活的品位和个性化要求较高。

（二）酒店客人需要的种类

酒店客人的需要虽然具有多样性、复杂性等特点，但是总体来说，可以分为以下两种类型。

1. 酒店客人的自然性需要

自然性需要是指维持酒店客人生存和发展的基本需要，如客人对饮食、睡眠、安全、温度等的需要。酒店是客人外出后的"活动基地"，一般情况下，客人在寻找下榻酒店时，不仅会审视酒店设施的质量和舒适程度，还会注意酒店周围的环境和接待气氛。

对于酒店的前厅服务来说，大堂服务是酒店前厅服务的聚集所在，同时也是酒店的"神经中枢"，是整个酒店的灵魂。酒店大堂的设计、布局以及营造出的独特氛围，将直接影响酒店的形象与其本身功能的发挥。客人对大堂的装饰风格、服务气氛、环境温度等要求较高。因而，在进行大堂设计时应注意以下几点：首先，大堂环境必须在感觉上让客人耳目一新；其次，大堂内装修和陈设应具有地方特色和现代气息，营造一个亲切、欢悦、静谧、文化气韵浓厚、主题鲜明的空间氛围，能与客人产生情感的共鸣；再次，大堂整体布局要合理，功能划分清晰、便捷，服务设施美观，以满足客人的审美需要；最后，大堂服务人员要注重仪容仪表、讲究礼节礼貌，为客人提供细致高雅的服务，给客人带来真正意义上的实际利益。

对于酒店的餐饮服务来说，餐厅是满足酒店客人生理性需要的地方，在这里客人的温饱问题得到解决，同时也是满足酒店客人社会性需要的地方，客人的享受需要、社交需要、尊重需要等都能在这里得到满足。因而，客人希望酒店首先能够提供美味佳肴以及当地的特色小吃；其次，餐厅装饰营造的整体气氛要富有个性和艺术性，在灯光、色调、桌椅、餐具、环境布置等方面应使客人感到心旷神怡并留下深刻印象，如富有特色的桌椅、别致风格的陈列品、富有创意的主题墙等；最后，客人希望餐厅服务人员拥有大方得体的仪表仪容、精湛的服务技艺、热情友好的服务态度。

对于酒店的客房服务来说，客房是客人休息的重要场所，提供良好的睡眠环境是酒店的最高目标。此外，整洁、清爽是客房的基本要求。如客人首先希望床上用品整洁，卫生间明亮干净，地面、墙壁、家具的表面洁净无污垢，房内各种物品和设备放置有序。其次，希望客房房间有良好的隔音性，安宁静谧。宁静是解除宾客疲劳和保证宾客不受干扰的重要因素。为保证客人能够有好的休息环境，服务人员在与他人交往或工作中要做到"三轻一快"，即操作轻、说话轻、走路轻、服务快。再次，希望房间舒适安全,具有隐私性。舒适不仅能解除宾客的疲劳,还是提供享受的前提。舒适的客房需要具有宽敞的房间、柔软的卧具和沙发、新鲜的空气、适宜的温度、洁净的卫生设施、高清的电视等。安全是所有客人出门在外的一个共同需要。每一位客人都希望能有一个安静隐私的空间,不被打扰,自己的生命和财产安全有保障。客人在入住酒店期间,希望不会发生财务失窃、隐私外泄、传染疾病、食物变质、失火等事故。

对于酒店其他服务,如会务、商场、代办、美容、休闲、康体等,酒店客人希望能够在设施齐备、环境优美、服务项目齐全的情况下完成,所以酒店要对这些场合的设施设备、卫生状况经常性地进行检查和维护。现代酒店越来越向综合性、立体性、多方位方向发展,要想满足客人多方面的自然性和社会性需要,必须对服务人员进行长期培训,提升他们的服务理念,提高工作效率。

2. 酒店客人的社会性需要

客人在酒店消费过程中,除有生理性需要外,同样也有各种各样的社会性需要,主要体现在人际交往需要和受人尊重的需要两个方面。

(1) 人际交往的需要。客人在酒店消费活动过程中,希望在与他人交往过程中得到友谊和爱,他们希望虽然不是在熟悉的地方,但依然能够有一个热情、愉悦、和谐、轻松、舒适的人际交往环境,得到"如家"的感受。

酒店服务有以下三重境界。

第一重:眼中有服务,心中无服务。我们常称之为"没有灵魂的服务"。就是说能够按照标准的流程和规范的礼仪礼节去接待客人,但心中缺乏对客服务的热情,微笑都很牵强,这种服务充其量只能叫作认真工作。

第二重:眼中有服务,心中也有服务。即在第一重的基础上,深刻理解了服务的内涵,从内心接受这份事业并产生兴趣,决心在这方面有所成就,最终达到"心口合一",表现在脸上的笑容都是发自内心的快乐。这种服务称为优秀服务。

第三重:心中无服务,眼中也无服务。有的是什么呢?有的只是人与人之间互相关怀的大爱。在这个阶段,服务不再是一种单向的对客行为,而成为客人与服务人员互相沟通的媒介。服务人员不再是名称上的"服务员",而是成为爱心大使的代名词。客人也不是高高在上的"上帝",而是远方到来的行者。当两者相遇的时候,构建起的是和谐的人际交往氛围。

因此,酒店服务绝对不是简单地按规范标准做事,而是在拥有了扎实全面的理论基础上掌握娴熟的操作技能,运用所学的知识为客人提供优质服务,与客人进行愉悦的沟通。

(2) 受人尊重的需要。客人在酒店进行消费的过程中,希望受到酒店服务人员或他人的尊重。如酒店服务的至理名言:客人永远是对的。这句话就是要求酒店服务人员要充分理解客人的需求、充分理解客人的想法和心态、充分理解客人的误会、充分理解客人的过错,站在客人的立场上去考虑问题,给客人以充分的尊重,并最大限度地满足客人的要求。然而,在酒店服务工作中,全方位地体现对客人的尊重绝非易事。在酒店服务过程中,要特别注意客人的宗教信仰、民族习惯、个人喜好等,要尊重客人的各种要求,不能想当然地认为自己的服务就是客人需要的。另外,在服务过程中,要特别关照有生理疾病的客人,要在恰当的时机为其服务,把握好服务的"度",适当地对客人进行鼓励,不用"有色眼镜"去看待他们。

在客人消费酒店产品和服务的同时,还希望在求知、求美、求新等方面得到满足,以增加见识、扩展知识、愉悦精神。总之,客人的需要与现实生活是不能截然分开的,它们相互交织在一起,综合反映着消费者的各种需要。

(三) 需要在酒店服务中的应用

在了解酒店客人心理需要的基础上,酒店下一步的任务就是要针对客人需要来设计酒店的产品和服务。酒店可以从以下几个方面加以考虑,以吸引消费者。

(1) 清洁卫生,安全平安。

清洁卫生是客人选择酒店考虑的首要因素。随着现代人生活水平的日益提高,人们对卫生程度的要求越来越高。只有当客人处于一个完全清洁卫生的环境中时,才会产生一种安全感和舒适感。首先,在酒店的建筑设计时就要充分考虑选择对客人的身体无害的材料和装饰物,以保证空气的清新、健康。在营业前要做好各项清洁卫生工作,保证酒店的每个角落的清洁卫生,尤其是对人流较多客人集中的公共区域更要加强卫生管理和控制。另外,要保证酒店服务人员在进行清洁服务时使用的清洁用品、清洁用具是无毒、无污染的。其次,在接待客人用餐时,要做到用餐环境卫生、餐饮产品卫生、餐具卫生、服务卫生,真正做到"看得清楚,吃得放心"。最后,服务人员仪表仪容的清洁卫生。酒店的清洁卫生是由人创造和保持的,服务人员的清洁工作是一面镜子,直接映射出酒店的基本卫生状况。酒店服务人员的仪容仪表的清洁体现在五个方面:①面容清洁。女员工宜保持淡妆,不得浓妆艳抹,避免用气味过浓的化妆用品;男员工面部胡须应清理干净,每天刮一次胡须。②口腔清洁。保持牙齿清洁,要坚持早晚刷牙。保证每顿饭后都要刷牙漱口。美丽洁白的牙齿,会给客人留下良好的印象。③头发清洁。应该养成周期性洗发的习惯,一般每周洗4~5次。男服务员一般两周左右理一次发,不留怪发型,发长不过耳,不留大鬓角;女服务员发长不过肩。④手部清洁。在酒店服务活动中,手占有重要的位置。通过观察手,可以判断出一个人的修养与卫生习惯,甚至对生活的态度。因此,应经常清洗自己的手,修剪指甲。女服务员不允许涂指甲油。服务员每星期要剪一至两次指甲,这样可减少疾病的传播。⑤身体清洁。养成良好的卫生习惯,要勤洗澡。要求服务员每天洗澡。最好在工作前洗,保证服务时身体无异味。

(2)宁静舒适,环境优美。

酒店的主要功能是为客人提供休息的场所,故酒店环境的宁静舒适是保证其功能实现的重要条件。保持酒店环境的宁静会给客人舒服、清静、高雅的感觉,也是衡量服务质量的环境标准。宁静是解除客人疲劳和保证客人不受干扰的重要因素,它要求房间有良好的隔音性,同时要求服务员与他人交往中或工作中要做到轻走、轻动、轻语言。酒店一直被认为是"社会中的小社会",它为人们提供了一个不受外界干扰的空间,客人可在此得到充分的休息和放松,所以酒店内部及外部空间的宁静性、舒适性、优美性对客人来说是至关重要的。现在很多酒店在大堂、公共区域、餐厅、客房进行绿化和装饰布置,其目的就是让客人在宽敞的空间中感觉到悠闲、惬意、放松,从繁忙的工作中脱离出来,享受这难得的清静。

在酒店客房的设计中,客房的面积越来越大,隔音效果越来越好,保证了客人能够获得充分的休息。另外,在客房服务中,也充分考虑了客人的生活习惯,如在整理房间时要严格控制各种设备发出的机械噪声,服务人员在清洁用具、打扫卫生时要轻手轻脚、轻言轻语,随时保持客房、公共区域有一个安静的气氛。

在酒店餐厅的设计中,环境因素也应重点考虑。客人到酒店餐厅除了饮食的需要外,餐厅环境对客人的就餐情绪影响也很大。幽雅、宁静、舒适并体现一定文化氛围的用餐环境会给客人带来一种视觉上、文化上的享受。因此,酒店餐厅的建筑设计要有一定的主题,体现特色文化,餐厅内部环境优雅美观,装饰布置典雅舒适。

(3)尊重客人,耐心细致。

客人在酒店消费的需要是多种多样的,服务人员真诚、热心的接待和时时处处为客人着想的细节可以让客人感受到极大的欢迎和被尊重。尊重客人、耐心细致是服务态度的基本要求,对前来酒店的每一位客人都应当发自内心地欢迎和感激他们的到来。客人到达酒店后,酒店门童应当热情相迎,主动为其打开车门,并护顶,帮其拎取行李,引领客人进入酒店大堂,为其指引方向。前厅接待人员看到客人后,要主动迎候,热情向客人致意,询问客人的需求,消除客人的紧张情绪,产生"宾至如归"的亲切感。当客人前往客房时,客房服务员应该在电梯口或楼梯口等待迎接,并微笑问好,表示欢迎。客人乘坐电梯时,要帮助按电梯按钮并恭候客人上下电梯。进入客房服务时,服务人员要有礼貌,先轻声敲门得到客人允许后,方可以开门进入。同样,当客人前往餐饮部就餐时,迎宾员应引领其到客人指定的位置,拉椅让座,端茶送巾,在就餐期间,给客人周到的服务。对待有生理缺陷和身体残疾的客人,要一视同仁。

耐心细致的服务是酒店服务人员应具备的心理品质,也是酒店赢得客人的积极评价的有效途径。在服务过程中,服务人员要学会善于观察客人的一言一行,从中判断客人的需要,提供耐心、细致、周到的服务。面对不同类型的客人的具体要求应做到不厌不烦,尽力满足;当客人对酒店的服务产生不同意见时,服务人员应学会有意识地控制和调节自己的情绪,耐心地听取,虚心接受,而不能同客人辩解。即使是在工作非常繁忙时,也应该对客人非常耐心,不急不躁。只有充分的耐心和细心才能做好酒店服务工作。

(4)方便快捷,高效服务。

作为客人,希望酒店所提供的各项服务设施是方便易用的。这样可以让客人很容易地掌握设施、设备的使用方法,不致产生意外伤害事故。对于初次入住酒店的客人,应详细地向客人介绍酒店设施、设备的使用方法或现场演示,增强客人的感性认识。

长时间的旅途奔波使得客人渴望得到休息,解除疲劳。在前台办理入住手续时,希望工作人员能够尽快地办理好相关事宜,尽早进入客房休息。没有一位客人希望把时间花费在等待上,所以如何在有限时间内提高工作效率,办理或提供客人所需要的产品或服务项目是减少客人投诉,提高客人满意度的有效法宝。为了节省时间,酒店开辟的商务行政楼层直接为商务客人办理各种手续,免去了商务客人和VIP客人的等候之苦。为客人节约时间,其实也是为酒店节约了时间,节约了成本。酒店管理人员需要经常对员工进行理论培训和实践操作,员工只有在拥有了扎实全面的理论基础之上,同时掌握娴熟的操作技能时,才能提供优质高效的服务。

二、动机在酒店服务中的实践意义

(一)酒店客人动机的类型

需要的多样性和客观环境因素刺激的复杂性,使客人的消费动机也多种多样。酒店客人的动机主要分为如下类型。

1. 经济实惠的动机

随着人们消费观念的日益成熟,越来越多的客人选择理性消费。这种消费动机的客人都具有"精打细算"的节俭心理,在意自己的消费项目及所消费的数额,关注酒店产品的内在质量和实用功效,对酒店产品的象征意义并不太重视。这类客人在消费时比较谨慎,不铺张浪费,讲求经济实惠,对质量不苛求,要求达到"物超所值"。因此,酒店在产品和服务的定价上,也要充分考虑到客人求经济实惠的心理动机,采用多种定价策略来吸引消费者。例如:酒店可以采取分级定价策略来满足不同阶层的客人的需求;通过时间差价、对象差价、位置差价、季节折扣、现金折扣、数量折扣等策略,来吸引那些特别关注价格的客人。

2. 享受的动机

随着人们生活水平的提高,人们越来越重视生活的品质。酒店消费已成为一种大众化的消费模式。人们去酒店消费,已经不仅仅是为了解决生理性的需要,更多的是为了享受的需要。他们注重物质生活的享受,注重环境、服务的档次,对价格不太关心。例如,客人前往酒店,希望酒店能够提供精致美味的佳肴,希望能置身于一个轻松愉悦、优美舒畅的环境之中，希望酒店服务人员提供热情细致的服务，从而使自己从平日繁忙的工作中解脱出来，获得身心的放松和休息，得到充分的享受。面对客人这一消费动机，如何提供高水准的产品和个性化的服务和让客人身心愉悦，成为酒店业面临的问题。

3. 审美的动机

审美的动机是一种高层次的精神方面的需求。客人选择酒店除了考虑价格位置外，更多地还要考虑酒店的整体美感。爱美之心，人皆有之。这也说明了为什么酒店的经营者愿意把大笔资金投在酒店建筑设计、装饰布局上。客人希望酒店提供的一切都是美的，从而使自己置身于美的世界，获得美的感受。酒店的美主要体现在五个方面：①酒店的建筑形态要美，如迪拜的阿拉伯塔饭店。②酒店的装饰布局要美，如迪拜的亚特兰蒂斯酒店，其内部装饰如人间天堂。③酒店所处的周围环境要美。④酒店的设施设备要美，尤其是直接提供给客人使用的那一部分，如精美的菜肴、精致的餐具等。⑤"酒店人"要美，酒店人，即酒店的工作人员，这里美是指酒店服务人员仪表仪容要美、语言要美、行为要美，更重要的是心要美。如此这般，才能让客人流连忘返，恋恋不舍。

4. 人际交往的动机

人际交往的动机是为了进行探亲访友、正常的社会交往、结识新朋友，或全家聚会，或故地重游，满足个体对爱和归属的需要。另外，这种动机还包括团体间的访问、文化技术的交流、商务的往来等。这类消费者由于进行社会交往活动较多，对酒店的消费弹性较大，而且这些消费者对于印象好的酒店，回头率很高。同时，这也是进行酒店对外宣传的主要途径。

5. 方便快捷的动机

方便快捷的动机主要追求酒店服务的便利性。现代社会生活节奏越来越快，时间成本越来越昂贵，方便快捷的动机成为客人的重要需求和动机。方便快捷的动机主要体现三个方面：①交通方便。目前，酒店的客人以商务型为主，商务型客人希望酒店所处的地理位置交通便捷、标识突出，能够很方便到达目的地。②预订方便。预订等于预先提供了潜在服务。酒店通过方便、简单的预订服务能够优先稳定老客人，发展有价值的新客人。客人希望通过方便、简单的预订方式提前确定好酒店，节省选择和等候的时间。因此，客人希望酒店能够提供多渠道的预订系统，如电话预订、网络预订、中介公司预订，或在机场、车站、码头等交通集散地设置预订点来方便预订。③服务方便。客人寻求服务方便，体现在酒店服务工作的各个环节。酒店客人希望在接受服务时能方便、迅速、快捷，并讲求一定的质量。尤其对一些商务客人来讲，他们的时间观念强，公务安排比较紧密，大都具有时间的紧迫感，最怕等候，希望酒店能够在最短的时间内提供所需要的服务，从而节约时间，提高工作效率。因此，酒店在经营过程中，要处处以方便客人为宗旨,提供便利、快捷、高效、质量上乘的服务。

6. 声望的动机

声望的动机,即为了显示自己的身份、地位、经济能力而在酒店进行的消费。这类消费者一般都具有一定的社会地位或经济实力,支付能力很强,通常为商界名士、各行业领导、海外华侨、国际客人等,希望通过在酒店的消费以显示自己的地位或经济实力,他们认为酒店的档次(特别是硬件设备)、服务都是一种身份的象征,比较重视酒店的象征意义。他们重视酒店的档次、知名度,对服务的水平和质量要求很严格。这类消费动机的客人是酒店高档服务项目的消费者。为满足声望型消费者需求,酒店不仅要提供高水平、高档次的服务项目,还要提供全面优质的服务。

7. 安全的动机

安全的动机是酒店客人的首要需求。酒店客人希望酒店能够提供具有高度的安全服务保障,酒店客人的安全主要体现四个方面:①人身安全。希望酒店的空气清新、健康;希望酒店的客房整洁干净;希望酒店提供的菜肴是绿色无污染的,生产加工的过程是清洁卫生的。②财产安全。在住店期间,自己的钱财不会丢失和被盗。③名誉安全。在酒店短暂生活期间,个人的隐私能够得到保护,不会受到干扰和威胁。④商业安全。酒店的商务客人更重视酒店商业秘密的安全,希望自己的商业秘密不会被窃取,希望酒店能够保护他们的商业隐私。

8. 好奇的动机

好奇是人类基本的心理性内在驱动力。这种动机强烈的人,会对周围新出现的事物和现象充满好奇感,喜欢冒险和尝试。在酒店的客人中,求新、求奇者往往以青年人为主,他们追求服务的新颖、别致、刺激,而不过分计较价格的高低,对时尚和潮流比较感兴趣,容易受到广告宣传和媒体传媒的影响,喜欢追求标新立异的东西。酒店应针对此类消费者,推出新奇的产品、标新立异的服务和新的营销举措来迎合这一类客人的消费动机。

9. 健康的动机

健康是消费者追求的最基本的生理需求。这类消费者强调酒店的环境及住宿的舒适性,注重菜肴的营养健康,对酒店的保健产品比较感兴趣,对于其他服务项目则不太在意。回归自然,追求健康和放松身心是这类消费者的心理。为了满足这类消费者的需求,酒店不但应在保健项目上下功夫,更应该提供一些人性化的服务设施和休闲空间。

此外,酒店客人还有求清洁、求知、怀旧、从众、偏好、习惯等动机。

(二)激发酒店客人消费动机的策略

酒店客人在选择某个酒店、某种产品、某项服务的时候都是基于多种需要和多种动机的。任何酒店要吸引客人，都必须把握客人的需要和动机，提供能够满足客人需要的服务，这样才能打动客人，引起客人的愿望和兴趣，促使其进行购买和消费行为。因此，作为酒店来说，必须从酒店产品开发和设计、酒店设施建设、酒店优质服务、酒店促销宣传等方面入手。

(1) 努力开发特色鲜明的酒店产品。

客人选择酒店，其目的就是要通过亲自体验酒店提供的多种产品和服务来满足其身心需要。有特色的酒店产品才有吸引力。因此，在酒店产品的开发设计上就要显示出与众不同的独特风格，以别具一格的形象去吸引客人，形成品牌效应，从而吸引客人前来消费。开发酒店产品必须要遵循以下三点原则：

①创新性原则。在现代酒店经营中，创新是至关重要的。美国著名学者彼得·德鲁克讲过这样一句名言："在变革的年代，经营的秘诀就是没有革新就意味着死亡。"酒店的发展需要不断创新，从而使酒店不断获得新的推动力、增长力和生命力。

②个性化原则。个性是酒店产品的吸引力、生命力所在。因此，在开发酒店产品的过程中，要尽力突出它的个性，并强化它、渲染它，以增加它的魅力。

③民族性原则。越是民族的就越是世界的。因此，保持某些主题酒店的传统格调，突出民族性，挖掘地方特色文化，有助于提高酒店产品的吸引力。

(2) 设计更为人性化的酒店设施。

酒店是否有人性化的酒店设施，成为客人选择酒店的重要依据。要想做到酒店设施的人性化，首先要以客人的需要为出发点。人是饭店的主体，离开了客人及其消费需求的酒店设施是没有生命力的。其次，要尊重客人的生活习惯和风俗禁忌。酒店设施的设计应该努力使酒店成为客人的第二个"家"，因此酒店在装饰装潢中，应尽量营造舒适、温馨、自然、愉悦的居住环境。最后，酒店设施必须体现层次性。客人是多种多样的，不同社会阶层、不同收入水平的人对酒店设施的要求也各不相同，不能一味地追求高消费、高档次。总的来讲，酒店设施的人性化，主要体现在建设或完善酒店设施中要注意美观、实用、方便，注意设施与酒店的统一和谐以及与大环境的协调一致。

(3) 加大酒店宣传的力度，树立现代酒店营销观念。

酒店客人在购买酒店产品时是有一定风险的。为避免风险，客人一般会选择相对成熟、有一定美誉度的产品，所以要想将酒店产品推销给客人，必须采取恰当的宣传方式帮助客人认识到酒店的价值，通过将酒店产品信息准确传递给客人，从而改变他们的态度，消除购买顾虑，激发消费动机。酒店宣传的方式很多，可以通过各种传播媒介来进行宣传，如广播、电视、报刊、新闻发布会、网络、酒店行业博览会或展销会等。

酒店营销是酒店企业经营者为了将酒店产品成功推荐给客人所做的各种努力。现代酒店营销观念，要求酒店经营者在进行酒店营销时要改变传统的酒店营销观念，用绿色营销、体验营销、直复营销、感召营销、品牌营销、整合营销、网络营销等新酒店营销理念来武装头脑。

(4) 加强酒店文化建设，优化酒店服务质量。

科学的管理、优质的服务是酒店企业的生命线，也是激发客人消费动机的重要前提。要想提高酒店企业服务质量，必须要加强酒店文化建设。企业文化是企业价值观的表现，是企业管理的核心和基石，是现代酒店实现可持续发展的必由之路。酒店在进行文化建设过程中必须树立"以人为本"的核心管理理念。酒店应该在企业内部提倡和贯彻"员工第一"的思想，在管理中，注重关注员工的志趣、员工的文化背景，尊重员工的价值和尊严，满足他们的物质和精神需要，真正理解"两个上帝"（管理者视员工为"上帝"，员工视客人为"上帝"）的理念，唯有如此，酒店的服务质量才能真正提高和优化。

任务拓展

专门为异地恋设计的餐厅尽管分隔心仍要在一起

异地恋的情侣们比想象中要脆弱得多，往往分手都因为距离上带来的困扰，那么如何才能让异地恋保持新鲜呢？日本就有一家专为异地恋情侣设计的餐厅，浪漫的设计加上异地的心酸，尽管相隔万里，两人的心依旧要在一起。

2016年1月份，在网上疯狂流传的异地恋餐厅视频，一家来自日本专门为了异地恋情侣而设计的餐厅，首先出场的是在东京生活的女主角。她按照约定好的时间来到了这家特别的餐厅。整个餐厅的布置浪漫温馨，在寒冷的冬日更能俘获人的心。坐下后只要拿出手机打开指定的软件放在指定的位置上，灯光亮起，连接畅通，准备工作就算是做好了。接下来，桌子前的帷幕缓缓升起。你会惊讶地发现女主角思念的异地恋人就坐在她的对面，他也是按照女主角同样的方式来到他所在地的餐厅里。虽然中间隔着屏幕，然而就像同桌而坐毫无违和感，而且两个人所有的动作和声音都是实时同步。就连房间的背景墙、装饰布局、餐桌的桌布及摆设都是一模一样的，让异地的恋人感受到彼此的存在，竟是那么真实。餐厅的设计理念最重要的一点就是同步。从服务开始，可以做到在对方的餐厅里询问对方的需求，然后服务员会瞬间出现在你的身边，当然了肯定不是同一个人。恋人可以同时干杯，可以随意按照对方的角度去碰杯，就好比恋人真的就在对面。此外，还可以同时上菜，在不同的两个地方，同时演奏音乐。不仅如此，通过房间特效道具，还能让身在万里外的他吹灭你这边的蜡烛，这种同步感能满足你一切需求。

任务反馈

思考：异地恋情侣餐厅满足了客人哪方面的需要？

讨论：在酒店对客服务中，如何有效地去刺激消费者的购买动机？

知识回顾 ▶▶▶

1. 什么是需要？需要有哪些特征？需要的类型有哪些？
2. 什么是动机？动机有哪些功能？
3. 酒店客人有哪些需要和动机？
4. 如何根据酒店客人需要的特点做好酒店服务工作？
5. 如何激发酒店客人的消费动机？

能力训练

1. 设计一份大学生外出旅游时酒店住宿需要调查表，分小组在全校进行调查，调查大学生对酒店服务设施、服务项目等的需求情况，了解大学生在酒店里的消费动机，并将最终调查结果进行总结，在全班进行交流。

2. 以小组为单位，根据大学生的住宿需要及消费动机，设计一份针对大学生这一客源群体的酒店营销方案。

案例分析

一天，客房服务员小马在打扫客房时发现客人放在写字台上的眼镜架有一部分脱落了，于是在桌子周围仔细找了好几遍，终于在烟缸内发现了一个断掉的小螺丝。小马立即意识到："准是客人的眼镜坏了，那出去工作的时候肯定不方便！"她立即记下了螺丝的尺寸，又查了一下报表，得知这位客人姓张，会在酒店住很多天。于是当天一下班，小马就去了眼镜店买了几种型号的螺丝。第二天上班时，她自己带着工具把客人的眼镜给修好了，还给客人留了一张便条："尊敬的张先生，您好，昨日在整理您的房间时，发现您的眼镜架坏了，现在已经帮您修好了，希望您住店愉快，如您还有其他需要，请您随时联系我们。——客房服务员。"张先生在会议结束后回到房间，看到字条后，马上打电话到房务中心，非常真诚地感谢小马："这真是星级酒店的服务啊！我要的就是这种感觉！"

思考：服务员小马是如何发现客人的需要，并积极地采取措施满足客人的需要的？身为一名客房服务员，可以通过哪些途径发现客人的需要？

模块 5 气质与性格

模块目标

◆ **知识目标**

1. 了解个性的概念、特征和基本理论。
2. 认识气质、性格的概念、特征和基本类型。
3. 理解影响个性形成和发展的因素。
4. 掌握气质、性格与酒店客人的消费行为关系。

◆ **能力目标**

1. 能够分析酒店客人的个性与消费行为之间的关系。
2. 在服务过程中能够运用气质、性格的理论知识,分析、判断酒店客人的个性,从而采取针对性的服务策略。

模块任务

◆ 任务一　什么是个性
◆ 任务二　气质与酒店客人的行为关系
◆ 任务三　性格与酒店客人的行为关系

任务一 什么是个性

案例聚焦

有这样一个故事：一位老教授昔日培养的三位得意门生如今都事业有成，一位在官场上春风得意，一位在商场上捷报频传，一位埋头做学问，如今也苦尽甘来，成为学术明星。于是有人问老教授："你认为三人中哪位更有出息？"老教授说："现在还看不出来，人生的较量有三个层次，最低层次是技巧的较量，其次是智慧的较量，他们现在正处于这一层次，而最高层次的较量则是个性的较量。因此，目前阶段还看不出来哪位会更有出息。"

思考： 为什么老教授认为人生最高层次的较量是个性的较量？

任务执行

案例中，老教授认为三位得意门生虽然目前都事业有成，但他们现在还没有达到最高层次的较量，也就是个性的较量，由此可见，个性对个体的影响至关重要，甚至是伴随其一生的。在酒店的服务过程中，也需要通过对个性心理特征进行研究，分析判断酒店客人的心理状况，从而有针对性地提供个性化服务。

一、个性的概念和特征

（一）个性的概念

个性是心理学中运用最广泛的术语，在西方又称人格。"个性"一词最初来源于拉丁语"persona"，它有两层含义：一方面，指戏剧演员在舞台上表演时所戴的假面具，后演化为演员所扮演的各种性格和角色；另一方面，指能独立思考、具有独特行为特征的人。后来心理学把它引用过来，把面具的含义引申为个性，用以表示个体的差异。

心理学界对个性的概念目前还没有一个公认的比较统一的定义。我国心理学界的很多学者倾向于把个性界定为：个人在先天素质基础上，一定的社会环境中，通过参与一定的社会实践活动，形成和发展起来具有一定倾向的、比较稳定的心理特征的综合。

从系统论的观点看,个性是一个多层次、多维度的复杂的整体结构。其主要成分包括个性心理倾向性和个性心理特征。个性倾向性是指一个人所具有的意识倾向和人对客观事物的稳定态度,主要包括需要、动机、兴趣、理想、信念、世界观等。个性心理特征是指一个人身上经常表现出来的本质的、稳定的心理特点,主要包括人的气质、性格和能力。个性心理特征是个性倾向性稳固化和概括化的结果。这两个成分有机地结合在一起,使个性成为一个整体结构。关于个性倾向性(主要指需要、动机)与酒店客人的消费行为的关系,已在模块四中详细阐述。本模块主要探讨个性心理特征中的气质、性格对酒店客人消费行为的影响。

(二)个性的特征

1. 稳定性

个性不是一时表现的心理现象,它具有跨时间和空间的一致性。换句话说,在个体生活中暂时的、偶然表现的心理特征,不能认为是一个人的个性特征,只有一贯的、在绝大多数情况下都得以表现的心理现象才是个性的反映。因此,个性是一个人在较长时间的社会实践中,为适应或改变客观世界而经常表现出来的个性心理,一经形成,就具有稳定的特点。当然,这种稳定是相对的,随着社会环境、教育环境以及自身实践活动的变化,个性也会发生一定程度的变化,不过,个性的变化比较缓慢,不可能立竿见影。

2. 整体性

个性是一个人的整体精神面貌,是一个统一的整体结构。构成个性的各种心理品质,如需要、动机、兴趣、价值观、气质、性格、能力等,在具体的个人身上并不是孤立存在的,而是有机联系在一起表现出来。

3. 独特性

个性的形成是由遗传因素、社会生活条件等多种因素影响决定的。由于每个人的先天素质和后天影响不同,因而人的个性也必然存在或多或少的差异。世界上可能存在相貌上完全相同的人,却不可能存在两个个性完全相同的人,即使是双胞胎,也具有自己不同的个性。

4. 社会制约性

人的个性会受到生物因素的制约,也就是先天遗传因素的影响。除这一因素制约外,个性还受社会因素的制约,一定社会的政治、经济、文化、生活方式都会对个体个性的发展方向、内容和水平产生影响。苏联心理学家维果茨基曾说,个性是通过他在别人面前的表现才变成自己现在这个样子,这也是个性形成的过程。人的本质是一切社会关系的综合,人的个性本质特征由人的社会关系决定,所以个性具有社会制约性。

二、个性的基本理论

个性在西方称为人格,西方人格理论的种类很多,这些理论从多个角度揭示了人格的基本特征和规律,各有特色,较有影响的有以下三种。

(一)弗洛伊德的人格结构理论

弗洛伊德的人格结构理论是以本能性欲为核心构成的,他认为个性由本我、自我、超我三部分构成。人格结构的最基本层次就是本我,本我中的本能冲动是个性的原始倾向。本我是一切心理能量之源,包含生存所需的基本欲望、冲动和生命力。它按照"快乐原则"行事,不理会社会道德和外在的行为规范,唯一的要求是活得快乐,避免痛苦。

自我是指人格中的意识结构部分,即现实状态下的自己,服从社会基本规范,是来自本我经外部世界影响而形成的知觉系统。自我的机能是寻求"本我"冲动得以满足;而同时保护整个机体不受伤害,它遵循"现实原则",为本我服务。

超我即自己心里的完美自己,是人格结构中代表理想的部分。它是个体在成长过程中通过内化道德规范、内化社会及文化环境的价值观念而形成,其机能主要为监督、批判及管束自己的行为。超我的特点是追求完美,所以它与本我一样是非现实的,超我大部分也是无意识的,超我要求自我按社会可接受的方式去满足本我,它所遵循的是"道德原则"。

如果上述三者保持平衡,就会实现个性的正常发展;否则,会导致人格障碍或神经疾患。

(二)人格特质理论

特质论者认为,人格是由许多心理要素构成的。特质是指一个人的行动中一贯具有倾向性的东西,如诚实、友好等。关于人格特质理论,主要介绍两种获得认可的两位学者的理论。

1. 奥尔波特的人格特质理论

奥尔波特是人格特质论的创始人。他将人的特质分为以下三类:

(1)首要特质:足以代表个人独特个性的特质,是一个人最典型、最具概括性的特质,代表整个人格,往往只有一个。它在人格结构中处于支配地位,具有极大的弥散性和渗透性,影响个人行为的所有方面。小说或戏剧的中心人物,往往被作者以夸张的笔法,特别突显其首要特质,如林黛玉多愁善感的个性。

(2)中心特质:代表个人性格的几个方面的特征,是构成人格特质的重要部分。每个人都有几个彼此相联系的中心特质构成其独特的人格。它虽然不如首要特质那样对行为起明显的支配作用,但对人格有一般意义的倾向。如评价某个学生时所用的"勤奋,尊重老师、待人热情、乐观、开朗、准时"等,即属于其个人的中心特质。奥尔波特认为,每个人所具有的中心特质一般为 5~10 种。

(3)次要特质。顾名思义,次要特质不是决定人格的主要特质。它不太明显、不太受人注意,一致性、一般性都较少的那些人格特质。次要特质与习惯和态度密切相关,但比两者都更具有一般性。次要特质包括一个人独特的偏爱,如某种食物、衣着等。

2.卡特尔的人格特质论

卡特尔应用因素分析法来探讨人格特质,并认为构成人格的特质彼此不是松散存在的,而是作为整体的机能相互关联的。他用特质的阶层来表示人格构造。

(1)第一层次:个别特质与共同特质。前者指每个人所具有的特质;后者指某一社区或某一集团的成员都具有的特质。

(2)第二层次:表面特质与根源特质。前者指经常发生的、从外部可以直接观察的行为表现;后者指从许多表面特质中发现的内在的潜在因子。它是人格结构的最重要部分,是外显行为的内在因素。从表面特质中精选出潜在深处的根源特质是卡特尔研究的主要方面。他运用因素分析法,经过几十年的努力,最后确定人格的 16 种的根源特质。这 16 种特质是:A. 乐群性;B. 聪慧性;C. 情绪稳定性;E. 好强性;F. 兴奋性;G. 有恒性;H. 敢为性;I. 敏感性;L. 怀疑性;M. 幻想性;N. 世故性;O. 忧虑性;Q_1. 激进性;Q_2. 独立性;Q_3. 自律性;Q_4. 紧张性。

卡特尔认为,在每个人身上都具备这 16 种特质,只是在不同人身上的表现有程度上的差异。

(三)伯恩的人格分析理论——PAC 分析

加拿大心理学家埃里克·伯恩于 20 世纪 50 年代提出人格结构的 PAC 分析。

PAC 分析理论中,P(Parents)代表父母或家长自我状态,家长自我状态是指人们通过模仿自己的父母或其他在其心目中具有父母一样的权威人物而获得的态度和行为方式;A(Adult)代表成人自我状态,成人自我状态是人格中支配理性思维和信息的客观处理部分,它掌管理性的、非感情用事的、较客观的行为;C(Child)代表儿童自我状态,儿童自我状态是由自然的情感、思维和行为构成。人的行为是由人的这三个"自我状态"的组成体或其中之一部分支配和控制的。父母、成人和儿童自我状态的表现见表 5-1。

表 5-1 父母、成人和儿童自我状态的表现

状态	行为表现	语言表现	语调
父母自我状态	指手画脚,双手插腰,拍拍别人的头,摇头等	按理,应该,决不,不要,别,不,让我告诉你应该怎么做,你又想做什么等	高声=批评;低声=抚慰
成人自我状态	直截了当的表情,舒适自如,冷静,不激动,漠然	为什么,什么,哪里,谁,有可能,我认为,依我看,我明白了,我看等	几乎像计算机那样不假思索
儿童自我状态	笑声,可爱的表情,眼泪,颤抖的嘴唇,噘嘴,发脾气,咬指甲,撒娇	我想要,我要,我不知道,我不管,我猜,当我长大时,好极了等	激动,热情,高而尖的嗓门,尖声嚷嚷,欢乐,愤怒,悲哀,恐怖

三、影响个性形成的因素

影响个性形成和发展的因素很多,但无论是从先天与后天,还是从主观与客观等方面分析,不外乎先天遗传因素、环境因素和社会实践的影响。

（一）先天遗传因素

先天遗传因素是个性形成和发展的生理基础。它是个性不可缺少的影响因素,对个性的作用程度因个性特征的不同而异。通常,在智力、气质这些与生物因素相关较大的特征上,遗传因素较为重要；而在价值观、信念、性格等与社会因素关系紧密的特征上,后天环境因素更重要。个性发展过程是遗传与环境交互作用的结果,遗传因素影响个性的发展方向。

（二）环境因素

环境因素主要包括社会环境和家庭环境。社会环境因素是个性形成和发展的重要条件。遗传基因在个性形成中仅仅提供了必要的前提和可能性,而这种可能性是否能转变为现实性主要取决于后天的社会环境因素的作用。同样,个性的形成和发展还要受到家庭环境的影响。俗话说:"近朱者赤,近墨者黑。"家庭是社会生活的基本单元,父母的观念、思想、职业性格、文化水平、父母对子女的态度等,集中地表现为父母的养育态度和教育方式。不同的养育态度会直接影响子女不同性格特征的形成。由此可见,父母的态度对子女性格形成至关重要。

（三）社会实践因素

社会实践是个性形成和发展的主要途径。个性是后天环境影响下,在社会实践活动中形成和发展的。实践活动是个性形成和发展的决定因素,决定个性发展的方向、速度和可能达到的水平。人在社会实践中总是扮演一定的社会角色,承担一定的社会

责任,从而形成与个体社会角色相一致的态度体系、价值观念、行为方式等,即形成自己独特的个性。

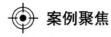

关于个性的其他类型学说

1)孔子的"五类说"

我国古代著名思想家孔子把人的个性分为五类:

(1)庸人:见小失大,不知所务;小处精明,大处糊涂。

(2)士人:心有所定,计有所守,头脑清醒,做事冷静。

(3)君子:笃行信道,自强不息,崇德尚仁,积极向上。

(4)贤人:德不逾贤,行中规绳,很守规矩。

(5)圣人:明并日月,化行若行,光明磊落。

2)阴阳"五行说"

我国古代很早就有人试图根据人的生理与心理的个别差异对人进行分类。例如,有人把人划分为金、木、水、火、土五种类型:金型人性情急躁刚强,办事严肃认真,果断利索;木型人勤劳本分,多虑沉静;水型人性格无所畏惧,不够廉洁;火型人性格多虑,态度诚朴;土型人内心安定,助人为乐,为人忠厚。还有人按阴阳强弱把人分为太阴、太阳、少阴、少阳、阴阳平和五种类型。

任务反馈

思考:你认为还有哪些因素可能会影响个体个性的形成?

讨论:作为一名大学生,你平时是如何做出消费决策的?你能从班里同学不同的消费行为中判断出他的个性吗?

任务二 气质与酒店客人的行为关系

案例聚焦

先来看图5-1所示的一幅漫画。

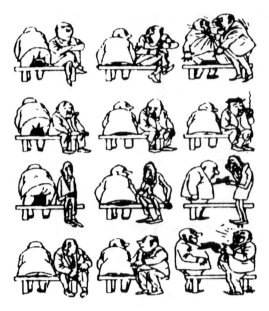

图 5-1 一顶帽子的漫画([丹麦]皮特斯特鲁普)

思考： 如果你遇到同样的事情，你会如何反应？

> 任务执行

从上面的这组漫画图片中，我们可以看出图中右侧四个人对别人坐到自己帽子上的反应截然不同，这四个人分别代表了四种典型的气质类型。下面就来学习气质的基本理论知识。

一、气质的概念

气质是人的个性心理特征之一，是一个人在他的心理活动和外部行为中所表现的关乎强度、灵活性、稳定性和敏捷性等方面的心理特征的综合，是个体与生俱有的心理活动的动力特征。心理活动的动力是指各个体之间；在认识过程中，存在着知觉的速度、思维的灵活程度、注意集中稳定的时间长短等方面的差别；在情感过程中，也有发生的强弱、深浅和持续长短的差别；在意志行动中，又会表现出意志努力程度的不同；在心理活动的指向上，有人偏向于外部事物，从外界获得新印象，也有人倾向于内部，经常体验自己的情绪，分析自己的思想和印象等。因而，气质仿佛使一个人的整个心理活动都涂上个人独特的色彩。

人的气质差异是先天形成的，受遗传因素的影响较大，在婴幼儿时期就表现得非常突出。孩子刚出生时，最先表现出来就是气质差异，有的孩子爱哭好动，有的孩子平稳安静。气质作为个体典型的心理动力特征，一经形成，便会稳定下来，并对人的心理和行为产生持久影响。虽然如此,人的气质在社会环境、学校教育和个体社会实践经历的影响下,还是会有所改变的。

人的气质虽不相同,但本身并没有好坏之分。气质类型不能决定人的社会价值和成就高低,它只是会影响到人的心理过程和个性品质的形成。了解人的气质,有助于我们利用气质特征的积极面,控制其消极面,提高对酒店客人的服务技巧。

二、气质的类型及行为特征

关于气质类型的分类,有多种学说。这里介绍最广为学者所认可的"体液说"。古希腊名医希波克拉特,提出人体内有四种体液,即黄胆汁、血液、黏液、黑胆汁。按照四种体液在人体中所占比重的不同,将人的气质分为四种类型,即胆汁质、多血质、黏液质、抑郁质,见表5-2。

表5-2 气质类型及行为特征

气质类型	行为特征	漫画中人物的气质类型
胆汁质	直率,热情,精力旺盛,情绪易于冲动和心境变化剧烈;有理想,有抱负,有独立见解,反应迅速,行为果断,表里如一,在言语、面部表现和体态上都给人以热情直爽的印象	第一排右侧的人
多血质	活泼,好动,敏感,反应迅速;喜欢与人交往,注意力容易转移,兴趣广泛但容易变换,具有较强的外倾性,肯动脑筋,主意多,常表现出机敏的能力和较高的活动效率	第四排右侧的人
黏液质	安静,稳重,反应缓慢,沉默寡言,情绪不易外露,注意稳定但难于转移,善于忍耐;凡事力求稳妥,深思熟虑,有较强的自我克制能力,严格遵守规章制度	第二排右侧的人
抑郁质	孤僻,行动迟缓,体验深刻,善于观察别人不易觉察到的事物,兴趣爱好不广,有孤僻的表现,常比别人更感疲倦,在困难的局面下常表现出怯懦、自卑和优柔寡断	第三排右侧的人

三、不同气质类型酒店客人的消费行为与服务策略

(一)胆汁质类型的客人

胆汁质类型的客人表现性情急躁,情感外露,情绪易于激动,一旦被激怒,就不易平静下来。在酒店的行为表现为很自信、决策果断、讲话直率、对人热情。这种类型的酒店客人精力旺盛,多有求新求奇的心理需要,喜欢尝试酒店新的消费项目,行动积极。他们多属于冲动型购物,容易成交,在酒店住宿期间容易粗心大意、丢三落四。

针对胆汁质类型客人的上述特征,酒店服务人员要做到:①讲究效率,服务尽可能迅速,尤其是在办理入住手续、送餐服务、清洁服务、结账服务时,在服务过程中要自

信、冷静、简洁明确,赢得客人的信任。②服务态度友好,耐心,语气温和,避免与他们发生冲突。当出现矛盾应避其锋芒,以柔克刚,把"对"让给客人。③在客人住店期间和离店时,要经常提醒他们不要遗忘物品,全心全意为客人服务。④向他们积极推荐酒店新开设的服务项目或新菜肴,给他们安排参与性强的娱乐项目。

（二）多血质类型的客人

多血质类型的客人活泼好动,精力充沛,开朗大方,喜欢与人交往,反应快、理解能力强,但做事三分钟热度,缺乏毅力。在酒店的行为表现为非常活跃,喜欢主动跟服务员聊天,主动认识其他客人,善交往,性格开朗;精力充沛,对酒店的大部分服务项目都感兴趣,都想参与,喜欢问人;当参与自己喜爱的酒店项目时,能投入极大的热情,对于不喜爱的酒店项目,就会不配合,容易引起争执。另外,他们情感多变,兴趣容易发生改变或转移。

针对多血质类型客人的上述特征,酒店服务人员要做到:①主动沟通,嘘寒问暖,详细介绍,联络感情,以示关怀。②多安排新奇、刺激、有趣的酒店服务项目。③服务主动、高效率、灵活多变,避免呆板。④对客人的提问要有耐心,对待客人的热情要诚恳。

（三）黏液质类型的客人

黏液质类型的客人外柔内刚,平时表现安静,很少流露出内心的真情实感;他们喜欢清静的环境,很少大声谈笑,不善于与人交际。在酒店行为表现为如无必要,很少主动与服务人员沟通,也不会主动跟其他客人聊天,给人难以接近的感觉;喜欢清静幽雅的环境,比较喜欢独处;喜欢住之前住过的房间或楼层,喜欢由认识的服务员为其服务,对酒店新的服务项目不感兴趣,比较保守。

针对黏液质类型客人的上述特征,酒店服务人员要做到:①在其消费期间,尽量实行"无干扰"服务,给其适当的自由空间。②尽量安排环境比较僻静,舒适的房间或楼层,给他们充分的时间休息。③遇到问题,应主动沟通,询问其意见,了解他们内心的想法,以便提供其所需的服务。④服务方式要有度,不可过于热情。

（四）抑郁质类型的客人

抑郁质类型的客人好独处,不善言谈,不爱交往,性情孤僻;感情细腻,常为区区小事引起情绪波动,但极少外露自己的情感;内心体验强烈、内向、脆弱、敏感。在酒店行为表现为比较关注酒店各个服务项目的价格,对价格的变动比较敏感;不愿意跟服务员主动沟通,讲话速度慢,反应缓慢;特别看重自己在他人心目中的形象,比较在意服务员和其他客人言语和表情的变化,容易猜疑别人,一旦与酒店服务人员或其他客人发生冲突后,不容易调整自己的心态,容易产生极端行为;对酒店服务中的差错一般不会直言指出,而是独自忍受生闷气。

针对抑郁质类型客人的上述特征,酒店服务人员要做到:①尊重他们,语言表达要谨慎,态度要端正,注意细节服务。②当酒店服务价格发生变动时,要主动与他们商量,多征求其意见,重视他们的意见。如遇不理解的客人,一定要耐心,用心解释。③在消费过程中要多关心他们,但不能过度热情。④尽量安排周围比较安静的客房,安静但不冷僻,便于服务员随时关注他们。

任务拓展

关于气质的其他类型学说

1. 体型说

德国精神病学家克瑞奇米尔,他按照人的身体结构和不同体型将人划分为三种气质类型:①身高瘦长型,称为分裂气质,气质特征表现为忧虑、孤僻、神经质、不善交际;②肥胖型,称为躁狂气质,气质特征表现为活泼、热情、善于交际、平易近人;③斗士型,气质特征表现为情绪无常,缺少灵活性,做事一丝不苟。

2. 血型说

1921年,日本心理学家古川竹二很敏感地将四种血型和四种气质类型联系在一起。他在大量的调查基础上认为,希波克拉特的四种气质类型不是由胆汁和黏液决定,而是由血型决定。他把南德斯依纳的ABO系统与四种气质类型相结合,创立了"气质的血型说"。他认为人的气质特征是由血型决定的。血型分为A型、B型、AB型和O型,其中每一血型在气质方面都有不同表现。

(1) A型人:精明、理智、内向,不善交际;沉思好静,情绪稳定,忍耐力强;做事细心谨慎,但不果断;责任心强,固执。

(2) B型人:聪明、活泼、敏捷、外向,善交际;兴趣广泛多变,精力分散;易感情冲动,热心工作,不怕劳累;缺乏细心和毅力;动作语调富于感情,易引起他人注意。

(3) AB型人:属于复合气质类。机智大方,办事干净利落,冷静、不浮夸;行动有计划,喜分担责任;兴趣广泛;因倾向不同,有的人有领导能力,有的人则沉默寡言、满腹心事,待人接物缺乏经验、易吃亏。

(4) O型人:外向直爽,热情好动,富于精力;爱憎分明,见义勇为,有主见,主观自信;急躁好强,有野心;动作粗犷,不灵活,不易做细致的工作。

3. 内分泌说

内分泌说认为内分泌激素在血液中循环,促进或抑制与之相对应的组织和器官的工作,对人的行为起着调节作用。这种理论按人的某种腺体发达与否将人分成以下五类:

(1) 甲状腺过多的人:具有创造性,呈现出主观、自信、灵敏、意志力强的个性特征;甲状腺过少的人迟钝、缓慢,具有内倾的人格特征。

(2)脑垂体型的人:有耐心、温顺、细心,具有忍耐力与控制力。

(3)肾上腺型的人:精神旺盛,雄壮有力,容易激动。

(4)甲状旁腺型的人:容易激动,缺乏自控力,多有侵犯行为。

(5)性腺型的人:如果分泌物过多,行为多具进攻性;过少,则易对文学、艺术、音乐发生兴趣。

4. 高级神经活动说

巴甫洛夫通过长期的观察和研究,发现人的神经活动系统具有兴奋和抑制的强度性、平衡性、灵活性三种特性。据此他把人分为以下四类:

(1)冲动型气质:由于兴奋过程不能同抑制过程平衡,在较强的神经负担下,容易造成神经活动的分裂,性格上表现为无拘无束,放荡不羁。

(2)活泼型气质:表现为强而平衡,具有较强的活动能力与适应环境能力。

(3)安静型气质:表现为不太灵活,难以兴奋,反应迟缓,固执己见。

(4)抑制型气质:兴奋和抑制过程都是弱的,表现为缺少勇气,胆小怕事,循规蹈矩,保守防御等。

心理测试:分析判断自己和他人的气质类型

下面一系列气质类型测试题,可以帮助你确定自己的气质类型,请依次阅读题目:对完全符合自己的,记3分;如果处于模棱两可之间——既符合又不太符合的,记1分;不符合的,记0分,最后计算出自己每种气质类型的总分。如果你在某一种类型的得分明显高于其他三种(均高于4分以上),则可定为某典型气质;如果两种气质的得分接近(差异小于3分),且又明显高于其他两种,则为两种气质混合型。

1. 到一个新环境很快就能适应。

2. 能够较长时间地做枯燥单调的工作。

3. 碰到陌生人觉得很拘束。

4. 爱看情节起伏、激动人心的小说和电影、电视。

5. 善于克制、忍让、不计小事,能容忍别人对自己的误解。

6. 对新知识接受很慢,但理解后就很难忘记。

7. 遇到可气的事就怒不可遏,想把心里的话一吐为快。

8. 能够很快忘记那些不愉快的事情。

9. 感情比较脆弱,一点小事能引起情绪波动,容易神经过敏。

10. 对工作采取认真、严谨、始终如一的态度。

11. 情绪高时,干什么都有兴趣;情绪不高时,干什么都不感兴趣。

12. 疲倦时只要短暂休息就能重新精神抖擞地投入工作。

13. 容易激动,每每出口伤人,而自己不觉得。

14. 不易激动,很少发脾气,情感很少外露。

15. 当感觉烦闷时,别人很难使自己高兴起来。

16. 符合兴趣的事干起来劲头十足,否则就不想干。

17. 喜欢安静的环境。

18. 遇到问题总是举棋不定,优柔寡断。

19. 反应敏捷、头脑机智。

20. 做事有些莽撞,常常不考虑后果。

21. 能较长时间地在某一事物上集中注意力,不容易分心。

22. 宁愿侃侃而谈,不愿窃窃私语。

23. 能够同时注意几件事情。

24. 学习和工作时常比别人更感疲倦。

25. 善于与人交往。

26. 遇到令人气愤的事能很好地自我控制。

27. 厌恶那些强烈的刺激,如尖叫、噪声、危险镜头。

28. 认准一个目标就希望尽快实现,甚至饭可不吃,觉可不睡。

29. 不喜欢长时间谈论一个问题,愿意实际动手。

30. 羡慕那些能够克制自己感情的人。

31. 讨厌做那些需要耐心、细致的工作。

32. 宁愿一个人干,不愿和许多人在一起。

33. 喜欢争辩,总想抢先发表自己的意见,力图压倒别人。

34. 做事力求稳妥,不做没有把握的事。

35. 当工作或学习失败,会感到很痛苦,甚至痛哭流涕。

36. 假如工作枯燥乏味,马上就会情绪低落。

37. 喜欢有条不紊地工作。

38. 喜欢在公开场合表现自己,有强烈的争第一倾向。

39. 希望做变化大、花样多的工作。

40. 心中有事,宁愿自己想,也不愿说出来。

41. 爱看感情细腻、人物心理活动丰富的文学作品、电影、电视。

42. 喜欢运动量大和场面热烈的活动。

43. 接受一项任务后,总希望迅速完成。

44. 埋头苦干,有耐久力。

45. 碰到危险情况时,常有一种极度恐惧感。

46. 做事总有旺盛的精力。

47. 在多数情况下情绪是乐观的。

48. 与人交往不卑不亢。

气质测验评分表见表 5-3。

表 5-3 气质测验评分表

胆汁质	题号	4	7	11	13	20	22	28	30	33	38	42	46
	得分												
多血质	题号	1	8	12	16	19	23	25	31	36	39	43	47
	得分												
黏液质	题号	2	5	10	14	17	21	26	29	34	37	44	48
	得分												
抑郁质	题号	3	6	9	15	18	24	27	32	35	40	41	45
	得分												

任务反馈

思考：《红楼梦》中林黛玉、薛宝钗、王熙凤、史湘云四位女性应该属于四种典型气质类型当中哪一种？

讨论：假设你是一名酒店服务人员，针对四种气质类型的酒店客人，将如何提供个性化的服务？

任务三　性格与酒店客人的行为关系

案例聚焦

中国有句古语："积行成习，积习成性，积性成命。"同样，西方有名言："播下一个行为，收获一种习惯；播下一种习惯，收获一种性格；播下一种性格，收获一种命运。"

思考：对此，你有何看法？

任务执行

不管说法如何，中西方对于性格形成的看法是一致的。一个人性格的好坏，影响到他的整个命运，可见，性格对于一个人的人生起到至关重要的作用。因此，首先需要了解有关性格的基本知识。

一、性格的含义

性格是一个人对现实的态度和行为方式中比较稳定的心理特征的总和。它在一个人的个性中具有核心意义,人的个性差异首先表现在性格上。

性格作为人的比较稳定的心理特征有两方面的含义:一方面,性格是在长期生活实践中形成的,比较稳固;另一方面,这种比较稳定的对现实的态度和行为方式贯穿在人的全部行为活动中。一个人偶然性、情境性的表现,不能代表他的性格特征。只有当一个人的态度以及这些态度相一致的行为方式经常发生时,这种态度和行为方式才具有性格的意义。例如,一个人具有诚实的性格特征,而经常表现得并不是这样,那么就不能说他是一个诚实的人。因此,一旦了解了一个人的性格,就能预测其在特定情境下的行为表现。

二、性格的特征

性格是一种十分复杂的心理现象,它包括一个人心理的各个不同侧面。人的性格特征指性格的各个不同方面的特征,它主要有四个方面的内容。

(一)性格的理性特征

性格的理性特征主要指人们在感知、记忆、思维和想象等认识活动过程中表现出来的特征。在感知方面,人有被动感知型和主动观察型。前者易受暗示,易被干扰;后者独立性强,做事有计划,思考周密。在记忆方面,有人擅长直观形象记忆,有人擅长逻辑联系记忆;有人死记硬背,有人理解性记忆。在思维方面,有人是演绎型,有人是归纳型。在想象方面,有人想象力丰富,有人缺乏想象力。

(二)性格的情绪特征

性格的情绪特征主要是指人们进行情绪活动时在强度、稳定性、持续性和主导心境等方面表现出来的性格特征。情绪的强度,表现为个人受情绪的渲染和支配的程度,以及情绪受意志控制的程度,如有人容易受情绪的渲染和容易被他人的情绪所控制。情绪的稳定性主要表现在个人情绪的起伏和波动的程度,例如:有人情绪比较平静,喜怒不形于色;而有的人高兴时手舞足蹈,伤心时眼泪汪汪。情绪的持续性主要表现在个人情绪保持时间的长短,例如:有人无论遇到高兴的事还是不顺心的事,当时很兴奋,但事后很快能恢复平静;而有人恰恰相反,能被不愉快的心情压抑很长时间。情绪的主导心境主要表现不同主导心境在个人身上稳定的程度,例如:有人属于"乐天派",常处于精神饱满、愉快欢乐的情绪当中,任何时候总能见到他们一张笑脸;但也有些人属于"忧郁型",整天处于多愁善感的情绪之中。

(三)性格的意志特征

性格的意志特征主要指人对自己行为的自觉调节方式和水平方面的性格特征。主要表现在以下四个方面：

(1)对行为目的明确程度。例如,有人行动前就有明确的目的性,在行动中有自己的主见,行动不易受他人的干扰。

(2)对行为自觉控制水平。例如,个人的行为是主动,还是被动,是有自制力的行为还是冲动行为。

(3)在紧急或困难情况下的表现。例如,在紧急或困难情况下,有人沉着冷静,有人惊慌失措,有人勇敢面对,有人选择逃避忽视。

(4)在长期工作和学习中的表现。例如,在长期的工作和学习中,有人持之以恒,有人见异思迁,有人有始有终,有人三分钟热度。

(四)性格的态度特征

性格的态度特征主要是指个人在处理社会关系时所表现出来的性格特征。主要表现在以下三个方面：

(1)对社会和他人的态度。有人大公无私,有人却自私自利。

(2)对工作和学习的态度。有人认真刻苦,有人马虎懒散。

(3)对自己的态度。有人谦虚谨慎,有人骄傲自大,有人严于律己,有人放任自我。

以上分析的这些性格特征,并不是孤立的、静止的,而是相互联系、相互制约的。例如：工作认真负责的人,常常表现出较高的自制力和坚持性；而工作不负责任的人,常常马虎草率,自制力不强。性格是一个整体,各种性格特征之间存在着内在的联系,它们在个体身上结合为独特的统一体,从而形成了一个人不同于他人的性格。

三、性格的类型

每一个个体身上所共同具有的性格特征的独特组合称为性格的类型。由于性格的复杂性,心理学家对性格的分类各不相同。性格的类型主要有如下三种具有代表性的观点。

(一)心理机能类型说

心理机能类型说是英国心理学家培因和法国心理学家里波共同提出,他们根据理智、情绪、意志三种心理机能何种占优势,把人的性格分为理智型、情绪型和意志型。理智型的人通常用理智来衡量周围的一切,并且用理智来支配自己的行为,遇到问题总是喜欢用事实争论,喜欢与人讲道理。情绪型的人情绪体验深刻,言谈举止易受情绪的影响,处理问题喜欢感情用事,容易冲动。意志型的人独立性强,有明确的行动目标,善于自我管理。

（二）向性说

向性说是由瑞士心理学家荣格提出,他属于弗洛伊德的精神分析学派,依据精神分析的方法以及人的心理活动的指向将性格分为外倾型（外向型）和内倾型（内向型）。外倾者爱交际,活泼开朗,坦率,易流露感情,随和,乐于助人,轻信和易于适应新的环境。内倾者性格内向,较孤僻,不善交际也不爱交际,富于想象,深思熟虑,防御性强,适应能力差。

（三）独立—顺从说

独立—顺从说由奥地利心理学家阿德勒提出,根据个体独立性的程度,把人的性格分为独立型和顺从型。独立者独立性强,善于独立思考和解决问题,不易受外界因素的干扰,在紧急或困难情况下,沉着冷静,积极发挥自己的作用,但喜欢把自己的意志强加于人。顺从者依赖性强,容易无条件地接受别人的意见,没有主见,随波逐流,遇到重大事件表现惊慌失措,逃避现实。

四、不同性格类型酒店客人的消费行为与服务策略

（一）按照酒店客人心理机能的强弱分类

1. 理智型客人

理智型客人在酒店的行为表现为独立,理智,遇事有自己的主见,不会随大流,不容易改变自己的想法,对于酒店服务人员的推荐,不会轻易接受,喜欢根据自己的实际需求和购买经验做出决定,冷静而慎重;对于酒店服务人员的差错,一般能够接受,比较理解,有较强的自我控制能力。

针对理智型客人的上述特征,酒店服务人员要做到:①态度要尊重,换位思考。②当提供给客人的服务项目发生变动时,要与其商量,积极听取其意见,通过摆事实、讲道理的方式说服。③在推荐酒店服务项目时,要详细介绍,主动沟通,听从客人的决定。

2. 情绪型客人

情绪型客人在酒店消费过程中,受情绪影响较大,易受周围环境的影响;遇事无主见,情绪变化快,容易冲动;喜欢新奇的、有趣味的、愉快的酒店项目。

针对情绪型客人的上述特征,酒店服务人员要做到:①尽量推荐新奇、参与性高的酒店服务项目。②在服务过程中,动之以情,用"情"来感化他们。③主动跟其沟通,及时了解他们的想法。

3. 意志型客人

意志型客人做事具有明确的计划性和目的性,善于自我控制;遇事有独立的见解,

不轻易改变自己的决定;在酒店消费过程中,能严格约束自己的行为,不受外界的影响;遇到困难,冷静,沉着。

针对意志型客人的上述特征,酒店服务人员要做到:①有自信,先发制人,获得他们的信任。②多推荐具有挑战性,能够满足其成就感的酒店服务项目。

(二)按照酒店客人心理活动的倾向性分类

1. 内倾型客人

内倾型客人性格内向,在酒店消费期间不会主动与其他客人交流,不合群,不轻易相信他人;喜欢自由安静的环境,家庭式的气氛,事先已制定好详细的计划,希望尽量按计划执行。

针对内倾型客人的上述特征,酒店服务人员要做到:①在客人消费期间,积极主动地与其沟通,了解其内心的真正想法。②营造一个轻松、自由的酒店环境。③遇到变动,应主动跟其沟通,耐心解释,尊重他们的意见。④实现弄清楚客人的具体安排,并尽量提供其所需的各种服务。

2. 外倾型客人

外倾型客人性格外向,活跃,自信,易于接受新鲜事物,喜欢交际,与服务人员和其他客人能够很好地相处;在酒店期间表现非常积极,主动配合服务人员的安排;勇于尝试酒店新的服务项目,行动积极;喜欢提意见,征询意见,能很快适应酒店环境。

针对外倾型客人的上述特征,酒店服务人员要做到:①对其进行宣传时,应把重点放在酒店新、奇、特等方面。②在酒店产品设计和服务提供上,要创新,设计富有个性的酒店服务项目。③在提供服务期间,多听取他们的意见,引导发挥他们的积极性。

(三)按照酒店客人的独立程度分类

1. 独立型客人

独立型客人自信心强,善于独立思考,不受外界和他人的影响;进行酒店消费决策时,往往会认真分析,权衡利弊,一旦做出决定则难以改变;在酒店消费期间,能够积极提出问题,常受团队成员的拥护和信赖,乐意帮助团队客人反映意见或解决问题。

针对独立型客人的上述特征,酒店服务人员要做到:①遇事主动跟其商量,充分发挥其在团队中的领导作用。②重视其提出的问题,积极有效地解决问题。③创造一个能够充分发挥他们主动性的氛围,营造一个相对自由的酒店环境。

2. 顺从型客人

顺从型客人独立性差,易受外界、他人和广告宣传的影响;在进行酒店消费决策时,往往按别人的计划或意见行事,随波逐流;遇到突发事件往往会束手无策,一筹莫展;喜欢参加成熟的酒店服务项目。

针对顺从型客人的上述特征,酒店服务人员要做到:①合理安排好酒店服务项目,严格按计划行事。②在提供服务过程中,要自信,果断,以获得其信任。③向其推荐活动量不大的酒店服务项目。

任务拓展

关于性格理论的其他学说

1. 2×2：DISC 性格学说

DISC 性格学说由美国心理学家威廉·莫尔顿·马斯顿博士提出。马斯顿博士根据他设计的四项重要性向因子的性格测验方法,得出四种基本性格类型:D(Dominance)——支配型、I(Influence)——影响型、S(Steadiness)——稳健型、C(Compliance)——服从型。DISC 个性测验是国外企业广泛应用的一种人格测验,用于测查、评估和帮助人们改善其行为方式、人际关系、工作绩效、团队合作、领导风格等。

2. 2×2：PDP 性格学说

PDP 的全称是 Professional Dyna-Metric Programs(行为特质动态衡量系统)。PDP 根据人的天生特质,将人群分为支配型、外向型、耐心型、精确型、整合型五种类型。为了将这五种类型的个性特质形象化,根据其各自的特点,这五类人群又分别被称为"老虎""孔雀""考拉""猫头鹰""变色龙"。PDP 是一个进行人才管理的专业系统,能够帮助人们认识与管理自己,帮助组织做到"人尽其才"。

3. 3×3：九型人格

九型人格(Enneagram)又称性格形态学或九种性格,它将人群分为完美型、全爱型、成就型、艺术型、智慧型、忠诚型、活跃型、领袖型、和平型九种性格类型。九型人格主要用于帮助个体有效地掌握自己的行为习惯,反映个体的个性和世界观。

4. 4×4：MBTI 性格

MBTI 职业性格是一种对个性的判断和分析。MBTI 人格共有四个维度,每个维度有两个方向,共计八个方面,分别是:外向(E)和内向(I);感觉(S)和直觉(N);思考(T)和情感(F);判断(J)和知觉(P)。四个维度,两两组合,共有十六种性格类型,以各个维度的字母表示类型:ESFP、ISFP、ENFJ、ENFP、ESTP、ISTP、INFJ、INFP、ESFJ、ISFJ、ENTP、INTP、ESTJ、ISTJ、ENTJ、INTJ。MBTI 职业性格测试是一个理论模型,从纷繁复杂的个性特征中,归纳提炼出动力、信息收集、决策方式、生活方式四个关键要素,进行分析判断,从而把不同个性的人区别开来。

任务反馈

思考:性格是一种十分复杂的心理现象,它包括一个人心理的各个不同侧面,同样,客人性格也是极其复杂的,在酒店服务过程中,如何把握客人性格的不同特征,做好对客人的个性化服务?

知识回顾

1. 个性的基本类型和影响个性形成的因素有哪些?
2. 四种典型气质的类型及其特征表现?
3. 性格的概念、特征和基本类型?
4. 性格对酒店客人的消费行为有哪些影响?
5. 如何针对不同气质类型的酒店客人提供个性化服务?
6. 如何针对不同性格类型的酒店客人提供个性化服务?

能力训练

1. 把学生根据彼此熟悉程度5~6人分成一组,根据气质类型的行为特征,进行气质类型的判断能力训练。
2. 古希腊名医希波克拉底的"体液说",将人的气质分为四种类型,即胆汁质、多血质、黏液质、抑郁质。各小组成员根据各种气质的行为特征,判断本小组其他成员的气质类型。
3. 在小组成员把判断结果进行汇总,比较各组员的判断结果是否一致,如果判断结果差别很大,需要全体组员认真分析原因。

案例分析

来自德国的安妮小姐是个有洁癖的客人,她对房间的卫生要求很高,几乎到了苛刻的程度,而且疑心较重,稍有不慎都会引起她强烈的反应。例如,她要求进入房间的所有人必须脱鞋,换上一次性拖鞋;她只用自己随身所带的杯子;房间卫生清扫时,服务员必须戴手套;床上不能有一根毛发;等等。

一天,洗手间的电热水器出现了故障,安妮小姐打电话给房务中心要求维修。服务员立即通知了工程部,一会儿,电工小陈来到了房间门口。当开门的安妮小姐看到挎着电工包的小陈时,脸上露出不悦之色,不让小陈进去,并指着他的工作服及电工胶鞋,不停地摇手。弄了半天小陈才明白,安妮小姐嫌他工作服上有灰尘,要求他换上新的工作服,并换上一次性拖鞋才能进房。小陈犯难了:换新工作服没问题,但不穿胶鞋是非常危险的。小陈看到自己实在很难解释清楚,只得向客房服务员小芬求救,请她帮忙解释,希望安妮小姐能够谅解。

小芬心想,安妮小姐性格偏执,再这样一味地向她解释下去也是徒劳的,只有另想办法。小芬考虑了一下,然后来到客人房间说:"安妮小姐,为了保证安全,电工在操作时必须穿上胶鞋,他不是有意打破您的习惯,这一点首先请您原谅。您看这样行不行,让小陈回工程部换上新的工作服,并且拿上一双新的胶鞋,进房间换上。等修理完后,我们立即为您做彻底的清洁,您看如何?"安妮小姐觉得这个建议比较合乎情理,就同意了。所有一切都按照计划进行,大家耐心周到、尽心尽力地服务,终于感动了安妮小姐。维修结束后,安妮小姐特地打电话到房务中心,感谢酒店提供细心周到的服务。

思考:

1. 为什么案例中的安妮小姐对客房服务的要求特别严格,甚至有一些要求不通情理?客房服务员小芬是如何灵活处理客人的要求?

2. 分析安妮小姐的气质特征,面对这种气质类型的客人时,酒店服务人员提供服务时,应注意哪些服务策略?

模块 6 情绪与情感

模块目标

◆ **知识目标**

1. 了解情绪与情感的基本概念与分类。
2. 认识情绪与情感的区别与联系。
3. 理解客人的情绪与情感和其行为间的关系。
4. 掌握情绪与情感和酒店服务工作的关系。

◆ **能力目标**

1. 根据酒店服务工作的特点,学会调节自己的情绪,以良好的工作状态来面对酒店服务工作。
2. 观察客人的情绪,采取相应的服务策略,为客人提供个性化服务。

模块任务

◆ 任务一 什么是情绪与情感
◆ 任务二 情绪、情感与酒店服务工作

任务一　什么是情绪与情感

案例聚焦

周先生和王小姐是大学同学,从大一开始互有好感,并很快双双坠入爱河。然而两人的感情生活并不是很顺利,中间经历了很多波折,但是两人一直坚持着,在经历了将近十年的爱情长跑之后,有情人终成眷属。今年国庆期间,周先生决定和新婚妻子到北京度蜜月,想在蜜月旅行中给妻子一个惊喜。

周先生提前在网上订好了酒店,并在备注中提到这次新婚旅行对自己意义重大,期待这次旅行能给妻子带来惊喜,希望酒店能给予关照,自己愿意为额外的服务付费。

这一天,酒店前厅经理特意加了周先生的微信,询问了周先生抵店的大致时间和出租车的车牌号。当出租车在酒店大厅门前停下,迎宾员一打开车门,就对两位新人热情洋溢地说道:"欢迎光临,祝两位新婚快乐",然后热心地为他们提行李,而前厅经理则引领着他们到前台迅速办理好了登记入住手续。周先生觉得酒店对于自己的预订备注挺重视的,非常满意。

一进入客房,周先生发现客房内的布置完全出乎他的意料,酒店特意为他们换上了喜庆的窗帘,房间内布置得就如同一间婚房,非常温馨,让人惬意,房内的鲜花散发着淡淡的花香,让王小姐非常欣喜。周先生没想到他在备注中提到关于新婚旅行的话,酒店会铭记在心,并专门为他布置了客房。

住店期间,酒店无论在饮食,还是在出行等各个方面,都尽量为这对新婚夫妇提供最贴心的服务。临走时,周先生特意找到酒店总经理,对酒店给予的温馨服务致以感谢,并深情地说,他妻子对这次新婚旅行特别满意,酒店就是他们在北京的家,以后有机会他们还会到这家酒店来做客。

任务执行

以上案例说明,酒店在服务工作中,通过一些细节的把握,通过一些针对性、特色服务,让客人的情绪情感不断变化,先产生好感,然后激动,欣喜若狂,最后对酒店产生浓浓的依恋之情,把酒店当作自己的家。

一、情绪、情感的概念

情绪和情感是人对客观事物的态度的体验,是人的需要是否获得满足的反映。它是人类心理活动的一个重要方面,伴随着认识过程而产生并深刻影响着人的认识过程,是人对客观事物是否符合自己需要的态度,是人对客观现实的一种反映形式。

在现实生活中,并不是所有的事物都可以使人产生情绪和情感。有些事物能使人产生喜爱或厌恶的情绪和情感,也有不少事物对某些人而言是无所谓的,既不讨厌也不喜欢,所以说,只有与人的需要具有某种关系的事物,才能引起人的情绪和情感。一般来说,需要得到满足就会引起积极因素的情绪和情感,需要得不到满足就会引起消极因素的情绪和情感。由于不同的人对同一事物的需要不同,与同一事物的关系不完全一样。因此,人对同一事物所特有的态度也不一样,对同一事物的情绪和情感也不同。

二、情绪与情感的关系

情绪和情感都是人对需要满足状况的心理反应,是属同一类不同层次的心理体验,是既有区别又紧密联系着的两个概念。

（一）情绪与情感的区别

1. 情绪的生理性和情感的社会性

情绪是与机体需要是否满足相联系的心理活动,而情感是与社会性需要满足与否相联系的心理活动。例如,人在饥饿时获得食物就会很高兴,这是一种情绪体验,而不能说他产生了热爱食物的情感。情绪是原始的,是人和动物所共有的。情感则是人类所特有的心理活动,具有一定的社会性,如集体荣誉感是人对集体组织的责任、尊重、自豪等需要而产生的社会性情感。

2. 情绪的情境性与情感的稳定性

情绪会随着情境的改变以及需要满足情况的变化而发生相应的改变,因此人的情绪经常是变化的,表现得喜怒无常,很难持久。而情感具有较强的稳定性、深刻性和持久性,是人对事物态度的反映,构成个性心理品质中稳定的成分。

3. 情绪的外显性和情感的内隐性

人在情绪影响下往往不可自控,高兴时手舞足蹈,愤怒时咬牙切齿,这些都是情绪的外部表现,有明显的冲动性和外部特征,面部表情是情绪的主要表现形式。而情感多以内在感受、体验的形式存在。情感是一种内心体验,深沉而久远,虽不轻易表露,但对人的行为有重要的调节作用。

（二）情绪和情感的联系

作为同一类型的心理活动,情绪与情感的区别是相对的,虽然它们所表达的主观体验的内容有所不同,但往往在强烈的情绪反应中也有稳定的主观体验,而情感也多通过情绪反应表现出来,情绪和情感彼此之间具有密切的联系。

一般来说,情绪是情感的基础,情感离不开情绪。情感是在情绪的稳定固着基础上发展建立起来的,并且通过情绪的形式表达出来。而情绪的表现和变化又受已形成的情感的制约。当酒店服务人员尝试与客人交流时,总会感到忐忑不安、新鲜刺激,时间长了,就会感到这种交流其实很轻松愉快,并且爱上自己所从事的职业。当他们对自己的工作建立起深厚的感情之后,就会有意识地在工作中控制自己的情绪。

三、情绪和情感的两极性

情绪和情感的两极性是指每一种情绪和情感都能找到与之对立的情绪和情感。在肯定性、积极性、紧张度、激动度上,情绪和情感都表现出互相对立的两极性,这种两极性是情绪和情感的主要特征之一。

（一）肯定和否定的对立

肯定性的情绪和情感是愉快的,它是与需要的满足相联系的,如满意、快乐、热爱、兴奋、轻松等;否定性的情绪和情感是不愉快的,它是与需要不满足相联系的,如不满意、悲哀、憎恨、烦闷、沉重等。它们虽彼此相反,但并不彼此相斥。对立的两极性在一定条件下可以互相转化,如"乐极生悲""破涕为笑"等。

（二）积极和消极的对立

凡是与积极性的态度联系着的情绪、情感是积极性的,如振奋、紧张、热忱、英勇等;凡是与消极性的态度联系着的情绪、情感是消极性的,如低沉、烦恼、悲痛、恐慌等。同一种情绪、情感既可能具有积极性质也可能具有消极性质,如悲哀在某些情况下可能使人灰心丧气,也可以使人化悲痛为力量。

（三）紧张和轻松的对立

当人处在活动的紧要关头或所处情境是最有意义的关键时刻时,通常会表现出两极性。在重要时刻,当事人一般有紧张的情绪情感体验,事后往往出现紧张的解除和轻松的体验。一般情况下,紧张与活动的积极状态相联系,但过度紧张也可能引起抑制,使精神疲惫。

（四）激动和平静的对立

激动的情绪和情感是强烈的、短暂的、爆发式的体验,如激愤、狂怒、狂喜等;平静的情绪和情感是人在平静状态下的体验,强度较弱,而持续时间较长。人的正常工作和生活都需要在平静的情绪状态下进行,在这种状态下,人们才能从事持久的符合社会规范的活动。

（五）强和弱的对立

人的任何情绪和情感都有强弱变化的不同等级,如从微愠到狂怒,从担心到恐惧,从满意到狂喜等。一般来说,强的情绪情感体验是激动的体验,弱的情绪情感体验是较平静的体验。情感的强度越大,人的行为受其支配的可能性就越大,就越难以自控。

四、情绪和情感的功能

情绪和情感作为人反映客观世界的一种形式,是人的心理的重要组成部分,对人的现实生活和精神生活各方面都有重要作用。

(一)适应功能

人类在繁荣的物质文明和多元文化冲击下,对快速变化环境的适应成为人们经常遇到的问题,情绪调节也就成了适应社会环境变化的重要手段。人们适应不良时,往往会产生挫折感,导致焦虑和紧张。如新员工进入酒店,开始阶段对环境不太适应,就会产生焦虑感,而通过适当的情绪调节,降低焦虑和紧张,就能让人更好地适应环境,克服困难。

(二)动机功能

人的各种需要是行为动机产生的基础和主要来源,而情绪情感是需要是否得到满足的主观体验,它们能激励人的行为,改变行为效率。积极的情绪状态会成为行为的积极诱因,提高行为效率,起正向推动作用;消极的情绪状态则起消极诱因作用,阻碍人的行为,甚至引发不良行为,起反向的推动作用。研究发现,适度的情绪兴奋性会使人的身心处于最佳活动状态,能促进主体积极地行动,从而增进行为的效率。

(三)组织功能

情绪和情感这种特殊的心理活动,对其他心理过程而言是一种监测系统,是心理活动的组织者。积极的情绪和情感具有调节与组织作用。消极的情绪和情感则有干扰与破坏作用。例如,在记忆方面,人们容易记住喜欢的事物,对不喜欢的记忆起来十分吃力。同时过度兴奋的情绪状态也会影响思维的进程和方向,如"感时花溅泪,恨别鸟惊心"就是情绪影响思维的写照。情绪还能影响人的行为表现,如愤怒往往使人冲动而不计行为的后果,畏惧往往令人退缩不前。

(四)信号功能

表情是情绪和情感的外显形式,与语言一样是人际交往的主要工具,是传播情绪和情感信号的重要媒介。面部表情、声音表情和身体姿势都能显示个体的情绪状态。人们可以通过表情反映自己的意愿,也通过对他人表情的观察和体验来了解周围人的态度和意愿。例如,微笑通常表示满意、赞许或鼓励;厌恶、怒目圆睁表示否定的态度。喜、怒、哀、乐等情绪是人们交流彼此的思想、愿望、需要、态度以及观点的有效途径。

五、情绪和情感的分类

(一)三种情绪状态

一般来说,人的一切心理活动都带有情绪色彩,情绪状态是指在一定的心理活动影响下，人在一定时间里表现出的某种情绪。根据情绪状态的强度、持续时间可分为心境、激情和应激。

1. 心境

心境是一种微弱、平静而持久的情绪状态。导致心境产生的原因很多，个人生活中的重大事件，如工作顺逆、事业成败、人际关系、健康状况、环境舒适与否都可能引起人的某种心境。

心境具有弥散性和长期性。心境的弥散性是指当人具有某种心境时，这种心境表现出的态度体验会朝向周围一切事物，当心情愉快时，人们对周围事物会产生欢快的情绪体验，甚至连花草树木都在"微笑""点头"惹人喜爱。心境的长期性是指心境产生后要在相当长的时间内主导人的情绪表现，如失去亲人往往会使人长时间地沉浸在悲伤和郁闷的心境中。

心境还可以分为暂时心境和主导心境。由当时的情绪产生的心境称为暂时心境。例如，人们在欣赏具有悲剧色彩的影视作品时会产生难过的心境，走出演出场所后，这种心境还会持续一段时间，但不会很长。由一个人的生活道路和早期经验所造成的个人独特的、稳定的心境，称为主导心境。主导心境决定一个人基本的情绪面貌：一个具有良好主导心境的人，总是充满活力、积极向上，具有乐观的情绪；而具有不良主导心境的人，经常会情绪低沉，不善于与人交往。

心境对人的生活、工作、学习和身体健康有很大影响：积极、良好、乐观的心境会促进人主观能动性的发挥，提高活动效率，增强克服困难的信心，有益于人的健康；消极、悲观的心境则使人厌烦、意志消沉，无法正常生活和工作，甚至导致一些身心疾病。所以，保持积极健康、乐观向上的心境，注意对不良心境的调节控制，对每个人都十分重要。

2. 激情

激情是一种强烈的、短暂的、爆发性的情绪状态。人们在生活中的狂喜、狂怒，惨遭失败后的沮丧和绝望，亲人突然逝世后的极度悲伤等，都是激情的表现。与心境相比，激情在强度上更强，但维持的时间一般较短暂。

激情发生有很明显的外部表现，如面红耳赤、咬牙切齿、哭泣呼号、手舞足蹈等，有时甚至出现痉挛性动作，言语过多或不流畅。在激情状态下，人的认识活动范围缩小，控制力减弱，对自己行为的后果不能做出适当的估计。

然而，控制激情是完全可能的，在激情发生的最初阶段有意识地加以控制，能将危害性减轻到最低限度。另外，激情也有积极的一面，有些激情状态能激发人的活力、创造力，提高工作效率。因此，在生活与工作中，应该适当地控制激情，多发挥其积极作用，以平和的心境投入生活与工作中。

3. 应激

应激是在出乎意料的紧张与危急状况下出现的情绪状态，是人对意外的环境刺激做出的适应性反应。在紧急状态下,如面对天灾人祸,人们迅速做出判断,在心理上处于高度紧张的应激状态是十分必要的。

应激状态对人的活动有很大的影响。积极的应激反应引起身心紧张有利于个体全力以赴解决紧急问题。维持一定的紧张度,保持高度警觉,使人做出平时所不能做出的大胆判断和动作。同样,消极应激反应造成的高度紧张又会阻碍人的正常发挥。紧张和惊恐也会导致正常处理事件的能力反而大大削弱。应激的各种表现与个人的能力和素质,以及平时的训练和经验积累有关。例如,接受过防火学习和救生训练的人,在遇到相关突发事件时,会做出正确的判断,迅速采取有效施救措施。

旅游饭店星级的划分与评定标准提出星级饭店应增强突发事件应急处置能力,突发事件处置的应急预案应作为各星级饭店的必备条件。评定星级后,如饭店运营中发生重大安全责任事故,所属星级将被立即取消,相应星级标志不能继续使用。并明确规定:四星级及以上饭店的紧急出口标志清楚醒目,位置合理,无障碍物,有符合规范的逃生通道、安全避难场所;应有突发事件(突发事件应包括火灾、自然灾害、饭店建筑物和设备设施事故、公共卫生和伤亡事件、社会治安事件等)处置的应急预案,有年度实施计划,并定期演练。

(二)三种主要的高级情感

情感反映人们的社会关系和生活状况,渗透到人类社会生活的各个领域。其中较高级的社会性情感有道德感、理智感和美感,它是人的精神需要获得满足而产生的情感。

1. 道德感

道德感是个体根据一定的社会道德行为标准,在评价自己或他人的行为举止、思想言论和意图时产生的一种情感体验。当自己或他人的思想和行为符合这种道德规范的要求时,就会产生肯定和满足的情感体验,感到高兴、欣慰、佩服等;反之,就会产生否定的情感体验,如愧疚、痛苦或蔑视等。

产生道德感的基础是对社会道德规范的认识与理解,缺乏这种认识与理解,道德感就无法产生。不同时代、民族、文化环境和阶级有着不同的道德评价标准。社会主义社会的最高道德标准是为实现共产主义而奋斗,热爱祖国和人民、热爱集体、助人为乐、敢于承担责任、维护社会公正等是这个社会崇尚的道德规范。

2. 理智感

理智感是人认识和追求真理的需要得到满足而产生的一种情感体验。它是在认识过程中产生和发展起来的,是与人的求知欲、认识兴趣、对真理的探求等社会性需要相联系的,对人们学习知识、认识事物发展规律和探求真理的活动有积极的推动作用。

理智感的具体体验是多种多样的,人们在探索未知事物时会产生求知欲,了解和认识未知事物时有兴趣和好奇心,在解决疑难问题时会出现迟疑、惊讶和焦虑,在问题解决后会产生强烈的喜悦和快慰,在坚持自己观点时有强烈的自信,由于违背了事实会感到羞愧等,这些都是理智感的体现。

3. 美感

美感是人们根据美的需要,按照个人的审美标准对自然和社会生活中各种事物进行评价时产生的情感体验。人们在社会生活中,会逐渐学习并接受一些美的标准,并将它转化为自己对美的需要,当客观事物符合自己美的需要时,就产生肯定的体验;反之,就产生否定的体验。

美感也是在一定的社会历史条件下产生的,社会环境、风俗习惯、文化背景乃至气候条件的差异均会导致美感的差异,同一社会中不同阶级和阶层的人也具有不同的审美意识和美感。美感具有较强的直观性,事物的外表形式对美感有很大的影响,但美感同时也依赖于事物的内容。事物内容的美赋予美感以更丰富的内涵,而且,人们的审美标准和审美能力也是有差别的。

任务拓展

情绪效应

情绪效应是指一个人的情绪状态可以影响对某一个人今后的评价。尤其是在第一印象形成过程中,主体的情绪状态更具有十分重要的作用,第一次接触时主体的喜怒哀乐对双方关系的建立或是对主体的评价,可以产生不可思议的差异。与此同时,交往双方可以产生"情绪传染"的心理效果。主体情绪不正常,也可以引起对方不良态度的反应,并影响良好人际关系的建立。

古代阿拉伯学者阿维森纳,曾把一胎所生的两只羊羔置于不同的外界环境中生活:一只小羊羔随羊群在草地快乐地生活;而在另一只羊羔旁拴了一只狼,它总是看到自己面前那只野兽的威胁,在极度惊恐的状态下,根本吃不下东西,不久就因恐慌而死去。后来,医学心理学家还用狗做嫉妒情绪实验:把一只饥饿的狗关在一个铁笼子里,让笼子外面另一只狗当着它的面吃肉骨头,笼内的狗在急躁、气愤和嫉妒的负性情绪状态下,产生了神经症性的病态反应。

实验告诉我们:恐惧、焦虑、抑郁、嫉妒、敌意、冲动等负性情绪,是一种破坏性的情感,长期被这些心理问题困扰就会导致身心疾病的发生。

一则寓言

一天早晨,有一位智者看到死神向一座城市走去,于是上前问道:"你要去做什么?"死神回答说:"我要到前方那个城市里去带走100个人。"

那个智者说:"这太可怕了!"

死神说:"但这就是我的工作,我必须这么做。"

这个智者告别死神,并抢在它前面跑到那座城市里,提醒所遇到的每一个人:请大家小心,死神即将来带走 100 个人。

第二天早上,他在城外又遇到了死神,带着不满的口气问道:"昨天你告诉我你要从这儿带走 100 个人,可是为什么有 1000 个人死了?"

死神看了看智者,平静地回答说:"我从来不超量工作,而且也确实准备按昨天告诉你的那样做,只带走 100 个人。可是恐惧和焦虑带走了其他那些人。"

任务反馈

思考:以上的实验与寓言给你的启示是什么?

讨论:在对客服务过程中,为了建立良好的宾客关系,酒店服务人员可以通过哪些方法来激发客人积极、乐观的情绪?

任务二 情绪、情感与酒店服务工作

案例聚焦

日本邮政大臣野田圣子,曾经是日本内阁中最年轻的阁员,也是唯一一位女性大臣。然而有谁能想象得到,她的事业起点却是从喝马桶水开始的呢。

野田圣子的第一份工作是在帝国酒店当服务员,在培训期间负责清洁厕所,每天都要把马桶抹得光洁如新才算合格。可是从小到大,她从未做过如此粗重的工作,因此第一天伸手触及马桶的一刻,几乎呕吐,甚至在上班不到一个月时便开始讨厌这份工作。有一天,一名与野田圣子一起工作的前辈在清洁马桶后居然伸手盛了满满一杯厕所水,并在她面前一饮而尽,理由是向她证明经他清洁过的马桶干净得连水也可以直接饮用。

这件事令野田圣子非常震撼,通过反思,野田圣子认为自己的工作态度有问题,根本没资格在社会上肩负起任何责任,于是对自己说:"就算一生要洗厕所,也要做个洗厕所最出色的人。"

结果在训练课程的最后一天,当她清洁马桶之后,也毅然喝下了一杯厕所水,这次经历成为她日后做人、处事的精神力量的源泉,成为推动她事业成功的情感力量。

> 任务执行

案例中，野田圣子在最初接触工作时，有很大的负面情绪，讨厌这份工作，而且在工作中，身体反应也比较大。可是在前辈的影响下，意识到自己工作态度的问题、角色意识与责任感的缺失，在情绪情感上有了很大转变，这也直接影响到野田圣子的整个人生。

一、客人的情绪、情感

（一）客人的心境

一对中年夫妻拎着行李缓缓走入某星级酒店，脸上表情凝重："请开一个标准间，住三天。"

"好的，您二位请稍等。我来查询一下空的房间。"服务员一如既往地面带微笑热情接待。

"请快点吧，我们很累。"丈夫一脸的不耐烦。

"好的，您二位的房间在508房，二位请走这边。"服务员仍是微笑着。

当这对夫妻回到房间后不久，服务员就端着水果敲门了。

"先生，太太，您二位是酒店尊贵的客人，这是酒店赠送的水果，请慢用。"服务员微笑着说。

"好的，我们想先休息一会儿，如果没有叫你，就请不要再来打扰我们。"客人好像有点生气了。"砰"的一声，房门被重重地关上了。

第二天当这对夫妻用早餐时，服务员立即走上前，微笑着打着招呼："二位早上好，有什么能为您二位效劳吗？"

"我们吃早餐时想清静一下，请不要打扰我们。"

这对夫妻的反应让酒店服务人员非常疑惑，为什么对客服务程序没有错，服务态度也很好，而且一直是严格按照酒店要求，为客人提供微笑服务，而客人却不领情呢？这对夫妻的态度让服务人员心里有些忐忑不安。

服务人员再一次为这对夫妻收拾房间时，尽量小心翼翼，而且脸上的微笑比以前看起来更有亲和力。但那位丈夫终于受不住了："你们酒店的服务怎么这样子？只会对客人笑，也没看到客人心情不好，你就不能不笑吗，我真受不了你们，我要找你们经理投诉你们！"

闻讯赶来的驻店经理赶忙向客人道歉："对不起，先生，请您先冷静一下，有什么事好商量。"

原来，这对夫妻刚刚参加完家人的葬礼从外地回来，住酒店就是为了换一个环境，缓解一下痛苦。但每次看到服务人员的微笑，心里就很不好受，最后终于忍不住发作起来。

以上案例中，客人的心境比较悲伤，所以面对服务人员的微笑服务时，十分恼怒。酒店每天接待各种类型的客人，客人的心境也会不一样。因此，要学会观察客人的心境，为客人提供个性化服务。

一般来说，商务客人入住酒店主要任务是办理、组织各种商务活动或开展业务，日程安排紧张。为了节省时间而无暇顾及外出游览观光，他们对于酒店的服务质量和设施设备要求相当高。要求酒店能在短时间内办完交代的事，及时收发传真等。针对商务客人的这种心境，酒店通常开设了商务中心，甚至专门设立商务楼层，单独接待商务客人，提供独立的入住、结账服务，减少客人等候时间。酒店还会在客房内配备商务设施，为客人的商务活动提供便利。

外出旅游观光的客人一般是怀着放松心情入住酒店的，暂时摆脱了工作、生活中的压力，希望身心得到放松，愿意了解旅游目的地和酒店的有关情况，参与体验趣味活动，希望在活动中增长知识、开阔视野、结交朋友。针对旅游观光客人的这种心境，服务人员应该热情地与客人进行交流，为客人提供所需要的信息，做客人的知心朋友。

还有一些客人在生活、工作中因为受到意外事件的打击，心情变得非常抑郁、悲伤，希望通过改变环境而入住酒店。他们不喜欢与其他人群交往，不愿意受到打扰，喜欢一个人独处。针对这类客人的心境，服务人员应设身处地地为客人着想，视客人为自己的亲人，开导客人，想方设法帮助客人摆脱目前比较消沉的心境，让客人变得开心起来。

（二）客人的激情

李小姐是一位特别爱干净的商务客人，一次出差，在朋友的介绍下，入住上海某四星级酒店。有一天，外出和客户洽谈业务，非常成功地签到了订单，几天的努力终于有了结果，心情特别愉快。

但当她回到酒店客房时，突然发现自己早晨换下的睡衣被人折叠起来放在了床尾。究竟是谁乱动了自己的衣服呢？白天的好心情一扫而空，李小姐只感到无比愤怒。于是立即拿起床头的电话拨到了客房部。

"喂，我是519房间的客人，请你们的经理立刻来一下，我有事要问他。"李小姐冲着话筒怒气冲冲地喊。

"哦，好的。请您稍等一下，我们经理马上就到。"接到电话的服务员不敢怠慢这位已经暴怒的客人，她立即转告了客房部经理。

两分钟后，客房部经理很快就赶到了519房间。

"小姐，请问我有什么可以帮助您吗？"经理非常诚恳地说。

"你先看一下床上的衣服再说吧。瞧瞧你们做的好事！"李小姐指着床上的衣服对经理说。

望着那套折叠得整整齐齐放在床上的衣服,经理真的是一时摸不着头脑了。

"请问这些衣服有什么不妥吗?"经理忍不住问。

"有什么不妥!你说有什么不妥?我这些衣服是今天早上换下的,我明明是把它们摆在床上的,为什么现在竟然被人折叠起来了?我最讨厌别人乱动我的东西了!"李小姐火冒三丈,"我不管那么多,你现在就把今天为我收拾房间的服务员给我找来。我要亲自问一下她为什么要乱动我的东西。"

"请您息怒,我现在就帮你把那个服务员叫来。请您稍等一下。"经理说。

很快,服务员小红就赶到了房间。

"经理,您找我来有什么事吗?"小红感到有点奇怪。

"你收拾我房间的,谁让你乱动我的东西的?"李小姐劈头就问。

"是啊。我今天见到您的衣服弄乱了,就想帮您收拾一下……"

"谁说我衣服乱了?就算乱了你也没有资格乱动我的东西!我讨厌别人乱动我的东西!"李小姐打断了小红说。

"小姐,给您造成了这么大的困扰,我们真的感到很抱歉。"经理诚恳地说。

"我才不在乎你们的道歉。我只有一个要求,就是请你们别再随便乱动我的东西了,我不希望同样的事情再次发生!"李小姐的怒气消了一些。

"这一点我可以向你保证,未经您的同意我们的服务员绝不会再乱动您的东西,请您放心!请允许我们为您把弄脏了的衣服洗干净吧,另外我们再为您换上全新的床单。您看行吗?"经理再次诚恳地询问。

"这样才像话嘛。好吧,希望你们不会令我失望。"李小姐说。

两天之后,当李小姐离开酒店的时候,经理出来欢送她。

"谢谢您入住我们酒店,请原谅我们做得不周的地方,我们会继续改进的。欢迎你再次光临!"经理微笑着对李小姐说。

"我要感谢你们这一周来的悉心服务。你们的确没令我失望!"李小姐说。

在酒店服务中,经常会遇到一些客人表现出比较过激的行为,例如,性格急躁,遇事易冲动,甚至态度蛮横,不听他人劝阻等。一方面可能是因为客人对服务人员的态度和服务方式感到极大的不满;另一方面可能是客人本来心中就有怨气,借口把气发泄在服务人员身上。无论是酒店方的过失,还是客人自身的原因,酒店都应该针对客人的激情采取相应的策略来稳定客人的情绪。当客人情绪激动时,服务人员不要与客人争辩,而应该从客人的角度来看问题,客人来酒店是享受服务,不是花钱买气受,所以酒店服务人员应当保持冷静的头脑,对客人的过激言行持包容态度,即使客人不对,也要把"对"让给客人,真诚地向客人表示歉意,耐心地听取客人的意见,委婉地向客人进行解释,努力减轻客人的不满,逐渐使客人过激的情绪平静下来。

（三）客人的应激

某日 0 时 13 分，位于沈阳市和平区青年大街 390 号的五星级酒店皇朝万鑫酒店 B 座楼，因燃放烟花爆竹引燃楼表面装饰材料发生火灾。

据了解，皇朝万鑫酒店位于沈阳市繁华地段，总投资近 30 亿元人民币，是沈阳地标式建筑。此次火灾中，B 座的公寓楼首先燃烧，然后波及了 A 座楼，火势最严重时，一个个窗口都冒出大火，目睹者称当时火光冲天。当时由于正值除夕夜，酒店及公寓楼内人员较少，而且当大火发生时，酒店采取了应急措施，人员得到了及时疏散，才导致这场大火没有发生人员伤亡。

客人在酒店可能会遇到一些意外事件，如火灾、地震、突发疾病、醉酒、盗窃等。由于客人能力与素质的差异，当突发事件发生时，他们的处理方式也不同。有经验的客人会保持清醒的头脑，采取有效的措施或服从酒店的安排，如日本客人在入住酒店时，一般会对酒店的安全通道进行研究，熟悉在意外事件发生时的逃跑路线。但也有客人面对紧急情况不知所措，甚至不服从酒店的安排，造成不必要的伤害。因此，酒店应该事先对突发性事件有所准备，针对紧急事件制定预案，并加强对员工的培训，掌握应对突发事件的方法。

二、酒店服务人员的情绪、情感

酒店服务工作需要服务人员与客人直接接触和交流，因此在对客服务过程中，服务人员需要密切关注客人的情绪情感变化；同时，服务人员自身的情绪情感状态也会影响客人的情绪情感体验。为了给客人创造一种良好的情绪情感体验，酒店不仅要提高服务质量与水平，还要求服务人员保持良好的情绪状态，让客人得到物质和精神上的双重享受。

（一）营造良好的情绪环境

个人的情绪会受周围环境的影响，例如，天气会影响人的情绪，恶劣的工作环境会让人的情绪变坏，复杂的人际关系会影响一个人的工作积极性等。酒店要想让服务人员保持良好的情绪状态，首先要营造一个良好的情绪环境。

第一，创造一个令人心情愉快的工作环境，适宜的温度、清新的空气、充足的光线、舒适干净的工作服、干净整洁的办公桌，都会让人产生良好的情绪。酒店不仅要为客人提供优雅舒适的环境，也要充分考虑到员工的需要，在尽可能的情况下，为员工创造一个令人心情愉快的工作环境。

第二，构建酒店内部和谐的人际关系。酒店服务工作需要全体服务人员密切配合，可是员工之间竞争也非常激烈，在这种竞争环境下，如何让员工顾全大局，以工作为重，需要酒店管理者拿出智慧，掌握管理的艺术。酒店管理需要严格的规章制度，但在制定规章制度的同时，也要考虑到员工的实际情况，尽量让员工感受到酒店的人性化关怀。只有在和谐的人际关系环境中,才能杜绝酒店内部小团体、小帮派的形成,同事之间在工作上互相支持、提供帮助,在生活上彼此照顾,领导关心下属,下级支持领导工作,也只有在和谐的人际关系环境中,服务人员才能保持良好的情绪。

第三,丰富员工业余生活,创建积极健康的酒店文化。酒店经常开展一些集体活动,让所有员工融入集体中来,创建一个和谐的大家庭,让每位服务人员都有一种强烈的归属感。根据酒店自身特色,创建积极健康的企业文化,让员工产生强烈的认同,也有利于员工在工作中保持积极的情绪。

在宽松和谐的环境中,酒店服务人员更容易在工作中保持轻松愉快的情绪,并把这种积极的情绪传递给客人,用自己的快乐去感染客人。

(二) 保持良好的情绪状态

愉快的、稳定的情绪是身心健康的重要条件,也是做好酒店服务工作的必要条件。抑郁的、不稳定的情绪在一定条件下可导致身体与心理的疾病,情绪抑郁的人也不可能较好地完成本职工作,不利于职业生涯的发展。因此,保持良好的情绪状态不仅是做好本职工作,在职场上取得成功的前提,还是保持身心健康,防治疾病的根本。

酒店服务人员要想保持良好的情绪状态,可以从以下几个方面做起:

第一,酒店服务人员要热爱生活、热爱工作。如今,旅游酒店业已成为一个新兴的朝阳性行业,在今后的社会发展中,扮演着越来越重要的角色,从事酒店服务业,有着较好的职业发展前景。因此,酒店员工应该对自己所从事的行业充满信心,培养良好的职业素养。对未来充满信心的人,往往情绪稳定,充满乐观主义精神。富有事业心、热爱工作的人,更容易取得成功,更容易体验到满足感与成功感。这种情感有益于身心健康,即使他们在工作中遇到困难或挫折时,也会正确地对待困难,积极地克服困难,而那些对工作丧失兴趣的人,整日患得患失,怨天尤人,会情绪苦闷。

第二,学习正确处理人与人之间的关系。酒店服务人员时刻与人打交道,而人与人之间的关系最易引起人的情绪变化。和谐的人际关系会引起满意的、愉快的情绪反应,使人心情舒畅,有利于身心健康。紧张的人际关系会引起不满意、不愉快的情绪反应,使人心情抑郁不快,不利于身心健康。因此,作为基层员工,一方面要处理好与客人的关系,在对客服务中,要有良好的职业意识,明确自己所扮演的社会角色,对客人不卑不亢、一视同仁、礼貌热情、尊重客人;另一方面在工作中处理好与同事和上下级关系,尊重体谅他人、注重诚信,不搞个人小圈子,不进入是非漩涡。处理好人际关系,不仅在生活、工作中心情舒畅,而且工作效率也高,更容易取得事业的成功。

第三,善于控制自己的情绪。人的情绪是受人的意识和意志控制的。因此,酒店服务人员要学会主动地控制自己的情绪,善于驾驭自己的情绪。如在面对态度蛮横的客人时,一定要冷静,不要冲动,要有良好的职业意识,客人无论如何不对,他依然是上帝,员工要站在客人的角度来考虑问题,尽可能地去体谅客人的想法,用自己的理智让客人平静下来。在生活中也有可能会遇到很多挫折,情绪苦闷,这时不妨找知心朋友谈心,倾吐心中抑郁,或改变一下环境,调整心态,而不能放纵消极情绪滋长,长期抑郁将会导致情绪失调,引起疾病。另外,在平时要培养幽默感。幽默感是调剂人的情绪紧张、适应环境的有力工具,能减低愤怒和不安情绪,使情绪变得轻松。

第四,有强健的体魄。人的情绪与人的身体健康有密切关系,一个人身体健康往往表现精力充沛、心情开朗;相反,如果一个人长期疾病缠身,就会特别容易引起忧郁的心情。因此,酒店服务人员要积极锻炼身体,合理安排生活,保证上班前有充足的睡眠。强健的体魄不仅是酒店服务人员从事服务工作的体力保证,也是情绪饱满与稳定的基础。

第五,注重仪容仪表美。良好的仪容仪表是个人积极情绪的表现,也是一个人自尊自爱的体现,一个热爱生活、热爱工作的人,一定对自己的仪容仪表非常在意,非常在意自己在别人心目中的形象。酒店服务人员在为客人提供服务时,不仅希望客人满意自己的服务技能,也期待客人对自己的仪容仪表表示肯定与赞赏。因此,酒店服务人员在上岗前,要认真地检查自己的仪容仪表,以美好的外在形象出现在客人面前,这不仅给客人一种赏心悦目的愉快体验,也是对员工自身良好情绪的一种支持。

（三）注意不良情绪的调控

受中国传统思想的影响,长期以来,人们不太认同酒店服务业,认为酒店服务就是为客人端盘子,侍候人,是低人一等的行业,吃"青春饭",没有发展前途。另外,一线服务员工作辛苦,体力消耗大,节假日很难得到休息,因为行业的原因,也需要员工经常加班。这些因素,导致酒店服务人员在工作中,会经常出现以下各种不良情绪。

1. 紧张情绪

在一个竞争激烈、快节奏、高效率的社会里,不可避免地给人带来紧张情绪。紧张的外部表现为手心出汗、语无伦次、不知所措等。从生理心理学的角度来看,人若长期、反复地处于超生理强度的紧张状态中,就容易急躁、激动、恼怒,严重者会导致大脑神经功能紊乱,有损于身体健康。在酒店服务工作中,一些刚刚走上工作岗位的新员工缺少经验,面临新的环境,不可避免会产生紧张的情绪,当在工作中遇到新问题,也会产生害怕紧张的心理。这些紧张的情绪在某些情况下能促进酒店服务人员积极地去提高自己,解决问题,但在长期处于紧张情绪中,就会影响正常的工作与生活,那么,如何有效地控制自己紧张的情绪呢?

第一,当面对新环境、新任务时,要对自己有信心,精神上要松弛,多做深呼吸,松弛对于紧张情绪具有很强的防御力,当一个人真正神经松弛的时候,就会感到内心静,精力集中,生活充满活力,具有强烈的追求。

第二,要有良好的睡眠和营养。如果得不到充足的睡眠,大脑不能得到及时的休息,人体就会感觉到烦躁、疲惫、精神不集中等,生理上的不平衡容易导致紧张的情绪;

同时,适当的营养能保证身体抵抗紧张所需要的精力和能力储存。因此,酒店服务人员上班前应该有充足的休息和放松时间,过于频繁的加班会导致紧张情绪的滋生。

第三,在业余时间多参加一些有趣的集体活动,或找知心朋友、同事聊聊天,或看看幽默剧,放松自己的心情。在工作中,认真对待,努力提高服务技能,珍惜每次培训机会。能力提高了,紧张的情绪也就自然解除了。

2. 消沉情绪

消沉情绪是人丧失信心后的一种情绪表现,是一个人情绪上的大幅转折。酒店服务人员开始工作时,往往充满了热情和希望,内心踌躇满志,信心百倍,但在实际工作中,往往不尽如人意,如热情的服务得不到客人的回应,偶尔的失误引起客人的投诉,努力的工作得不到领导的赏识,提升的机会失之交臂等。这些都容易导致员工对工作失去信心和热情,怀疑自己的能力,导致情绪陷入消沉。消沉情绪的出现及扩散,会导致员工纪律涣散、服务质量下降,不仅影响员工个人职业生涯的发展,也会影响酒店正常的经营与管理。因此,一旦员工队伍中有消沉情绪的出现,酒店管理者应该积极采取措施来化解这种情绪。

第一,酒店部门领导应帮助员工进行心理调适。通过与员工交流,了解其情绪失落的原因,帮助员工树立正确的职业发展目标,或者调整工作岗位,培养员工积极的心理,保持对工作浓厚的兴趣,激发其奋发向上的积极情绪。

第二,员工个人也要有远大的目标,憧憬未来。追求美好的未来是人的天性,也是人类生存和社会进步的动力。只有经常憧憬美好的未来,才能始终保持奋发进取的精神状态。不管现实如何残酷,都应该始终相信困难即将克服,曙光就在前头,相信未来会更加美好。

第三,提高对社会环境的适应能力。社会环境是复杂的,这就注定在人生的道路上不可能是一帆风顺的,会遇到各种各样的困难。如果有很好的心理准备,就能够以积极的心态面对一切,就可以正确看待自己所处的位置。在经历挫折的过程中,不断汲取社会经验,提高对社会的认识及适应能力,把期望值调整到现实中有充分实现可能性的范围,就不会因目标未能实现而陷入消极的情绪中。

3. 愤怒情绪

愤怒是一种不满情绪的外露,当人们的愿望不能实现,行动受到限制、受人侮辱、上当受骗、权利被侵犯时,都会因此而产生敌意性情绪。它的表现形式往往具有攻击性,会造成破坏性后果。无论什么原因所产生的愤怒情绪,都会影响健康。在服务性行业里,如果面对客人时不能控制愤怒情绪,势必会引发严重的后果。因此,应该采取积极措施,控制愤怒情绪的发生。

在对客人服务中,酒店服务人员在接受外界刺激而心中怒气产生时,最好能暂时离开生怒的环境,如由其他的员工代替完成服务工作。当不能选择回避时,只有通过控制自我情绪,转移注意力来平息愤怒,同时以自我的良好情绪来感染客人,消除客人的愤怒情绪。

另外,酒店应该为员工提供怒气释放的途径与方法。如在酒店内部会议上,让员工把心中的不满或意见坦率地讲出来,同事之间的交流,领导的理解与信任,在一定程度上可达到泄怒的目的。通过一些娱乐活动,也可以让员工心中存在的怒气烟消云散。服务人员自身也要学会如何理智地控制愤怒的情绪。要有良好的道德修养和意志锻炼,要有宽阔的心胸和远大的理想,以理智控制发怒的情绪。

4. 厌倦情绪

酒店从业人员在进入酒店后,根据个人条件被分配到服务流程的某一环节上。为求管理和服务质量控制的方便,我国酒店大部分采取标准化的服务流程,并通过严格的规章制度和处罚条例确保员工按照流程的规定提供服务。面对高度重复和单一的工作内容,最初的热情很快退去,疲劳症状、枯燥感、厌烦的情绪就会出现。厌倦情绪不仅影响员工个人的身心健康,不利于员工职业生涯的发展,同时严重影响酒店的服务质量。因此酒店管理者应该找到有效的解决途径,来消除员工的厌倦情绪。

员工个人应该以积极的心态去面对现实。认识到酒店服务行业的性质决定了工作的性质,并努力从乏味的工作中去体验成功的快乐。也可以通过寻求外部支持来消除厌倦情绪。例如,加强与上级、同事的交流和沟通;及时向家人、朋友倾诉,释放心中的郁闷等。

酒店管理者可以通过定期轮换岗位,加强职业认知培训、服务授权等在一定程度上消除员工的厌倦情绪。通过在部门内部或部门之间的岗位调换,能使饭店员工经常处于一个新的工作环境中,既培养了"多面手",又让员工始终保持对工作的新鲜感和热情度。通过加强职业认知培训,使员工能够通过自身的学习来调整工作期望,进行角色定位,更清楚地了解自己的职业特点、工作性质,强化职业认同感。通过加强服务授权,给予员工一定的人事、资金等资源的调配权利,允许员工按自己认为最好的方式行使权利,提高了工作自主性,增强了员工的成就感和归属感。

任务拓展

食物可以帮助缓解紧张情绪

牛奶:钙是天然的神经系统稳定剂。人在受到某种压力时,通过小便排出体外的钙就会增加。因此,注意选择含钙高的牛奶、酸奶、虾皮、蛋黄等食物,有安定情绪的效果。

香蕉:香蕉中含有一种物质,能使人的心情变得愉快舒畅。香蕉中富含的钾能保持人体电解质平衡及酸碱代谢平衡,使神经肌肉兴奋性维持常态,协调心肌收缩与舒张功能,使血压处于正常状态。常吃香蕉,可缓解紧张情绪,稳定心态。

番茄和柑橘:多吃富含维生素C的食品,具有平衡心理压力的效果。因为人在承受较大心理压力时,身体会消耗比平时多8倍左右的维生素C,维生素C的主要来源为新鲜蔬菜和水果,其中柑橘类水果和番茄是维生素C的最佳来源。

小米粥:小米富含人体所需的氨基酸及其他优质蛋白质,各种矿物质钙、磷、铁以及维生素B1、维生素B2、烟酸、硫胺素、胡萝卜素等,许多营养学家将B族维生素视为减压剂,它可调节内分泌,平衡情绪,松驰神经。

红茶:红茶有降低机体应激激素分泌水平的功效,每天饮用红茶,有利于舒缓神经。

抑郁症的症状及治疗

抑郁症是一种常见的精神疾病,主要表现为情绪低落、兴趣减低、悲观、思维迟缓、缺乏主动性、自责自罪、饮食、睡眠差,担心自己患有各种疾病,感到全身多处不适,严重者可出现自杀念头和行为。心理学专家指出,抑郁症不是普遍意义上的心情不好,一个人情绪低落,但过两天就好了,这不是抑郁症。抑郁症有九个主要症状:

(1) 兴趣丧失,没有愉快感;

(2) 精力减退,常有无缘无故的疲乏感;

(3) 反应变慢,或者情绪容易激动、亢奋,也容易被激怒;

(4) 自我评价过低,时常自责或有内疚感,这也是导致患者自杀的主要原因;

(5) 联想困难或自觉思考能力下降,对一些日常生活小事也难以决断;

(6) 反复出现想死的念头或有自杀、自伤行为;

(7) 睡眠障碍,如失眠、早醒或睡眠过多(据医学研究,80%抑郁症患者存在睡眠障碍);

(8) 食欲降低或体重明显减轻;

(9) 性欲减退。

至少存在四项症状,而且持续了两周还不能缓解,并且影响到了平时的正常生活,就需要考虑是否患上了抑郁症,并及时找专科医生就诊咨询。

除上述症状外,抑郁症还有一些"周边症状"。在亚洲特别是中国和日本,大多数抑郁症患者主要不是情绪方面的症状,而是头痛、头晕、腹胀、心悸、身体疼痛等躯体症状。国内研究显示,有92%的抑郁症不寻求治疗,全国地市级以上非专科医院对抑郁症的识别率还不到20%。不少患者内心认为一旦被诊断为抑郁症就像被戴上了精神疾病的帽子,因此抗拒到专业的医疗机构诊治。

其实抑郁症就像心理感冒,不应为患了一场感冒而感到羞耻;也有患者认为自己的很多抑郁症状,比如一些悲观消极的想法仅仅是思想观念的问题,身体的乏力、精力减退等也是生活习惯不健康的原因,希望通过自己调节来纠正抑郁症,但其实这些抑郁症的症状就像患了肺炎,会难以克制地发热、乏力、咳嗽、咳痰一样,是自己难以控制的,也像肺炎并不是仅通过好好休息、多喝开水就能治疗,而是需要及时接受抗感染治疗一样,抑郁症需要及时接受抗抑郁治疗,否则可能酿成不良后果。

任务反馈

思考:酒店服务人员在日常工作中一般容易出现哪些消极情绪,这些消极情绪的出现会产生哪些不良的后果?

讨论:在酒店对客服务中,如何有效地去观察客人情绪情感的变化,把握客人的心理需求。

知识回顾

1. 什么是情绪?什么是情感?
2. 情绪与情感的区别和联系是什么?
3. 情绪与情感的两极对立表现在哪些方面?
4. 情绪与情感有哪些功能?
5. 在酒店服务工作中,当遇到客人情绪激动时,应如何处理?
6. 酒店服务人员如何在日常工作中调控自身不良情绪?

能力训练

1. 自身情绪调控能力训练:以一个宿舍为一个小组,其他组员试图激怒某一位同学,测试其情绪调控能力。并相互交流在日常生活中,如果遇到情绪波动时,个人是如何调节的?
2. 对客模拟训练:
(1)当客人紧张时,酒店服务人员应如何安抚?
(2)当客人急躁时,酒店服务人员应如何面对?
(3)当客人情绪激动,怒容满面时,酒店服务人员如何应对?

案例分析

胡先生是一家上市公司的老总,平时工作特别细致,对员工要求非常严格,也特别爱挑剔,入住了一家五星级酒店,对酒店的服务很不满意,老是觉得这也不好,那也不好,喜欢指挥来指挥去,弄得服务员团团转。这天晚上,刚进入酒店二楼中餐厅,他就对服务员小苏提出了颇有难度的要求:"今天我要招待重要的客人,你要好好服务,不要怠慢了客人,斟酒时,要严格按照我的要求去做;否则,我跟你们经理说你服务不周到。"服务员小苏意识到了胡总的挑剔性特强,于是小心翼翼地点了点头。

胡总的客人到了,小苏小心翼翼地为客人拉椅让座,端茶倒水,点菜点酒,开始还是蛮顺利的,开始上菜了,胡总挑剔的性格开始显现了,不是抱怨菜太咸,就是抱怨餐具不卫生。小苏一直很耐心地解释,过一会儿,小苏注意到客人的骨碟有些满了,就去帮客人换骨碟,这时一位客人刚敬完酒,胡总招呼小苏给客人满上,小苏嘴里答应着,心里想着赶紧把最后两位客人的骨碟换好,再去倒酒。胡总看客人的酒还没有倒,这下可就有借口发作了。他就指着小苏的鼻子骂开了:"你怎么搞的,叫你给人倒酒,你怎么半天不去倒啊?你把我的话当作什么啦,是没听见还是怎么的?"

"我……"小苏不知道说什么好。

"我什么我!你还有理由争辩?去把你们经理叫来。"

"对不起,我刚才……"小苏不想惊动经理,就道歉说。

"做错了就是做错了,要敢于承担!"

服务员小苏也是个有脾气的人,在餐厅工作到现在,还没有人指过她鼻子骂人,忍耐度终于到了极限,跟胡总横眉相对起来:"我什么态度,你又是什么态度!你也不看一下你自己,成天只会指挥别人,你很了不起呀!"

胡总铁青着脸,眼看着一场火山就要爆发。这时,领班小王听到争吵声,连忙走过来,把小苏拉到一旁,及时制止了争吵,她了解了事情经过后,用很抱歉的语气对胡总说:"胡先生,很对不起,我们服务员冲撞了您,很希望您能够大人不计小人过,多多谅解。"

"哼!"胡总还是有些生气。

"不过,我想您可能有些误会了。"小王接着说。

"什么误会,事实就摆在眼前,我叫她倒酒,她根本不理会我,没得说!"胡总依然没消气。

"请您先冷静一下,别激动,听我把话说完。刚才小苏跟我解释过,她是想把两位客人的骨碟换了再帮那位客人倒酒,而且也答应了,马上就倒。您看,从她前面的服务看来,她是很负责任的,只不过她的脾气冲了点,希望您能够谅解。"这时其他客人也劝说胡总,不必再计较了。

这时领班小王扯了扯小苏的衣服,意思是让小苏向胡总道歉。

小苏红着脸诚恳地说:"胡总,我刚才的确是冲动了点,请您原谅。"

终于,胡总舒缓了紧皱的眉头,脸色也渐渐好转:"真是这样啊?那我真的要自我检讨一下了。"末了,他还对小苏道歉:"我错怪了你,希望你能原谅我。"从而使事情最终得到圆满解决。

思考:案例中,胡总和服务人员小苏的情绪发生了什么变化? 如果你作为餐厅服务员,遇到这样的客人,会如何处理?

服 务 篇

模块 7 酒店餐饮服务心理

模块目标

◆ 知识目标

1. 了解餐饮服务的特点,理解餐饮服务的重要意义。
2. 了解客人对酒店餐饮服务的心理需求。
3. 掌握如何根据客人的心理特点做好餐饮服务工作。

◆ 能力目标

1. 在对客服务工作中,观察了解客人的个性化需求。
2. 根据客人的心理需求做好餐饮服务工作。

模块任务

◆ 任务一　餐饮服务认知
◆ 任务二　客人对酒店餐饮的心理需求及服务心理策略

任务一　餐饮服务认知

◎ 案例聚焦

2020年9月2日,中国饭店协会与新华网在京联合发布了《2020中国餐饮业年度报告》。该报告对2019年及2020年我国餐饮行业发展及新冠疫情后变化进行了深度剖析。报告显示,虽然2020年餐饮行业遭受疫情严重打击,但我国餐饮行业稳中向好的趋势不变。未来行业企业应在绿色化、品牌化、数字化、人才培养等方面寻找新动能。

(一)倡导餐饮节约 在绿色发展中找需求

中共中央总书记习近平对制止餐饮浪费行为作出重要指示。该报告显示,2019年我国餐饮收入4.7万亿元,同比增长9.4%。2020年1~7月份,受新冠疫情影响,我国餐饮收入1.8万亿,下降29.6%。厉行节约、制止浪费是餐饮企业逆周期发展的必然要求。合理安排宴席流程和餐台数量,通过数字化管理实现合理采购,通过合理利用中央厨房减少原材料浪费,加强基地建设减少食材前端浪费,合理进行菜单设计,实时预约制及产品重量等相关信息披露减少消费浪费,采用节能环保设备降低能耗等都是餐饮企业认真落实"节约"理念、控制成本的重要抓手。据《2020中国餐饮业年度报告》调查显示,近年来绿色餐厅宣贯力度持续增强,部分企业在绿色餐厅创建上持续发力,调研企业拥有绿色餐厅数量同比增长20.6%。

(二)提高从业人员素质做好"六稳"工作,落实"六保"任务

餐饮业是重要的民生行业,吸纳的就业人员多。餐饮业近年呈现对高素质技能型人才需求加大的趋势,餐饮业人力资源结构的调整,有利于发挥行业"稳就业""保就业"功能。调整行业人才结构,为行业培养适应行业发展的高素质技能型人才将是驱动行业创新发展的重要动力,同时也是餐饮企业提高人均劳效、提质增效,破局发展的内在需要。

(三)餐饮稳中向好趋势不变,重建消费信心、适应新消费是关键

随着疫情阻击战的深入,疫情在全国范围内逐渐得到有效控制,疫情之后餐饮行业逐步稳步向好。调研显示,虽然受到疫情以及国内外不确定因素影响,餐饮行业企业对于未来发展的宏观环境依然持有较高信心。2020年餐饮企业家对于外部环境的现状信心指数为158.70(满分200),相较2019年有较大幅度回落,但仅略低于2018年现状信心指数,均高出2016年以及2017年的外部环境现状信心指数。目前提振消费信心是破局关键。同时,要建立需求与供给的有效推拉路径,在宏观层面政府提振消费信心的基础上,餐饮行业需要研究新需求、新消费,提供升级产品和服务,不断拓展新业态,精准对接需求,推动内循环有效发展。

(四)品牌引领发展,品类深耕和精细化管理成为高质量转型重要方式

餐饮行业产业集中度较低,报告中,排列在各业态前列的共百家领军企业营业额合计不足2000亿,占行业总量不足5%,还有很大的成长空间。2020年2月底中国饭店协会在行业受疫情影响的专项调研中,调研企业中73%的企业复工复产率在10%

以下,而头部大型连锁品牌餐饮企业的复工率要远远高于平均值,达到60%。随着复工复产进一步加速,部分品牌企业依托强大的品牌客户黏性以及超前的市场布局甚至实现逆势扩张。品牌发展离不开品类深耕和精细化运营,这将成为餐饮企业高质量转型的重要方式。

(五)"互联网+"、数字化、智慧化发展成为行业发展新动能

一直以来餐饮行业属于传统行业,数字化程度普遍较低,然而新冠疫情之下一些提前实现"互联网+"、数字化布局的餐饮企业表现出了良好的抗风险能力和市场恢复能力。这一特点在外卖业态中尤其明显,疫情期间,外卖更是成了保民生及餐饮企业"活下去"的救命稻草。在"互联网+"领域,有的餐饮企业通过社区营销布局以及私域流量运营,锁定老客户,开拓外卖服务;有的餐饮企业通过新技术应用和新场景打造,实现自助服务、无接触外带和配送,适应消费新需求;有的餐饮企业通过发展线上新零售业务,实现食品工业化发展探索疫情常态化下的餐饮破局之路。"互联网+"与产业的融合发展以及数字化智慧化发展将成为行业发展新动能。

任务执行

随着时代的发展和科技的进步,我国餐饮业发展的质量和内涵都发生了重大变化。在良好的经济环境下,未来将保持着平稳快速增长的态势,餐饮消费持续成为消费品市场的一大亮点。

一、餐饮服务的特点

餐饮服务是餐厅服务员为就餐客人提供食品、饮料等一系列行为的总和。它包括与客人面对面的各式餐厅、包席、团体等的前台服务,和客人视线所不能及的厨房、洗涤、采购、储藏、财务等的后台服务。两者相辅相成,缺一不可,后台服务是前台服务的物质基础,前台服务是后台服务重要的延伸。只有高质量的产品与周到的服务相结合,才会受到客人的欢迎。一般来说,酒店餐饮服务具有以下特点。

(一)无形性

餐饮服务是酒店为客人提供的餐饮产品重要组成部分之一,并且是较为特殊的部分,即它的无形性。餐饮服务不同于具体的产品,不可以预先展示在客人面前。只能通过就餐客人购买、消费、享受服务之后所得到的亲身感受来评价其好坏。因此,餐饮服务的无形性加大了餐饮产品的销售困难。餐饮部门要扩大销售量,就要不断提高厨师的制作水平和餐厅服务人员的服务水平,使客人愿意购买有形产品和享受无形服务。

（二）一次性

餐饮服务还具有一次性的特点，即只能一次使用，当场享受，也就是说只有当客人进入餐厅后服务才开始进行，当客人离店时，服务也就自然终止。如果没有客人来到餐厅，也就不存在餐饮服务，餐厅就得不到任何收入。所以，餐饮服务的"一次性"特点要求餐饮服务人员要认真接待好每一位客人，只有当客人在精神和物质方面的需求得到满足后，他们才会去而复返，多次光临，并通过自己的口碑宣传为酒店带来更多的客人。

（三）同步性

餐饮产品与一般性产品不同，它的生产、销售、消费几乎是同步进行的，不需要经过中间流通环节。因而生产者与消费者之间是当面服务，当面消费。客人在消费过程中，通过与服务人员的互动，通过自身的体验，才能评价服务水平的高低。这种面对面的直接服务和消费特点，对餐饮部门的物质条件、设备、工艺技术、人员的素质及服务质量等提出了更高、更直接的要求。

（四）差异性

餐饮服务的差异性一方面是指餐饮服务员由于个体差异，他们为客人提供的餐饮服务也不尽相同，即使是同一名服务人员，由于自身情绪的变化，他的服务质量也会有一定的差异。因此，为了保证餐饮服务质量，餐饮部门必须制定餐饮服务质量标准，严格服务规范和服务程序。另一方面，客人的需求也是有不同的，这也要求餐饮服务人员在对客服务过程中有一定的灵活性，尽量满足客人的个性化需求。

二、餐饮服务的意义

（一）餐饮服务是一项重要的文化旅游资源

餐饮服务是一项重要的文化旅游资源。酒店作为旅游业的基础设施部门，一方面为旅游者提供了餐饮服务，解决了他们基本的饮食需要；另一方面作为一项重要的旅游资源，丰富了旅游者的旅游体验。我国五千年的文明史，造就了丰富多彩的餐饮地域文化，并且在相当程度上保持着自身的独特性和差异性，这决定餐饮本身就是一种重要的旅游资源，吸引着各地的旅游者。各种类型的旅游者都希望能够品尝旅游目的地的风味食品，充分领略当地人民的生活情趣。因此，餐饮服务作为餐饮产品的重要组成部分，也是一项重要的文化旅游资源。

酒店餐饮在经营过程中，应根据客人的消费心理，适应市场需要，不拘一格。通过举办"美食节"等主题活动，美食文化的弘扬，来扩大酒店餐饮的影响力。酒店餐饮肩负着弘扬中国传统饮食文化的重任，在酒店中有着极其特殊的地位。

（二）餐饮服务直接影响酒店声誉

服务是企业文化、企业内在品质、企业员工素质最生动而无可替代的展示，服务是树立企业形象的基础,是提高效益的前提,将在很大程度上决定着竞争的胜负。餐饮服务人员直接为客人提供面对面的服务,服务人员的个人形象、服务态度、服务技能都会直接呈现在客人面前,会在客人心目中留下深刻的印象。客人常常会根据自己在餐厅所体验到的餐饮产品的种类、质量以及服务态度等来判断酒店服务质量的优劣及管理水平的高低。因此,餐饮服务的优劣不仅直接关系到本部门留给客人的印象,还影响酒店的声誉和形象,并直接影响酒店的客源和经济效益。

(三)餐饮服务为酒店创造可观的经济效益

餐饮部是酒店重要的盈利部门之一。酒店的收入主要来自客房及餐饮服务,但由于客房数量和客房价格在一定时期内是固定不变的,因此酒店客房的最高日营业额也相对固定。而餐饮部的最高日营业额却随餐厅座位周转率和客人的人均消费水平的变化而变化,变化幅度要比客房收入变化大得多。我国一般酒店的餐饮收入占酒店总收入的三分之一,但不同规模、档次的酒店,餐饮收入所占的比例也有所不同,一些经营有特色的酒店,其餐饮收入甚至超过酒店客房收入。因此,通过扩大宣传促销、开发创新有特色的餐饮产品、增加餐饮服务项目、严格控制餐饮成本和费用、增收节支等手段,可为酒店创造可观的经济效益。

(四)餐饮服务创造众多的就业机会

作为服务性行业,餐饮部的业务环节众多而复杂,是劳动密集的服务业之一。从餐饮原材料的采购、验收、储存、发放到厨房的初步加工、切配、烹调,再到餐厅的各项服务销售工作,需要各部门各岗位的员工配合和协调。餐饮部的多工种和用工量大的特点为社会创造了众多就业机会。随着我国餐饮业的继续繁荣发展,餐饮服务业将会吸引越来越多的就业人群。

任务拓展

餐饮部经理岗位职责[①]

1. 制定餐饮部工作计划,扩大销售,提高收入。
2. 保证餐饮部的正常运转,制定人员编制,降低人工费用。
3. 了解市场状况,同厨师长、餐厅经理一起商定菜单、酒牌,降低成本,以获取利润。
4. 巡视餐厅厨房工作情况。遇有重要客人入店,要亲自深入厨房,做好检查工作。
5. 检查服务员工作程序。在就餐高峰时间检查各餐厅服务和食品质量。

---

① http://www.canyin168.com/glyy/yg/gwzz/201210/47013.html。

6. 每星期检查厨房及餐厅卫生,并向管事部提出问题和建议。
7. 主持餐饮部会议,参加饭店部门经理会议。
8. 负责餐饮部的安全。
9. 征求客人对食品和服务的意见。
10. 密切配合其他部门工作,协调各部门之间的关系。
11. 向执行总经理和总经理汇报工作。
12. 执行本酒店内有关规定和程序。
13. 做好总经理和执行总经理所交给的其他工作。

任务反馈

当前我国餐饮市场规模已突破4.6万亿,有望在未来十年内成为全球最大的餐饮市场。2020年,虽然疫情给餐饮行业造成了一定程度上的波动,但当前我国餐饮行业依然存在巨大潜力,并有望成为拉动消费增长的新引擎。

受疫情影响,加之互联网技术的成熟和广泛应用,给餐饮行业带来了新的发展机遇和挑战。疫情推动了线上无接触式点餐的发展,很多企业在此次疫情中,由于本身拥有完善线上配送模式,在疫情期间保持了企业的盈利。外卖是中国餐饮行业前所未有的结构性机会,渠道结构的改变加快了餐饮行业的发展、整合、升级。有些品牌此前对外卖的投入和重视不足,营收大幅下滑。通过精细化和系统化的打法运作外卖后,品牌势能借力外卖渠道进一步放大,出现了外卖和堂食同步增长的情况。

外卖平台的快速发展,从根本上改变了中国餐饮市场格局,餐饮线上化、食品化成为不可逆转的趋势,也加速了头部品牌整合。外卖正在从野蛮生长进入精细化运营的阶段,从供应链、运营,到系统和数据都在进入更深化的社会分工。

思考:2020年疫情对餐饮行业的影响非常大,可是外卖却成为中国餐饮行业前所未有的结构性机会,这给餐饮行业的发展带来什么启示?

任务二 客人对酒店餐饮的心理需求及服务心理策略

随着社会经济的发展,生活节奏的加快、生活方式与消费观念的转变,越来越多的人选择在餐厅用餐。酒店餐厅不仅需要接待一些住店客人,还要接待很多非住店客人。这些客人来自世界各地,他们的语言、风俗、文化背景也各不相同,前来用餐的需求与动机也有很大区别。所以餐厅服务人员要想让客人满意,除具有良好的服务技能外,还要懂得如何把握客人的心理需求,为客人提供个性化服务,让客人体验到与众不同的感受。

一、对餐饮卫生的心理需求

(一)情景再现

小韩是一家四星级酒店中餐厅服务员,一个周末的黄昏,餐厅来了一家四口人,一对中年夫妇和两个年龄在十多岁的孩子。领位一看客人没有预订,就把客人带到零点餐厅,小韩赶忙上前热情接待,为客人拉椅,请客人入座,并迅速送上毛巾与茶水,然后请客人点菜。当这位丈夫在点菜时,小韩注意到妻子很细心地把一家人的筷子放在茶杯里冲洗,然后用其他杯子里的水把每个餐具都小心地烫了一遍。小韩看在眼里,记在心里。点完菜后,马上为客人换了茶水,在整个用餐过程中,特别注意操作规范,保持餐桌、餐具的干净整洁,在为客人分菜时,还特意当着客人的面用开水把叉勺烫过一遍。当客人用餐结束后,小韩听到妻子小声地对先生说:"这家餐厅真不错,服务员很注意卫生,下次我们还来这家餐厅用餐。"

(二)心理分析

以上是客人对餐饮卫生的心理需求。尤其是女性客人,当身为妻子与母亲的角色时,会对家人的用餐卫生特别关注,希望酒店提供的菜肴是新鲜、干净的,餐具是经过严格的消毒,餐厅环境干净舒适,不会因为卫生问题,而导致身体不适。甚至有些时候,她们心里也很清楚,餐厅的餐具是经过消毒的,不一定存在卫生问题,但还是会自己再用开水把餐具烫洗一遍。

(三)服务策略

基于客人对餐饮卫生的心理需求,酒店服务人员在接待客人时,必须做好用餐环境、餐饮产品、餐具及餐饮服务的卫生工作。当客人在卫生方面有特殊要求时,只要不影响酒店的正常运营,也应尽量给予满足。

用餐环境卫生:餐厅应随时注意环境卫生,保持地面清洁无污垢、杂物,走廊、墙壁、门窗、服务台、桌椅应光洁,灯光明亮,灯罩、灯泡无灰尘,物品井然有序,空气清新,无蚊蝇等害虫。客人用餐后应及时清桌、翻台,以保证客人用餐环境的卫生。

餐饮产品卫生:餐厅提供的产品不论生食、熟食都应该是卫生安全的。特别是凉拌菜要用专用的消毒处理工具制作,防止生、熟、荤、素菜间的交叉污染。有条件的餐厅可设冷拼间、专用冰箱,并配有紫外线消毒设备,以确保客人进食的产品卫生。

餐具卫生:餐厅是公共用餐场所,餐具是疾病和病菌传播的一个重要途径。因此,使用过的餐具必须经过严格的清洗和消毒。消毒后的餐具要妥善保存,避免在空气中放置后沾染灰尘和细菌,出于卫生和环保要求,餐厅最好不要使用一次性筷子。

服务卫生:客人在用餐过程中离不开服务人员的服务,餐厅服务人员的个人卫生也是影响餐饮卫生的重要因素之一,是餐厅卫生形象的重要标志。因此,餐厅服务人员应该保持着装整洁,不留长发和长指甲,无传染性疾病,在餐台布置、餐桌准备及用餐服务时,严格按照卫生的操作规范提供服务,如上菜时手指切忌触碰食物,以免引起客人心理上的不卫生感,甚至产生厌恶感,降低食欲。

二、对营养美味的心理需求

（一）情景再现

第四届营养改善学术会议主题是"全方位改善营养,促进健康",议程涵盖制度、管理、作业、研究等各层面,并探讨营养专业人才的培育,期使营养改善工作能全面展开。论文主题包括:

(1)营养问题与改善:营养不良、慢性病防治等。

(2)临床营养。

(3)公共营养:饮食营养指标、食品安全、各年龄层营养等。

(4)医院营养部门管理。

(5)营养师培训与认证。

(6)养生药膳与保健食品。

(7)营养、食品等相关研究。

自从澳门营养学会理事长尤淑瑞于2008年发起并组织了第一届两岸四地营养会议以来,两岸四地营养学界有了广阔的交流平台。中华民族的饮食文化源远流长,两岸四地拥有天然的共同基础。目前,两岸关系正在朝着日益紧密的方向发展,两岸四地的营养界同仁也都渴望互相沟通、交流信息,为改善中国居民的营养健康状况携手共进。

（二）心理分析

随着生活水平的提高,客人更注重生活品质,到餐厅用餐对菜肴的营养与美味也提出了更高的要求。"民以食为天,食以味为先。"客人希望酒店能提供美味的菜肴,尤其是风味独特的地方特色菜。同时,越来越多的客人对菜肴的营养搭配、热量、烹调的科学性及营养吸收也提出了较高的要求,更加关注食品营养所带来的健康问题。

（三）服务策略

为了满足客人对菜肴美味的心理需求,餐厅应该根据经营目标选择经营风味,继承传统风味特色,并根据目标客人的口味特点进行产品创新,对菜品的生产做到求精求美。同时,根据营养师对菜肴的营养搭配来设计菜单,在菜单设计中,还要考虑到季节及用餐群体的年龄、性别等因素。餐厅服务人员平时要积累食品营养方面的知识,在服务过程中注重对菜肴营养价值的介绍,能根据客人的具体情况,推荐合适的营养菜品。

三、对用餐环境的心理需求

(一)情景再现

有一位来自欧洲的中年女士,入住上海一家五星级酒店,因为公司准备在上海设立分部,她需要提前到上海来筹办相关事宜。为了在上海工作期间有一个好的休息环境,她提前到上海这家酒店考察了一番。

入住酒店之后,这位女士重点考察了酒店的西餐厅,除了品尝餐厅提供的西餐与咖啡外,还在用餐时,注意观察餐厅的整体环境,认真欣赏墙壁上挂着的每一幅装饰画,聆听餐厅背景音乐,还特别细心地观察了脚下的地毯,用餐时的刀、叉、盘、勺与口布,以及餐厅员工的微笑服务。整体评估下来后,她还比较满意,并决定在上海筹办分部期间一直入住这家五星级酒店。

在整个入住期间,这位中年女士与餐厅服务员相处很融洽,也会偶尔给餐厅经理提一些建议,餐厅也尽量满足她的要求,展现餐厅的西方文化氛围。此后,只要有总部的人员或者亲朋好友来到上海,这位女士都会安排他们到这家酒店入住,并带他们到西餐厅用餐。

(二)心理分析

客人到酒店餐厅除对饮食的需求外,还包括对用餐环境的心理需求。这位中年女士对西餐厅用餐环境的考察就体现了这种心理需求。幽雅、安静、舒适并体现一定文化氛围的用餐环境会使客人觉得在这样的环境里用餐是一种特别的享受。例如,中国历史上上层社会和美食理论家们对饮食文化生活美感的理解与追求的"十美风格",包括质、香、色、味、形、器、适、序、境、趣,其中境就是指优雅和谐、陶情怡性的宴饮环境。

旅游饭店星级划分与评定标准规定,餐厅的装修:第一,应注重各餐饮区域装修的风格,艺术品、挂画、装饰品内容、工艺应与饭店文化定位与餐厅经营内容一致,配有目的物照明光源,体量适宜、位置合理,有助于餐饮区域形成特色突出、环境宜人的就餐氛围;第二,地毯、桌布、口布、椅套应与餐厅主体色调和餐具风格搭配协调,符合现代审美标准;第三,餐厅应有酒水台,照明充足,摆放得体,形成良好氛围;第四,餐桌摆放位置应与顶部灯光设计协调对应;第五,中餐服务区域应使用暖光源,照明充足;第六,餐饮区域背景音乐曲目适宜,音量适当。

(三)服务策略

随着人们消费观念、消费能力和消费时尚的变化,在餐厅用餐已成为一项综合审美活动。因此,餐厅应重视用餐环境的美化。营造良好的用餐环境可以从餐厅形象与服务人员形象方面考虑。

餐厅美好的形象主要包括外观形象美与内部环境美两个方面。餐厅的外观形象包括建筑外观与餐厅名称。餐厅的建筑式样及主题风格设计是树立餐厅形象的重要方面,应该充分体现餐厅所反映的文化氛围。内部环境包括餐厅内部装饰材料的选择,墙壁书画的装饰,灯光的明暗,窗帘、地毯的颜色图案,以及餐厅背景音乐的风格。

餐厅服务人员的个人形象也是客人用餐环境的一个重要组成部分。身体健康、容貌端庄、精神饱满、挺拔舒展、服饰整洁、朴素雅致的服务人员的形象,也有利于赢得客人好感,提升餐厅的形象和档次。

另外,餐厅舒适度也是饭店餐饮服务中十分重要的质量组成部分,良好的餐厅舒适度有利于提升餐饮产品的形成和特色,提高宾客的就餐质量。餐厅舒适度应依托专业化的设计,充分满足以下基本条件:第一,空间组织、隔离形态和分区设计符合人的餐饮行为。第二,家具形态和座席排列符合人体工程学原理。通常情况下,餐厅座席设计考虑的因素有:座席的尺度应参照人体测量学数据设计;座席的设计应保证宾客足够的支撑与稳定作用;宾客腰椎下部应提供支撑,设置适当的靠背以降低背部紧张度;座席应使宾客能方便地变换姿势,但须防止滑脱。第三,餐具配置彰显餐饮产品类型特色。第四,光环境、音环境和整体艺术氛围的营造满足宾客视觉和听觉的要求。第五,空气环境质量符合宾客嗅觉要求。

四、对服务快捷的心理需求

（一）情景再现

某星级酒店中餐厅来了几位客人,由于没有预订,被安排在大厅里的一张桌子上。客人点完菜以后,坐在座位上一边聊天一边等上菜,聊了半天,发现菜还没有上,无聊中四处张望,忽然发现坐在邻桌上后来的客人都已先吃了,而自己先来,却连菜都还没有上。

客人生气地问服务员:"我们点的菜什么时候能上啊？你们是怎么搞的,我们等了半天还吃不上。"服务员说要去厨房看看,过了好长时间才回来,说:"厨房正在做,一会儿就好。"客人指着邻桌生气地问:"为什么隔壁桌子上的客人后来,菜却先上了？我们先来,菜竟然还没有做好。"服务员很老实地回答:"那些客人是老总安排的。"客人听了非常生气并找当班经理投诉。

（二）心理分析

客人到酒店餐厅用餐,无论时间是否充裕,都希望餐厅能提供快捷的服务,这是因为现代快节奏的生活使人们形成了一种时间的紧迫感,养成了快速的心理节律定势,更加珍惜个人的时间。另外,心理学的研究表明,人们在期待目标出现前的一段时间内在时间知觉上的体验会被放大,更加增加人们的焦躁感。客人在候餐过程中,一般会觉得非常无聊,时间很漫长,当发现后来的客人已经用餐,而自己先来却还没有上菜,气愤的心情自然难以平复。

(三)服务策略

为了满足客人对服务快捷的心理需求,服务人员应该反应迅速。客人一进入餐厅,就要有服务员前来领位并提供点菜服务;点菜以后,尽量缩短客人的候餐时间;在就餐过程中,服务员应该注意观察,及时发现客人的需要,主动热情地为客人提供各种餐中服务;就餐结束时,账单应及时送到,不要让客人饿着肚子等,也不能让客人吃饱了等。

对于急于用餐或赶时间的客人,服务人员应安排客人坐在比较靠近餐厅门口的位置,方便客人用餐后能迅速离开;点菜时应该向客人推荐一些现成的或快熟的菜和食品,提醒厨房尽快烹制;发现客人用餐快结束时,提前准备好账单与零钱,方便客人结账。

当客人坐定点菜后,因为各种客观原因,服务人员来不及上菜,可先上茶安顿客人,并向客人解释,争取客人谅解。这样客人边喝茶边等菜,就不会感到太无聊和时间太长。

五、对餐饮知识的心理需求

(一)情景再现

孙先生和朋友一行住在苏州某酒店,他们早听说这里的"竹趣轩"餐厅是有名的"美食天堂"。便兴致勃勃来到餐厅后点了"香鸭""盘龙玉鳗""鸳鸯虾仁""千岁送宝"等菜肴。

孙先生对苏菜比较熟悉,他边吃边向朋友们介绍道:"这里的菜与一般的苏菜不同,除了保持苏菜原有的特点之外,还结合了其他菜系的特点,原料讲究、配料特别、加工精细、口味醇香。如这道'鸳鸯虾仁'红绿相间,绿虾用菜汁染成,给人以美的享受;这道'香鸭'和其他酒店做得也不一样,至于哪里不一样,我一时也说不上来,还是让这位漂亮的服务员介绍一下吧。"

站在一旁的服务员一听客人这样说,便耐心地向他们介绍起酒店改革这些新潮苏菜的经过:"餐厅为了满足市场和宾客的需求,特别进行了创新,摒弃一些不合理的旧做法。像这道'香鸭',是传统名菜,但外宾不习惯它的吃法。一是有骨头,二是整鸭难以平均分配。于是,厨师将鸭子均分切块,去骨,改用虾茸脆皮糊,加工后既香脆,又柔嫩,丝毫没有油腻的感觉,比原先加工的方法更好,深受广大宾客的喜爱……"

听了服务员的介绍,大家感到这些菜的外观更美、味道更香、内涵更为丰富。孙先生不无感慨地说:"今天,我们不仅是吃到了一顿美味佳肴,更重要的是了解到了餐饮制作和加工中的创新意识,品味到了新潮苏菜的真正魅力。"

(二)心理分析

客人在用餐过程中,常常会对菜名、菜肴制作的原料、程序等产生兴趣,这充分体现了客人对餐饮知识方面的心理需求。尤其是一些旅游者,他们常常将品尝美味佳肴及中国传统的地方特色食品作为旅游活动的一部分,求知已经成为部分旅游者到酒店餐厅用餐的心理需求之一。

(三)服务策略

为了满足客人对餐饮知识的心理需求,餐厅应该在特色上下功夫,根据客人的消费心理,创立本地、本餐厅的特色菜肴、名点,吸引旅游者慕名而来,食之有趣、品之有味,满意而归。

餐厅服务人员应该具备丰富的餐饮产品知识,为客人推荐菜肴时,注意营养搭配,上菜时准确报出菜名,并能根据客人的兴趣,介绍菜名的寓意、来历、典故、传说,介绍菜肴的原料搭配、烹制方法、营养价值、特色用途等。

六、求尊重的心理需求

(一)情景再现

巩先生请一位国外客户到北京某星级酒店就餐。一行人围着餐桌坐好后,服务员走过来请他们点菜。

"先生,请问您喝什么饮料?"服务员用英语问坐在主宾位置上的美国人。"我要啤酒。"美国客人也用英语应答着。接着,服务员又依次问了其他客人需要的酒水,最后用英语问坐在主位的衣着朴素的巩先生。巩先生看了她一眼,没有理会。服务员忙用英语问坐在旁边的美国客人,点什么菜。美国客人却示意请巩先生点菜。

"先生,请您点菜。"这次服务员改用中文讲话,并把菜单递给巩先生。"你怎么不懂规矩。请把你们的经理叫来。"巩先生没有接菜单。服务员感到出问题了,忙向巩先生道歉,但仍无济于事,最终还是把餐厅经理请来了。

巩先生对经理详细介绍了事情经过,指出:"第一,服务员没有征求主人的意见就让其他人点酒、点菜;第二,她看不起中国人,影响了我用餐的情绪。因此,我决定换个地方请客。"说着,他掏出一张名片递给餐厅经理,并起身准备离去。其他人也连忙应声离座。

经理一看名片,原来巩先生是北京一家大公司的总经理,经常在本酒店宴请公司的客户。"原来是巩总,实在抱歉。我们对您提出的意见完全接受,一定要加强对服务员的教育。请您还是留下来让我们尽一次地主之谊吧。"经理微笑着连连道歉。在餐厅经理和服务员的再三道歉下,巩先生等人终于坐了下来。

（二）心理分析

客人进入酒店用餐，希望受到服务人员的主动、热情、礼貌的接待，以满足客人求尊重的心理需求。而在上面情景再现中，服务员没有重视坐在主人位上衣着朴素的巩先生，点酒水时却先问坐在主宾席上的美国客人，这大大刺伤了巩先生的自尊心，所以他认为服务员"看不起中国人"。而且主位上明明坐的是中国人，服务员却用英语询问，这也是对中国客人的不尊重。

（三）服务策略

为了满足客人对尊重的心理需求，酒店服务人员可采取以下服务策略：

第一，在客人进入餐厅时，要微笑迎接。服务人员的微笑能让客人心情平和，感到自己备受重视。如果有较多的客人同时到达，服务人员不能一一问候到，可以通过亲切的微笑，让每个人都能感到受尊重，不至于顾此失彼。

第二，服务人员在领位时，要注意观察客人的特征。有生理缺陷的人易产生自卑感，不愿意把缺陷暴露在众目睽睽之下。如一位右臂残缺的客人若被安排到右侧靠墙的位置，就会让他感受到服务人员的细心照顾和尊重，而情侣或夫妇则可以安排在餐厅一角比较安静的座位。

第三，在用餐服务过程中，服务人员除应注意服务规范与技巧外，还应尊重客人的消费习惯，尊重宗教信仰和各民族风俗习惯也是客人的心理需求。不论客人消费档次的高低都应公平对待，而不是厚此薄彼。在宴请宾客时，服务人员给主人充足的面子，让宴请活动更加顺利。

第四，在服务过程中合理使用酒店标准用语，也是对客人人格的尊重。例如，客人来店有欢迎声；客人离店有道别声；客人帮忙或表扬时有致谢声；遇见客人时有问候声；服务不周有道歉声；服务之前有提醒声；客人呼唤时有回应声。

任务拓展

餐厅互动神器：客人不仅享美食，更要玩得嗨

以后我们进入餐厅用餐，会是这样的场景，手机扫描桌上二维码点餐并支付，餐厅大屏幕马上显示自己的订单号，能够清楚地看得到前面有多少人点餐，能够估算自己等餐大概要多少时间。而就在等餐的过程中，通过微信在大屏幕上和餐厅内用餐客人互动，活跃现场气氛让你忘记等餐时间，玩起来！不仅享受美食，更能认识朋友，互动畅聊。

餐厅大屏幕留言墙还可以为现场客人提供统一的交流空间。通过微信平台，用餐的客人可以参与投票、抽奖、签到展示等多种趣味性和互动性非常强的活动。充分调动现场观众的热情，极大地活跃现场气氛，并且只需要像微信这样的很普遍的应用，餐厅不用再安装其他专门任何应用。

餐厅还可以对留言墙进行个性化配置,用餐厅自己的logo、背景、可进行菜品展示,活动展示,现在氛围展示等。真正满足不同类型餐厅的不同需求。无论是西餐、中餐、火锅店、咖啡店等餐饮场合,留言墙都能让餐饮商家布置出令自己满意的主题。工欲善其事必先利其器,餐厅在互联网浪潮下必须开拓新玩法,吸引主流消费人群,只有这样才能迎接"餐饮O2O"的时代,才能颠覆传统营销模式。

任务反馈

思考: 面对互联网时代,餐饮业如何有效地利用现代信息工具,颠覆传统营销模式?

讨论: 案例中提到的餐厅互动神器是如何满足现代年轻人的消费心理?

知识回顾 >>>

1. 餐饮服务的特点有哪些?
2. 餐饮服务对于酒店的意义体现在哪些方面?
3. 客人在餐厅的一般心理需求有哪些?
4. 如何满足客人求尊重的心理需求?
5. 如何满足客人对服务快捷的心理需求?

能力训练

1. 模拟领位:由几位学生扮演到餐厅用餐的客人,一位同学扮演餐厅服务员,根据客人的身份、衣着、眼神等细节,以及通过与客人的语言交流,把客人领到最满意的餐位上去。

2. 模拟点菜:由几位学生扮演到餐厅用餐的客人,一位同学扮演餐厅服务员,为客人介绍菜肴的相关知识,满足客人求知的心理需求。

案例分析

一位外国客人住进了上海某五星级酒店。第二天中午,客人到酒店西餐厅用餐,接待他的是一位才到西餐厅实习不久的酒店管理专业的学生李红。李红一边问候客人一边心中暗暗着急,因为餐厅要求服务人员尽量称呼客人的姓名。可是这位客人好像是第一次来餐厅用餐,她怎么也想不起这位客人的姓名。

李红一边为客人点酒点菜,一边仔细观察,忽然看到客人放在桌边的房间钥匙牌,想出了办法。当她去为客人取冰块时,利用这个空隙向前台查询了客人姓名,等回到桌前为客人服务时,就亲切地称呼客人姓名了。外国客人十分惊讶,因为他是第一次住进这家饭店,也是第一次到西餐厅用餐。

当这位客人听了李红的解释后,知道了服务员的用心,心里非常高兴,倍感亲切和温馨,以后每次来餐厅用餐,总要和李红随便聊聊,有时不用餐,也会到餐厅点上一杯咖啡,消磨一段休闲时光。

思考: 这位外国客人为什么会特别高兴?实习生李红满足了客人哪方面的心理需求?如果你是接待这位外国客人的服务员,还可以通过哪些方式知道客人的姓名?

模块 8
酒店前厅服务心理

模块目标

◆ 知识目标

1. 了解前厅服务的内容,理解前厅服务的重要性,掌握前厅服务质量的要求。
2. 了解客人对酒店前厅服务的心理需求。
3. 掌握如何根据客人的心理需求做好前厅服务工作。

◆ 能力目标

1. 在对客服务工作中,注意观察客人的穿着打扮、言谈举止,判断客人的身份和风俗习惯,掌握客人的心理需求。
2. 根据客人的心理需求做好前厅服务工作。

模块任务

◆ 任务一　前厅服务认知
◆ 任务二　客人对酒店前厅服务的心理需求及服务心理策略

任务一　前厅服务认知

案例聚焦

某酒店地处城中闹市,寸土寸金。酒店从经济角度出发,将大楼的一到五层改造为写字楼出租以赚取丰厚租金,而五层以上其他楼层仍为酒店区域。这种格局如何做到写字楼客人与酒店客人之间协调而不互相干扰?如何在赚取丰厚租金的同时,又不影响酒店自身形象及经济效益呢?

酒店管理者经过深思熟虑之后,选择了双前厅模式。为了方便客人入住,酒店在一楼大厅设置了一个简单的接待服务台,主要功能用于接待写字楼的来访客人以及酒店的团队旅游观光客人,这样可以有效安排大批量抵达的团队旅客,从而避免酒店一楼大厅接待的混乱局面。同时为了充分体现酒店的优质服务,酒店又在大楼六层设置了体现酒店档次的豪华的正式接待前厅,以接待商务客人。酒店的这种同时兼顾内外两类客人的双前厅模式,充分展示了一家高星级酒店在服务环境方面的人性化设计理念。

任务执行

前厅部是一个综合服务性部门,提供的服务项目多,服务时间长,是整个酒店业务活动的中心。任何一位客人进入酒店,第一个接触的就是前厅的服务人员,客人离开酒店,最后一个为他们提供服务的也是前厅服务人员,因此,前厅服务决定着客人对酒店的第一印象与最后印象,前厅服务水准往往直接反映整个酒店的服务质量与服务风格,代表着酒店的对外形象。另外,相对于其他部门来说,前厅服务接触面广、政策性强、业务复杂,在酒店中具有举足轻重的地位。

一、前厅服务的内容

（一）礼宾服务

礼宾是酒店的门面,是酒店服务的第一个环节,是客人接触酒店的第一印象;礼宾员的素质直接影响酒店的声誉。其主要职责包括指挥和疏导门前车辆,做好宾客迎送工作,帮助客人装卸行李并观察出入酒店人员的动向,协助酒店安保人员做好宾客抵达与离开时的保卫工作。

（二）行李服务

行李员主要负责客人的行李接送工作,当客人抵达酒店时,行李员要帮卸、助提、爱护行李,陪同客人到前台办理入住登记手续,引领客人乘坐电梯进入客房,并主动为客人介绍酒店的各项服务设施。服务中要确保客人行李的安全,并及时准确地帮助客人把行李送到指定的地点。

（三）前台接待服务

前台是酒店的中枢,起着对内协调、对外联络的重要作用。前台接待服务内容主要包括接受订房、销售客房、入住登记、结账退房、建立客史档案等。前台接待服务人员要熟悉当天抵店的VIP客人身份、房号及抵离时间,熟悉当天散客及旅行团的开房情况,掌握当天的客房状况。

（四）投诉接待服务

在酒店服务工作中,总会有客人因为各种主客观原因,需要找酒店管理人员进行投诉。作为专职处理客人投诉的酒店大堂副理,平息客人的不满,解决客人的问题,让其满意离开酒店,是酒店建立良好宾客关系的重要一环。另外,大堂副理还代表酒店总经理接待和迎送客人,主动向客人征求意见,接受客人对酒店提出的建议和意见。

（五）问询服务

因前厅在酒店的中心位置及为客人服务的重要作用,前厅必须是酒店主要的信息源。问询服务人员负责为客人提供咨询服务,例如:酒店各项服务的营业时间与价格;出租车公司电话号码;航空、水、陆交通时刻表;航空公司的电话号码;本地特产等。提供的信息越准确详细,越能满足客人的需求。

（六）电话总机服务

电话总机维系着酒店与外界、客人和酒店各部门之间的联系。电话总机服务人员负责接听一切外来电话,连接酒店各部门及客人的一切电话。负责将客人的一切要求通过电话转达给有关部门或个人,为客人提供叫醒服务,转达客人的投诉,通知有关部门采取补救措施。服务人员通过声音为客人提供及时、准确的信息,为客人提供优质服务。

（七）商务中心服务

商务中心服务人员主要是为客人提供商务服务,按客人的要求,提供高效、准确、优质的传真、打字、快递、翻译等秘书服务项目,或者帮助客人有效使用商务中心设备,回答客人的询问,如酒店会议室的使用费用和传真机、复印机、计算机等设备的使用价格,为客人提供必要的信息。

二、前厅部的地位与作用

前厅部的地位与作用是与它所承担的任务相联系的。前厅部担负着销售客房及酒店其他产品的重任,对酒店市场形象、服务质量及管理水平和经济效益有至关重要的影响。因此,酒店前厅部对服务人员的素质要求较高,能够为客人提供准确高效的服务。前厅部在酒店的经营管理中占有举足轻重的地位,这与其业务复杂、接触面广的特点密切相关。

（一）前厅部是酒店的营业橱窗,反映酒店的整体服务质量

前厅部位于酒店接待工作的最前列,一家酒店服务质量和档次的高低从前厅部就可以反映出来。作为酒店的门面,前厅部环境气氛、服务质量水平在宾客心目中代表着酒店的总体水平和形象,正是从这个意义上讲,有人把前厅喻为酒店的橱窗,它的好坏不仅取决于大堂的设计、布置、装饰、灯光、设施、设备等"硬件",更取决于前厅部员工的精神面貌、工作效率、服务态度、服务技巧、礼貌礼节以及组织纪律性等"软件"。

（二）前厅部是酒店的销售窗口

前厅部的主要任务之一是销售客房。客房收入通常在酒店营业收入中占有很大比重。其销售工作的好坏还直接影响酒店接待客人的数量。第一,前厅部通过预订、接待住店宾客、推销客房及其他服务设施,达到销售的目的;第二,前厅部通过回答客人的问讯,介绍酒店的设施,提供优良的服务,达到扩大销售,促进客人消费的结果;第三,前厅部通过与客人直接或间接的接触,建立起广泛的联系,从而了解更多客源信息,为酒店制定销售政策和酒店其他部门的销售提供重要的依据和条件。

（三）前厅部是酒店信息枢纽

由于前厅部与客人有着最广泛的接触,因而可以及时收集客人对酒店管理和服务的意见与建议,并传达给酒店决策者进行有针对性和有成效性的分析,从而为制定改进管理和提高服务的措施提供第一手资料。前厅部是酒店的信息中心,它所收集、加工和传递的信息是酒店管理者进行科学决策的依据。另外,前厅还是客人与酒店其他各部门沟通的桥梁,犹如酒店的"大脑",在很大程度上控制和协调整个酒店的经营活动。由这里发出的每一项指令、每一条信息,都将直接影响酒店其他部门对客人的服务质量。因此,前厅部的工作在服务接待过程中起着联系内外、沟通上下、协调左右,发挥着承上启下、信息集散和总体协调的关键作用。

（四）前厅服务是建立良好宾客关系的重要环节

前厅部处于酒店与宾客的中介桥梁位置上,也是与宾客接触最多的部门,所以前厅部是酒店建立良好宾客关系的重要环节。客人有疑难问题时,通常都会找前厅服务人员联系解决,如果客人对酒店服务不满意,也会到前厅投诉。前厅部的工作和服务

质量直接代表着酒店的服务水平,就像一条无形的情感纽带,维系并加深着酒店与客人之间的互相依赖和信任。

三、前厅服务的质量要求

(一)服务的规范性、可靠性

前厅服务的规范性、可靠性即准确、可靠、按时、保质、保量规范地向客人提供酒店所承诺的服务。这一质量保证更多地来自酒店及其部门的规章制度、服务规范和服务程序。完善的程序和制度可以规范员工的服务行为,保证服务质量的规范和统一。例如,前厅接待程序中规定了负责接待的服务人员办理客人入住登记手续时所应遵循的标准,规范化与标准化的服务语言、服务步骤及服务时间,以确保员工能够遵循服务程序向客人提供高质量标准化的服务。

(二)服务的主动性

前厅服务的主动性是指员工为客人提供优质服务的主观意愿和主动态度。在员工具有高度主动性的情况下,即使完成服务的客观能力存在不足,仍然能够使得客人对服务过程产生美好的印象。如在前厅接待工作中,缺乏熟练业务技能和服务经验,但笑容满面、主动热情的服务人员,比业务技能熟练,但对客人冷若冰霜的服务人员更受欢迎。这说明,有为客人提供优质服务的主观意愿会对客人感知服务质量有很大的帮助。

(三)知识、能力和态度

前厅服务人员为赢得客人的信任所应具备的知识能力及服务态度包括员工完成各项服务所需的业务技能,对客人的礼貌和尊重,与客人之间的有效沟通以及对客人利益的关心等。前厅服务人员熟练的业务技能,热情的服务态度,以及高效地为客人提供客房预订、入住登记、问询、查询、行李搬运、商务等各项服务,能够带给客人宾至如归的心理感受,会使客人对酒店前厅部各项服务质量形成一个良好的印象。

(四)服务过程中的情感投入

情感投入是指前厅服务人员在对客人服务过程中所表露出的对客人的关心和重视,如对客人亲切、友好的态度,对客人需求的敏感和关心,对客人感受的理解等。前厅服务人员应将客人当作自己的亲人,对客人真情相待,及时准确地发现客人的需要,从客人的角度出发想方设法帮助客人解决难题。情感投入能让客人真正享受到高质量的服务,让客人真正体会到酒店是另外一个家。

(五)服务的具体性

前厅服务的具体性也就是服务过程中具体可见的人员、设施、设备、环境等诸多要素。在服务过程中,影响服务质量的要素大多数是客人无法直接认知的抽象因素。也就是说,一个初次住宿酒店的客人在决定消费之前,无法直接感知和体会到酒店服务的可靠性,服务人员的服务意愿、业务技能和对客人的感情投入,只能通过酒店的硬件条件和环境,以及员工的仪容仪表、礼貌礼节等具体内容来判断酒店的服务质量。

任务拓展

酒店前厅特殊天气特色服务

酒店前厅不仅是对外服务的窗口、酒店信息中枢,还是酒店给宾客留下第一印象和离店前最后印象的地方。酒店前厅服务的好坏直接影响宾客满意度和忠诚度。因此,做好酒店前厅服务创新是赢得宾客心的捷径。一些特殊天气,如大风、大雾、冰雹、暴雪等,会对宾客的行程造成影响,也会影响酒店前厅服务环境。为回避经营风险,协助宾客合理安排行程,前厅可以启动如下特殊天气服务预案:

(1)在酒店大厅醒目位置不间断播放机场、高速公路的开放及关闭情况,以及市内交通管制措施等。

(2)客人在退房时,要及时提醒宾客天气状况可能对宾客出行的影响。

(3)通过短信或电话及时通知预抵客人酒店所在地的天气状况,提醒宾客做好应对措施;如果不能成行,建议客人及时取消预订。

(4)根据不同天气状况做好应对措施,如防滑、租借物品等服务。

(5)做好宾客因天气变化而产生的交办事宜。

任务反馈

思考:你认为酒店在特殊天气状况下,采取的这些特色服务会让客人产生什么样的心理感受?

讨论:在酒店前厅部,还可以推出哪些特色服务来满足客人的心理需求,影响客人对酒店的整体印象?

任务二 客人对酒店前厅服务的心理需求及服务心理策略

前厅部处于酒店与客人的中介桥梁位置,是与客人接触最多的部门。因此,前厅服务是酒店建立良好宾客关系的重要环节。前厅服务人员要想给客人留下良好的第一印象,为后续服务提供良好的基石,除要有良好的服务技能外,还要懂得如何把握客人的心理需求,为客人提供个性化服务,让客人真正体验到宾至如归的感受,从而提高客人对酒店的满意度。

一、对前厅环境的心理需求

(一)情景再现

李总经常因为工作的原因到全国各地出差,最讨厌的是阴雨天气入住酒店。只要看到酒店前厅湿漉漉的大理石地面上那些乱七八糟的鞋印,摸到潮乎乎的门把手,他的心情就一团糟。一个阴冷潮湿的冬季黄昏,李总到苏州出差,身为北方人,很不习惯南方这样阴冷的天气,看着天空飘着的雨丝,周围商店透过的多彩的霓虹灯,李总心里弥漫着一股浓浓的想家的情绪,便想赶紧回到酒店,给家人打个电话,洗个热水澡,钻进温暖的被窝里。

远远看到酒店前厅透出来的灯光,李总心里有了一丝温暖。走上台阶,发现前厅外面的走廊上铺着厚厚的地毯,踩在上面,不仅舒服,脚上的泥水也没了。帅气的礼宾开心地为他拉开玻璃门并亲切问好,李总心情也一下子开朗起来。走进前厅,一股温暖的气息扑面而来,干燥的大理石地面上一尘不染,前厅右侧的一架钢琴前一位美丽的少女正在弹奏一首悦耳的钢琴曲。李总一下子觉得阴冷的冬天走了,不想立刻回客房,便走到一排沙发前,找个舒服的位置坐下,静静地欣赏着钢琴曲。

(二)心理分析

以上是客人对前厅环境的心理需求。阴冷的冬天,出差在外的客人心情不好,可是来到酒店,前厅干净整洁的环境、服务人员亲切的问候、温暖的气息、舒缓的音乐一下子就让客人的心情变得愉快起来,说明人的情绪会受到环境的影响。酒店前厅是客人最先接触的场所,为了给客人留下良好的第一印象,前厅应该注重环境的美好,有效地感染客人的情绪,客人心情好了,自然会对酒店留下美好的印象。

(三)服务策略

基于客人对酒店前厅环境的心理需求,前厅要给客人提供良好的感知形象。首先要合理布局,从建筑内部把握空间,满足前厅服务的功能需要,注意突出自己的风格。如前厅门前,应有供客人上下车的空间及回车道、停车场,接待区与休息区的距离适当等。其次,要搞好环境的美化装饰,营造前厅整洁、舒适、高雅的气氛。如前厅光线要柔和,色彩高雅,设施与装饰要体现出意境美、整体美,并能体现出酒店的特色。

二、对前厅服务人员的心理需求

(一)情景再现

某知名品牌五星级酒店招聘前厅接待人员的要求如下:

身高:女,163 厘米以上;男,172 厘米以上。

年龄:20~26 周岁,身体健康、相貌端庄、气质良好、普通话标准。

大专以上文化程度,具有良好的英语听、说能力,有五星级酒店相关工作经验者优先。

性格开朗、头脑灵活,具有亲和力,工作踏实,具有较强的服务意识和沟通能力,熟练操作电脑。

（二）心理分析

心理学的研究发现,具有良好个人魅力、仪表端庄的人容易令人产生好感,人们更愿意和他沟通交流,愿意信任他,也会给他较好的评价。酒店在招聘前厅接待人员时,会对员工的年龄、身高、相貌、气质、性格、能力等方面有较高的要求,就是为了满足客人对前厅服务人员的心理要求。客人进入酒店,最先接触的就是前厅服务人员,根据前厅服务人员的整体素质,客人会在心里评价酒店的档次。他们希望为自己提供服务的人不仅具有良好的服务技能,还能给自己带来美的享受,会令心情放松愉悦。

（三）服务策略

为了满足客人对酒店前厅服务人员的心理要求,首先,酒店人力资源部门在招聘时就应该把好关,根据一定的形体要求录用员工,如身材挺拔、五官端正、面容姣好等。其次,对服务人员进行严格培训,包括形体、化妆、礼仪等多项培训内容。要求在工作中,保持面容整洁、妆容淡雅、饰物适当、服饰美观合体,具有识别性,与前厅环境协调;在对客服务过程中要热情主动、端庄有礼,站姿优美典雅,不靠不倚,坐姿优美端庄,不前倾后仰,走姿正确且富有活力,快慢合适。通过前厅服务人员的服饰美、妆容美、举止美、心灵美等给客人留下良好的感官印象。

三、对前厅服务质量的心理需求

（一）情景再现

小江是某酒店前厅接待员,一天,在为客人办理入住登记手续时,有一位国外的客人打来电话要求订房。小江接听后,听不懂对方所说的话,便顺手将电话交给旁边一位服务员小周,自己一边查询房间状态,一边嘴里小声嘀咕着:"这个外国佬,不知道说的什么鬼话,一句也听不懂。"脸上明显地表现出一副厌烦的情绪。服务员小周接完电话后,很轻松地对小江说,这是一个新加坡人,想订一间房,可是自己也听不太懂他的新加坡式英语,便随便把酒店的房价给他报了一下,对方好像也没怎么听懂,便生气地挂掉了。

正在办理入住登记的客人看到服务员小江和小周的服务后,觉得很不舒服,经过短暂考虑后,便把已经拿到手的房卡递过来说:"对不起,我不想住了,要退房,我要换一家酒店。"

（二）心理分析

情景再现中客人之所以已经办好了入住手续，拿到了房卡后，还提出退房，另换一家酒店入住，最主要的原因就是客人对酒店前厅的服务质量不满意。客人看到服务员小江和小周在接听一个预订电话时的服务过程中所体现出来的服务技能与服务态度后，在内心深处对酒店的服务质量产生了担忧，服务人员可以这样对待一位电话订房的客人，也会这样对待自己，前台服务质量水平如此，那酒店其他部门的服务质量也可想而知。因此，客人在短暂考虑后，义无反顾地提出了退房。

（三）服务策略

前厅部是酒店举足轻重的一个部门，前厅服务质量是决定酒店形象最关键的因素，它是酒店经营的灵魂，是酒店的生命线。它的运转好坏，不仅直接影响客房的出租率和经济效益，而且能反映出一家酒店的工作效率、服务质量和管理水平的整体面貌。为了提高前厅服务质量，满足客人心理需求，酒店不仅要在前厅服务设施、环境氛围方面做出特色，更要在培训员工的服务技能、服务态度方面下功夫，前厅服务工作需要员工具有较高水平的外语沟通能力，为客人提供快捷、规范服务，更需要员工在对客服务过程中的情感投入，真正关心客人的需求，耐心回答客人的询问，热情为客人提供实实在在的服务。

四、求尊重的心理需求

（一）情景再现

一天下午，一位中年男性客人来到前台，在办理入住手续时向服务员提出房价七折的要求。客人介绍说自己在网上看到酒店有规定，只要是该酒店的常住客人，就可以享受客房七折优惠。这位客人声称自己也曾多次住店，应该享受七折优惠。前台服务员马上在电脑上查找核对，结果没有发现这位先生的名字，原来，按照酒店规定，只向住店六次以上的常住客人提供七折优惠。当服务员把查询结果当众说出时，这位先生顿时恼怒起来。此时正值前台入住登记高峰期，有许多客人正在排队等待办理入住手续，由于这位先生的恼怒、叫喊，引来了后面排队客人的骚动，前台顿时一片混乱。

（二）心理分析

心理学研究表明，人在公众场合下非常注重别人对自己的态度。情景再现中这位中年男性客人非常恼怒，并当着其他客人的面大声叫喊，主要是因为前台服务人员当众说出这位客人不能享受七折优惠，让他觉得在其他客人面前非常丢面子，非常难堪，没有被尊重。前台服务人员在处理这件事时，方法不当，不够慎重，没有满足客人求尊重的心理需求，因而导致不愉快的事情发生，致使前厅局面一度非常混乱，也影响了其他客人对酒店的态度。

（三）服务策略

酒店客人在前台求尊重的心理特别强烈，也特别敏感。尤其是在其他客人面前，他们希望前台服务人员尊重自己，体现自己的身份与地位。因此，前台服务人员在接待客人的过程中，要让客人感觉到自己是受欢迎的人，通过微笑与热情礼貌的语言让客人感受到尊重。尊重客人的人格和意愿，尊重客人的风俗习惯与宗教信仰，耐心倾听客人的意见，保护客人的隐私，提供有针对性的服务。当不能满足客人的要求时，也应该用委婉的语气让客人理解并接受，并感谢客人的理解与支持，尽量为客人营造一个友好的、愉快的生活环境。

五、求方便的心理需求

（一）情景再现

一个炎热的午后，酒店前台接待了一位外国客人，客人略显疲惫，希望尽快回客房休息。小李是当班服务员，看到客人挺累的，也希望尽快为客人办理好入住登记手续，便用一口流利的外语向客人问好，然后询问客人是否有预订，通过查询，得知这位外国客人预订了酒店行政楼层的一间豪华套间，而且是酒店的一位常客，喜欢别人称呼他的中文名字大伟。小李请客人出示护照，以便为客人办理入住手续，这时，客人露出了为难的神情，原来，这位外国客人为避免护照和银行卡被盗，特意把它们放在行李箱一个较隐蔽的角落，现在要在前厅打开行李箱去查找，确实不太方便。

小李看到客人脸上为难的神情，便微笑着说："大伟先生，您预订了我们酒店行政楼层的豪华套间，是我们的 VIP 客人，为了方便您入住，我现在直接为您把房卡制好，由行李员直接带您进房休息，一会儿，我让行政楼层服务员到您的房间为您办理登记入住手续，您看可以吗？"

这位外国客人一听，松了一口气，非常开心，连声致谢。小李把房卡递给大伟，告诉客人，为了方便行政楼层客人，酒店为客人提供了专属的行政楼层服务，提供免费甜点和下午茶，以及免费洗衣、延迟离店等服务，而且行政楼层可以直接为客人快捷地办理入住及离店手续。

（二）心理分析

情景再现中前厅服务员小李很好地满足了客人求方便的心理需求。在为客人办理登记入住手续时，小李查询到客人的相关信息；称呼客人时，使用客人喜欢的中文名字；当观察到客人的为难情绪时，考虑到客人是酒店的 VIP 常客，入住的是酒店行政楼层的豪华套间，而且因为天气很热，客人脸上略显疲惫，希望尽快回房间休息，便尽量给客人提供方便，制好房卡，让客人先进入房间，然后请行政楼层服务员到客人房间为客人办理登记入住手续,并告知客人可以享受专属的行政楼层服务。虽然这增加了服务人员的工作量,却把方便带给了客人,让客人非常满意。

（三）服务策略

随着社会生活节奏的加快,人们的时间观念也在不断加强,酒店客人要求服务方便、快捷的心理比较普遍。酒店应根据客人求方便的心理需求,提供多种服务项目,并根据客人在酒店内的活动情况及实际需求,详细地设置服务指南。例如,事先考虑酒店的地理位置、交通是否方便客人外出活动,酒店内部生活设施是否方便客人的生活需要,酒店是否提供方便的停车场,前厅是否方便客人进行外币兑换等。通过发现客人的需求,努力为客人提供方便的服务。

六、求知的心理需求

（一）情景再现

一个阳光明媚的早晨,南京某酒店前厅,大堂经理小廖正在查看当日客房预订情况,这时,两位外国客人向大堂副理值班台走来。小廖立即起身,面带微笑地用英语问候客人,让座后两位客人忧虑地讲述起他们心中的苦闷:"我们从澳大利亚来这儿负责一个项目,大约要一个月时间,可是下班后,离开了翻译我们就成了睁眼瞎,我们想了解这座城市,你能帮助我们吗?"

小廖微笑地用英语回答道:"感谢两位先生入住我们酒店,我叫小廖,英文名字叫戴维,非常高兴为两位服务。南京是一座历史悠久的城市,相信您在住店期间生活一定会丰富多彩的,一个月后,您一定会爱上这座城市,爱上我们酒店。"熟练的英语所表达的亲切的情谊,一下子拉近了彼此间的距离,气氛变得活跃起来。于是这两位客人更加广泛地询问了当地的生活环境、城市景观和风土人情。从城市风光到六朝古迹,从秦淮风情到地方风味,小廖无不一一细说。两位客人兴致勃勃,此后,一下班回到酒店,他们就会找小廖聊上几句,有时趁小廖休息,还约小廖一起出去逛逛。

一个月很快就过去了,两位客人启程回澳大利亚时,特意找到了小廖,告诉他,在南京一个月,他们过得非常充实、愉快,他们不会忘记这座城市和这家酒店,并谢谢小廖在此期间对他们的帮助,希望回国后能继续保持联系。

（二）心理分析

情景再现中两位澳大利亚客人离开酒店时,表达了对大堂经理小廖的感谢,觉得在南京生活的这一个月非常充实、愉快,不仅喜欢上了这家酒店,也深深地爱上了这座城市,其中很重要的一点是小廖满足了客人求知的心理,与客人建立了深厚的情谊。小廖设身处地、仔细揣摩客人的心理状态。两位客人由于在异国他乡逗留时间较长,语言不通,想了解这座城市,深感无助。小廖深入体察,准确抓住了外国客人求知的心理需求,充分发挥他的英语专长,热情欢迎外国客人的光临,进而自然而然地向客人介绍了当地风土人情等,使身居异乡的外国客人获得了一份浓浓的友情。

(三)服务策略

客人到了一个陌生的地方后,迫切想知道这个地方的风土人情、交通状况、旅游景点等各种信息,以满足自己的好奇与求知的心理,希望酒店前厅服务人员是"百事通""活字典",能随时回答他们的提问。因此,前厅服务员在接待客人时,一方面,要介绍本酒店的房间分类、等级、价格以及酒店能提供的其他服务项目,让客人做到心中有数;另一方面,如果客人询问其他方面的问题,服务员也应热情、耐心地介绍,比如,本地的风景名胜、土特产品、购物中心的位置,到每一个旅游景点的乘车路线及时间等。

任务拓展

前厅布局与装修

旅游饭店星级划分与评定对酒店前厅布局与装修有明确要求。

1. 必备项目有关前厅布局与装修的要求

一星级:不要求。

二星级:不要求。

三星级:应有与接待规模相适应的前厅和总服务台,装修美观。

四星级:区位功能划分合理,整体装修精致,有整体风格,色调协调,光线充足。

五星级:功能划分合理,空间效果良好,装饰设计有整体风格,色调协调,光线充足,整体视觉效果和谐。

2. 释义

前厅是饭店核心区域之一,是饭店的门面,是饭店文化的展示窗口,是宾客进出饭店的集散地,是饭店对客服务的枢纽。

前厅的面积大小取决于饭店类型、星级和规模,应与客房数相适应,设计时应注意:前厅面积应满足需要,合理设置;前厅空间高度与面积比例协调,利于环保,舒适度高。

大厅、总服务台、电梯构成前厅最基本的布局结构,应尽量避免服务流线、物品流线与宾客流线交叉。宾客通往饭店各功能区域的通道和空间应减少障碍,保持通畅,强化导向功能;总服务台、大堂副理台及宾客休息区应置于合理位置,留下足够的活动空间。

饭店前厅的浮雕、挂画、中心艺术品、装饰品等应与饭店文化装饰设计风格相一致,格调、色调协调统一,起到营造氛围、提升艺术感染力的作用,且应有目的物照明光源配合,并配置必要的说明文字。前厅植物应体量适宜、修饰美观,不露土,摆放位置合理。四、五星级饭店应使用高档盆具或对盆具进行艺术装饰。

任务反馈

思考：旅游饭店星级划分与评定标准对酒店前厅的布局与装修有明确规定,这些规定体现了前厅部应该满足客人哪些方面的心理需要？

讨论：前厅是酒店给客人留下第一印象和最后印象的场所,前厅服务人员应如何做到让客人高兴而来,满意而归？

知识回顾 >>>

1. 前厅服务的内容有哪些？
2. 从哪几个方面评价前厅服务质量？
3. 客人在前厅的一般心理需求有哪些？
4. 如何满足客人求尊重的心理需求？
5. 如何满足客人对前厅服务质量的心理需求？

能力训练

1. 模拟行李服务：由一位同学扮演住店客人,一位同学扮演行李员,根据客人的需求,引领客人乘坐电梯进入客房,并主动为客人介绍酒店的各项服务设施。在介绍过程中,行李员要注意观察客人对自己介绍的内容是否感兴趣,并根据客人的态度不断调整自己介绍的内容。

2. 模拟前台接待服务：由几位同学扮演到前台办理登记入住的客人,一位同学扮演前厅服务员。接待服务过程中,客人的心理需求各不相同,前台接待服务人员要根据客人的具体需求为客人提供服务。

案例分析

某日,一位美国客人丹尼先生按预定时间抵达上海某五星级酒店,当时正逢入住登记高峰,前台站满了等候登记的客人。前台服务人员小吴与小任在前台工作时间不长,也没有什么经验,面对眼前满满一排客人,不知所措,他们弄不清楚客人的先后顺序,不知应该先为谁服务,前台前显得一片忙乱。丹尼先生见此情景,便在大厅休息处等候。

20分钟后,丹尼先生看到前台登记的客人已经陆续办完手续离去,便起身来到柜台,小吴很有礼貌地向丹尼先生问好,询问他有没有预订。丹尼先生声称自己已有预订,并出示了酒店的预订确认书及定金收据。小吴一看,赶紧上网查询,才发现已经把丹尼先生预订的房间卖给了另外一位客人。小吴不知道该怎么处理,和另一位服务员小任商量了半天,才告诉丹尼先生,由于酒店的超额预订以及丹尼先生上次确认预订而没有来住店的行为,酒店刚才已经将为他保留的房间让给一位没有预订的常客。丹尼先生听到没有房间了,非常生气,让服务员去请他们的经理出来解决。

又过了10分钟,丹尼先生看到了酒店前厅部方经理,说明了事情经过,并给方经理看了酒店的预订确认书及定金收据。方经理向客人表示歉意,但同时认为酒店也是出于无奈,因为这段时间是国庆节,客人非常多,所以才将为他保留的房间让给一位常客。为了表达歉意,酒店愿意立即将定金如数退还,同时为他联系一间更豪华舒适的酒店。然后方经理指点客人去大厅服务处,那儿可以为他联系出租车。疲惫而愤怒的丹尼先生经过约一小时的周折,最后还是离开了这家豪华的五星级酒店,并发誓将来再也不预订这家酒店了。

思考:

1. 该五星级酒店前台接待人员与前厅部方经理在接待丹尼先生的过程中存在哪些问题?正确的处理方法应该是怎样的?

2. 丹尼先生最后疲惫而愤怒地离开了这家五星级酒店,并发誓将来再也不预订这家酒店了,为什么?酒店没有满足丹尼先生的哪些心理需求?

3. 案例反映了该五星级酒店前厅服务与管理中存在哪些问题?应如何解决?

模块 9
酒店客房服务心理

模块目标

◆ 知识目标
1. 了解客房部的工作内容,理解客房部在酒店中的地位及客房服务工作的特点。
2. 了解客人对酒店客房服务的心理需求。
3. 掌握如何根据客人的心理需求做好客房服务工作。

◆ 能力目标
1. 在对客服务工作中,注意观察客人的心理需求,为客人提供个性化服务。
2. 根据客人的心理需求做好客房服务工作。

模块任务

◆ 任务一 客房服务认知
◆ 任务二 客人对酒店客房服务的心理需求及服务心理策略

任务一 客房服务认知

案例聚焦

来自英国的莱丽女士是一位研究中国古典文化的学者,这次来北京参加学术交流会,入住北京某星级酒店。在饭店住了三天,每天进进出出,非常忙碌,但几乎从不开口,不跟人打招呼。客房服务员都觉得这位女士架子挺大,不容易相处,任凭他们如何笑脸相迎,每次得到的都是一张冷冰冰的脸。

第三天晚上,茉丽打电话让服务员给她送份报纸,说完立即挂断电话。"好干脆利落!"服务员小丁暗想。她丝毫不敢怠慢,马上送去。一进入房间,一阵悠扬的乐声在房间里飘荡——是她最喜欢的《梁祝》!此时,小丁从心底由衷地觉得茉丽并不如她表面看起来那么冷漠。突然,茉丽幽幽自语地说:"多美的曲子呀!""您喜欢这曲子吗?"小丁微笑地问。"当然!它是我最喜欢的中国古典乐曲,我每晚都听,可惜没有百合花。""为什么要百合花?"小丁犹豫了一下,最终还是忍不住问她。"只有百合花的高洁和清香才配得起这首曲子呀。可惜啊,这里是酒店。"

第四天晚上,茉丽忙完回到客房,打开灯,意外地看到床头柜上摆着的正是自己惦念了几天的百合花!她打电话叫来小丁。"茉丽小姐,请原谅!事先没征求您的意见。我昨晚看到您如此喜欢我国的古典音乐,很是感动。对于您的《梁祝》配百合花的见解,我觉得很独特也很优美。这里是《梁祝》的家乡,在它的故乡,您的欣赏又怎么能少得了百合花呢?所以我就自作主张,在您的床头柜上摆上了这束新鲜的百合,希望它能陪您度过一个舒适的夜晚。"茉丽虽然没有说什么,但紧绷的脸上有了一丝微笑。

任务执行

案例中茉丽女士性情孤僻,但客房服务人员始终做到以礼相待,笑脸迎客。更可贵的是客房服务员小丁,在对客服务时,善于发掘细节,用心记住了客人的"无心"之语。这一束百合花,充分体现了酒店客房服务的独特之处,酒店美好的形象也在客人的心中树立起来。

一、客房部的主要工作内容

(一)负责客房及公共区域的清洁与保养

客房部不仅负责客房及楼层公共区域的清洁与保养,而且负责酒店其他公共区域的清洁和保养。酒店清洁工作归属于客房部符合专业化管理的原则,有助于提高工作效率,可以减少清洁设备的投资,并有利于对设备的维护和保养。酒店的设计水准能否体现和保持与客房清洁工作密切相关,好的清洁管理可使酒店保持常新,为客人提供舒适的住宿环境。而不善的清洁管理则会使酒店设施设备过早老化,从而失去其设计的水准。

（二）为住店客人提供相关服务

酒店不仅是客人旅行中下榻的场所，而且是客人出门在外的"家"，客房部为客人提供各种服务就是要使客人有一种在"家"的感觉。客房部为客人提供的服务有迎送服务、洗衣服务、房内小酒吧服务、托婴服务、擦鞋服务、夜床服务等。酒店应该根据目标客源市场的特点，为客人提供相应服务，并不断根据客人需求的变化改进自己的服务，从而为客人创造一个良好的住宿环境。

（三）为其他部门提供相关服务

酒店是一个整体，需要各部门的通力合作才能正常运转。在为其他部门服务方面，客房部扮演着重要的角色，为其他部门提供工作场所的清洁与保养，布件的洗涤、保管和缝补，制服的制作、洗涤和更新，以及花木、场景的布置等服务。以上服务水准的高低，直接影响酒店的服务质量，反映酒店的管理水平。

二、客房部在酒店中的地位

虽然现代酒店越来越朝多功能方向发展，但满足客人住宿要求仍然是酒店最基本、最重要的功能。客房是酒店的主体，是酒店的主要组成部门，是酒店存在的基础，在酒店中占有重要地位。

（一）客房部是酒店的基本设施，是酒店存在的基础

酒店是向客人提供生活需要的综合服务设施，它必须能向住店客人提供住宿服务，而要住宿必须有客房，客房是酒店的最基本设施，从这个意义上来说，有客房便能成为酒店，所以说客房部是酒店存在的基础。在酒店建筑面积中，客房面积一般占酒店总面积的70%左右，酒店的固定资产也绝大部分在客房，酒店经营活动所必需的各种物资设备和物料用品也大部分在客房，所以说客房是酒店的主要组成部分。

（二）客房部服务质量是酒店服务质量的重要标准

酒店的档次水平主要是由客房档次水平决定的。因为人们衡量酒店的档次高低，主要依据酒店的设备和服务。设备无论从外观、数量或是使用来说，都主要体现在客房，因为客人在客房停留的时间较长，感受最敏捷，印象最深刻，因而客房部服务质量常常被认为是衡量酒店服务质量的重要标准。客房部对酒店环境、设施的维护及保养的效果直接影响酒店的服务质量及酒店的外观形象。

（三）客房收入是酒店经济收入的主要来源

酒店的经济收入主要来源于客房收入、餐饮收入和综合服务设施收入。其中，客房收入是酒店收入的主要来源，而且客房收入较其他部门收入稳定，客房收入一般占酒店总收入的40%~60%，而利润通常可占酒店总利润的60%~70%，这是因为客房经营的成本和费用小于其他部门。另外，客房出租又可以直接带动其他经营部门的效益。

（四）客房部是带动酒店一切经济活动的枢纽

酒店作为一种现代化食宿购物场所，只有在客房入住率高的情况下，酒店的一切设施才能发挥作用，酒店的一切组织机构才能运转，才能带动整个酒店的经营管理。客人住进客房，要到前台办手续、交押金，要到餐饮部用餐、宴请宾客，要到商务中心进行商务活动，还要健身、购物、娱乐等，因而客房服务带动了酒店的各种综合服务设施。

（五）客房部担负管理酒店固定资产的重任

客房部是酒店的"管家"，担负管理酒店固定资产的重任。在酒店企业固定资产占总资产的比重非常高，一般达80%～90%，包括建筑设施、设备、家具、补品配备等，其中在客房部管辖范围内的部门占据了大多数，酒店客房部的任务是管理好这些资产和直接进行维修保养，或者督促和协助有关部门进行维修保养，尽可能延长资产的保值期。

三、客房服务的特点

（一）客源广泛，业务复杂

酒店客源流动性大，客人来源广泛。客房每天送走迎来，接待各种类型、层次的客人，这些客人身份、地位不同，文化层次不同，国籍、语言不同，性别、生活习惯及爱好不同，对客房服务的要求也不相同，这就造成了客房服务的复杂性。另外，酒店的环境卫生、装饰绿化、设备保养、布件制服的洗涤保管等工作内容也非常复杂，看似简单，却需要有专门知识和技巧。

（二）工作烦琐，随机性强

现代酒店客房服务工作繁杂而又含有许多不可事先预知的因素。客房工作的内容零星琐碎，从客房的整理、清洁卫生、送洗衣物到查房、小酒吧服务等一系列都是一些琐碎的事物，再加上客人随时随地，在各种情况下都有可能提出一些服务要求，而且有些服务要求是事先难以预料的，这就使客房服务有很强的随机性，这要求客房部员工要有强烈的责任心和服务意识，主动自觉地灵活服务，为客人排忧解难。

（三）以"暗"服务为主

客房服务多数是在客人看不到的场合进行。客房作为客人休息睡眠的区域，必须为客人创造一个温馨宁静的环境。同时，客房作为客人的私人领域，也不愿意让服务人员干扰自己的私生活，因此，客房服务工作主要是在客人不在房间期间进行的，这让客人感到酒店处处都在为自己服务，却看不到服务的场面。另外，客房服务员工作独立性较强，不利于管理人员的督察，对清洁设备的清洁保养工作主要依赖服务人员的责任心。因此，客房部加强对服务质量的控制管理和开展职业道德教育培训尤为重要。

任务拓展

客房服务模式

楼层服务台和客房服务中心是最为常见的客房服务模式。但随着酒店类型的增多,酒店个性化服务的不断加强,又有一种新的客房服务模式应运而生,即前台直管模式。

楼层服务台模式:传统酒店在客房区域内,在各楼层靠近电梯口或楼梯口的位置设置为住客提供服务的服务台。楼层服务台全天都会有服务员值班,为住客提供相应服务。从某种意义上来说,它就相当于酒店前厅驻楼面的办事机构。

客房服务中心模式:现代酒店客房管理的主导模式,主要通过电话的形式为酒店的住客提供周到的服务。一般情况下,客房服务中心应该具有同时接听两个以上电话的能力,在客房员工管理方面,一般酒店都会建立一个BP机寻呼系统,以保证客房部员工信息沟通顺畅。客房服务中心的主要职能是对酒店客房进行统一化、综合化和全面化管理。一般情况下,凡是与酒店客房部有关的工作信息,都会在第一时间先传达到客房服务中心,然后经过客房服务中心的工作人员的初步处理再具体传达到其他工作人员。

前台直管模式:基于现代酒店发展的类型增多而出现的一种新的客房服务模式。目前,我国城市酒店有一个重要趋势,以往那种旧式的招待所、家庭旅馆、旅社等小型社会宾馆开始逐渐向特色商务酒店方向发展,这种家庭式的商务酒店一般规模不大,价格较低。这种类型的商务酒店由于客房数量较少,往往采取前台直管模式,即沿袭旧式的招待所、旅社的做法,将客房直接划归前台管理,不设楼层服务台,也不设置客房服务中心,而是在前台班组中设客房服务和清扫小组来对客房进行管理。

任务反馈

思考: 你认为前台直管模式比较适合哪些类型的酒店?

讨论: 楼层服务台模式、客房中心模式及前台直管模式的利弊是什么?

任务二 客人对酒店客房服务的心理需求及服务心理策略

客房是酒店提供的主要产品,是客人休息的地方,也是客人在酒店中逗留时间最长的地方,客人期望客房给他们带来一种"家"的感觉。因此,客房服务的好坏直接影响到客人的满意程度,客人往往把客房服务作为整个酒店服务质量的标准。客房服务人员应该关注客人在住店期间的心理需求,努力为客人提供一个舒适、安全、清洁的生活起居空间,让客人真正体验到宾至如归的感受,从而提高客人对酒店的满意度。

一、对客房环境的心理需求

(一)情景再现

在一个阴雨绵绵的黄昏,周女士拖着沉重的行李来到了上海某星级酒店。在飞机上坐了好几个小时,再加上在机场等出租车站了半个多小时,现在周女士又冷又累,一想到要在这潮湿阴冷的城市度过一个多星期的时间,她的眉头就皱起来。这一刻,她是多么怀念家的温馨啊。

还好,酒店前台的接待人员温暖的微笑让周女士心里感到一些安慰。很快,前台服务员办好了入住手续,行李员拿着行李领着周女士来到她的房间。

房门一打开,周女士心里忍不住要惊叹起来。鹅黄色的厚重落地窗帘阻隔了外面的阴冷潮湿,同一色系的地毯从门口延伸到整个房间,宽大柔软的杏仁色丝绒床褥和床上柔软舒适的抱枕给整个房间带来了一种温馨如家的氛围。房间的灯光十分柔和,让人感受到春天般的温暖。房间茶几上摆放的绿意盎然的小巧盆栽,一看就知道经过了精心搭配,让整个房间充满春天般的气息。床头旁边精致的粉红色梳妆台上摆满了各种女性保养品及整套的化妆品,让周女士感到十分贴心,台面上的一张粉红色的卡片上写着:"欢迎您来到本酒店,希望您在本酒店过上愉快的一周!"

行李员离开后,周女士想先洗个澡,然后再好好休息一下,便拿着换洗衣物走进了浴室。按下电源开关,整个浴室顿时笼罩在一片柔和的粉色灯光之中。当她调好水温,躺进浴缸时,她惊喜地发现,原来浴盆还安装了一套自动按摩仪。她把按摩仪固定在肩膀上,接着按摩仪就自动地按摩她的肩膀和脖子。按摩仪按摩的力度适中,让她感到自己全身的神经都得到了放松。

洗过澡,周女士躺在温暖、柔软的床上,觉得十分舒坦,对接下来一周的酒店生活充满了期待。

(二)心理分析

随着女性就业的提高,公务旅行的女性比例也逐渐上升,越来越多的酒店认识到女性客源的重要性。要想为女性客源提供她们喜爱的产品和服务,必须要了解女性客人的心理需要。女性客人的心理需要与男性客人的心理需要不同,如女性一般比较注重商品的外观和情感特征,她们对环境的要求比男性细致,更加重视细节,对环境美化的心理要求更高。

案例中,这家酒店根据女性的独特需求,专门为女性客人设计了客房和服务,客房的环境充分满足了女性客人的心理需求,因此,周女士对酒店客房环境的安排非常满意,在心理上获得了极大的安慰与满足。

(三)服务策略

客房环境的好坏直接影响客人的心理感受,而且不同类型的客人对客房环境的心理需求是不一样的。因此,酒店应该针对具体客源市场进行研究和分析,了解酒店主要客源群体的心理需求,并在客房环境布置上尽可能提高客人居住的舒适度,满足他们的心理需求。

舒适度是心理学上的一个概念,是指环境对人的刺激所引起的心理反应及由此而产生的行为。当环境对人的刺激引起美好愉悦的心理感受时,人便对环境产生依赖,留下深刻记忆。因此,舒适度是一个复杂、动态的系统,将因时、因地、因人而发生变化。酒店舒适度是指建立在专业化管理和整体氛围协调性基础之上的高质量服务的一种结果。通常情况下,影响酒店舒适度的一般因素有温度高低、光线明暗、噪声强弱、布草优劣、床垫软硬、水质清浊、水温高低、水压大小、气味浓淡等。

同时,客房是客人在酒店停留时间最长的地方,也是其真正拥有的空间,客人希望酒店能够为他们提供一个清洁卫生、安静舒适的休息环境,因此,整洁、安静是所有客人对客房的基本心理需求。对客房清洁卫生的要求是客人普遍的心理状态,客房服务人员的主要工作职责之一就是整理客房,做好清洁卫生工作,做到客房内外清洁整齐,使客人产生信赖感、舒服感、安全感,能够放心使用。一般情况下,清理客房要在客人不在时进行。如果客人有特殊要求,可以随时灵活处理。另外,酒店可以采取一些措施来增加客人心理上的卫生感和安全感。比如,在清理后贴上"已消毒"标志等,这会起到一定的心理效果。

客房可以从防止和消除噪声两方面入手,以保持客房的安静。必须做到硬件本身不产生噪声,酒店选择设备的一个标准就是它产生的噪声要小,房门与墙壁要保证隔音性,能阻隔噪声的传入,闭门器应力度适宜,做到既能自动轻闭房门,又不至于力量太大产生噪声。服务人员在服务过程中也不能产生噪声,要做到"三轻",即走路轻、说话轻、操作轻。

二、对客房设施的心理需求

(一)情景再现

小李是一位经常出差在外的销售经理,每次出差,除了一行李箱换洗衣物及公司资料外,还要拎着一台手提电脑,非常不方便。而且到酒店后,小李常常为上网发邮件及传真资料烦恼,由于一些资料涉及公司内部的机密,小李不希望外部人员接触这些资料。因此,小李不得不亲自在商务中心与客房之间来回奔波,有时遇上商务中心繁忙,还会等待很久,白白浪费时间。

一天下午,小李和往常一样又到 A 城出差,小李拖着行李箱,拎着电脑来到一家常住酒店。行李员拎着行李箱把小李带到客房所在的楼层,一打开房门,小李惊喜地发现写字台上放着一台崭新的电脑,旁边还有一台传真机。行李员详细地介绍了酒店电脑的上网流程及传真机的使用方法后就离开了。小李按捺不住兴奋的心情,立即打开了电脑,很顺利地登陆了公司网站。这下,小李开心极了,再也不用那么麻烦地跑到商务中心去了,小李对第二天的工作充满了信心和期待。

(二)心理分析

服务设施是客房提供优质服务的物质基础,俗话说"巧妇难为无米之炊",没有规格化的服务设施,提供优质服务就是一句空话。随着社会的发展,客人对客房服务设施的需求也在不断提高,因此酒店应该针对客人对客房设施的心理需求,不断改善客房服务设施,提高酒店的市场竞争力。案例中这家酒店针对商务客人对办公设施的需求,在客房里增加了电脑、网络及传真机,给商务客人提供了极大的方便。

(三)服务策略

为了满足客人对酒店客房服务设施的心理需求,酒店应该根据酒店自身的档次水平和资金条件,为客人提供良好的服务设施。首先,客房设施配备必须齐全。主要设施设备包括床铺、床头柜、办公桌、沙发椅、小圆桌、沙发、地毯、空调、壁灯、台灯、落地灯、音响、壁橱、电视机等。其次,设施质量必须优良。设施要造型美观、质地优良,风格、样式、色彩统一配套,相同级别客房的服务设施保持一致,不能给客人以东拼西凑的感觉。

另外,酒店在布置客房设施时一般应遵循两个原则:首先是实用,一切从方便客人的角度出发,灯光的亮度、镜子的高度都要适宜;其次在实用的基础上还要注意美观和谐,讲究情调,给客人一种享受的感觉。一些匠心独具的酒店还会通过客房设施的布置来体现酒店地域的文化特征,如艺术品的陈设、雕塑的摆放、不同家具和地毯的采用等,因为不同文化背景和不同地区的差异会通过这些物品鲜明地表达出来,从而给人以强烈的视觉冲击。让客人一进入酒店客房,就知道自己身在何方。

三、对客房安全的心理需求

(一)情景再现

一天,一位女士来到某酒店前厅接待处,询问有没有一位黄先生下榻在此。前厅接待服务员小楚询问了这位女士的基本情况后,立即用前台电脑进行查询,发现确实有一位黄先生入住在酒店,小楚立即接通了黄先生的房间电话,但是很长时间没有人应答。小楚便礼貌地告诉这位女士,酒店里确实有位黄先生入住,但是此刻不在房间。小楚请这位女士在大堂休息处等候,或在前台留言,与黄先生另行安排时间会面。

这位女士对小楚的答复并不满意,说自己有急事要联系黄先生,能否去黄先生的房间等候。小楚非常耐心地向这位女士解释:为了保障住店客人的安全,酒店规定在未征得住店客人同意的情况下,不能将其房间号告诉他人,更不可以让其他人进入房间。小楚建议来访客人在前厅给黄先生留个便条,或随时与酒店前厅联络。这位女士听后,很无奈,便给黄先生留言离开了酒店。黄先生回到酒店后,小楚便将这位女士留下的便条交给了他,并说明为了安全起见,前厅没有同意访客进入房间等候,请黄先生谅解。黄先生当即表示理解酒店的规定,并向小楚表示感谢。

(二)心理分析

客房安全是客房服务工作的一项十分重要的内容,客房安全工作的目标就是保证客人在住店期间的人身安全、财产安全不受侵害。在一个陌生的地方,客人在心理上对安全感的要求更高,而客房不仅是客人停留时间最多的地方,也是客人的私人物品存放的地方。因此,客房的安全性对于客人来说非常重要。

案例中,前台服务员小楚在接待访客时,充分意识到客房安全的重要性,很礼貌地拒绝了这位女士去黄先生房间里等候的要求,并耐心地向访客解释,为了保障住店客人的安全,酒店规定在未征得客人同意的情况下,不能将其房间号告诉他人,更不可以让其他人进入房间。当黄先生回来时,小楚不仅将这位女士的便条交给了黄先生,还向黄先生说明了事情的经过。黄先生通过小楚的介绍,对酒店客房的安全性有了更深刻的感受。

(三)服务策略

安全感是愉快感、舒适感和满足感的基石,客人总是把自己出外旅游期间的安全放在首位的。客人在住宿期间,希望保障自己的人身和财产安全及其在饭店的隐私权。因此,酒店客房安全管理工作应该贯穿于客房接待服务过程的始终。没有安全,一切服务无从谈起。一方面,当客人要求保护其隐私时,对客人提出的正当保护与保密要求应严格做到;另一方面,如客人有不正当或违法犯罪活动时,应予以监控并立即采取措施,由保安部门向公安机关报告。

为了满足客人对客房安全的心理需求:

第一,要在客房硬件设施方面加强防范,如浴室要有防滑措施,卫生间地面装修应采用防滑材料,浴缸、淋浴间内应配置防滑垫或防滑板,浴帘应选用具有垂重性能的材料制作,在卫生间中可设置扶手、访客等待按钮、SOS 按钮、手机搁板及安全提示等各种标志,方便客人使用,提高卫生间的安全性和方便性。客房内要有紧急疏散图,楼层要有防火、防盗安全设施。为了保护客人的隐私,客房墙壁要隔音,相对的房门要错开等。

第二,客房服务人员要注意自己的服务态度,亲切的服务态度,能够最大限度地消除客人的陌生感、距离感等不安的情绪,缩短客人与服务人员之间情感上的距离,增进彼此的信赖感。客人与客房服务人员情感接近了,会使其对饭店的服务工作采取配合、支持和谅解的态度。

第三,在服务过程中客房服务人员要有安全意识,提高警惕,防止不法分子进入客房偷窃客人的物品。服务人员没有得到召唤或允许,不能擅自进入客人房间,有事要先敲门,在得到允许后才能进入,工作完成后即刻离开。日常清扫服务,绝对不许随意乱动客人的物品,除丢在废纸篓里面的东西外,不能随便扔掉客人的东西,以免引起误会。进入房间时不可东张西望,不随便向外人泄露住客的情况。

只有酒店管理与服务人员充分重视客人的安全,并从每一个细节方面去保护客人的人身与财产安全,客人才会真正放心地享受住店的每一个时刻。

四、求尊重的心理需求

(一)情景再现

欧洲某国一家企业老总因公司业务需要经常到北京出差。每次来京,他都会预订并下榻在王府酒店一个豪华套间。当他走出机场,酒店派往机场的代表已举着牌子在出口处迎候多时。一阵短暂寒暄之后,汽车载着这位老总朝着王府酒店驶去。

这位客人自己都记不清已经来过王府酒店多少次了。和往常一样,客人进入客房,照例先沐浴,待稍事休息后再到餐厅用餐。当他打开衣橱取出睡衣时,忽然眼前一亮,原来睡衣胸前已经绣上了他的名字,因为是用金线绣的,所以特别容易发现。他记得前几次来北京这家酒店时,这些睡衣并没有什么特别之处,没想到这次会受到如此礼遇,看着睡衣上的名字,他心里一种自豪感油然而生。

这位客人洗过澡,穿上这件绣有他名字的睡衣从浴室走出,到沙发上坐下,抽出一支烟,随手从茶几上拿起火柴,无意中又发现自己的名字竟然被印在了火柴盒上,且是烫金的,不由得喜出望外。虽然自己到过世界各地很多五星级酒店,但像这样高档次的礼遇还是平生首次享受到。他把火柴盒拿在手中端详起来,烫金工艺还真精巧,于是不禁想道:"这家酒店对客人还真是很重视。"他一边抽着烟,一边走到桌前,无意中打开了那本再熟悉不过的"服务指南",又是一个令其格外开心的发现——他的名字赫然印在了信纸、信封上,也是烫金的!

这太意外了,客人心里赞叹道:"回国时,我一定要把这些东西带上做个纪念,并把自己在中国王府酒店受到的礼遇告诉朋友们。"

(二)心理分析

客人作为消费者进入酒店,他的心理需求与他在日常生活环境中的心理需求有很大区别,客人希望自己是受酒店欢迎的贵宾,得到酒店的重视。希望见到的是服务人员真诚的微笑,听到的是服务人员真诚的话语,得到的是服务人员热情周到的服务;希望服务人员尊重自己的人格、尊重自己的意愿、尊重自己的朋友、客人、尊重自己的生活习俗、宗教信仰等。

案例中这位国外的企业老总因为多次入住北京王府饭店,已经成为酒店的 VIP 客人,为了体现酒店对 VIP 客人的重视与关怀,王府饭店在客人的睡衣上用金线绣上客人的名字,在火柴盒、信封、信纸上印上客人烫金的名字,通过这一系列的细节服务让客人感受到酒店对他们的重视。只有当客人感受到他们是最重要、最尊贵的客人,感受到酒店对他们的尊重,体会到酒店对他们的关怀,他们才会真正体验到"宾至如归"的感觉。

(三)服务策略

客房服务是客人每天接触和享受的,客房服务离客人最近,与客人关系最密切。因此,酒店应重视如何在客房服务过程中去满足客人求尊重的心理。

首先,客房服务人员应从内心深处具备尊重客人的服务意识,如面对客人时,要使用尊称,最好记住客人的名字,并随时用名字称呼他们,对客人要使用礼貌用语。在楼层遇到客人时,要主动招呼,并让客人先行。尊重客人对客房的使用权,当客人在客房接待前来拜访的朋友时,应该同样尊重他们,并为他们提供服务。尊重客人的喜好、生活习惯和习俗,对有生理缺陷的客人,更要尊重,并处处为他们提供方便。

其次,客房服务人员应该用实际行动来体现对客人的尊重,在为客人提供服务时要做到主动、热情、周到、耐心。主动就是服务于客人开口之前,其具体要求:主动迎送,帮提行李;主动与客人打招呼;主动介绍服务项目;主动为客人引路开门;主动叫电梯,迎送客人;主动为新到的客人带路到别的娱乐区域;主动照顾老弱病残客人;主动征求客人和陪同人员的意见。热情就是在客房服务过程中态度诚恳、热情大方、面带微笑,在仪容仪表上要着装整洁、精神饱满、仪表端庄;在语言上要清楚、准确,语调亲切、柔和;在行为举止上要有乐于助人,帮助客人排忧解难的精神,能恰当运用形体语言。耐心就是不烦不厌,根据各种不同类型的客人的具体要求提供优质服务。工作繁忙时不急躁,对爱挑剔的客人不厌烦,对老弱病残客人的照顾细致周到,客人有意见时耐心听取,客人表扬时不骄傲自满。周到就是要把客房服务做得细致入微。要了解不同客人的生活喜好,掌握客人生活起居规律,了解客人的特殊要求,有的放矢地采用各种不同的服务方法,提高服务质量。

五、求方便的心理需求

(一)情景再现

一家酒店即将迎来一位特殊的客人——下肢瘫痪坐着轮椅的美国记者 S 先生。这天早晨,酒店前台接到通知后,立即安排专人到机场迎接。到达酒店后,直接把 S 先生送到早已安排妥当的客房里,并派前台服务人员到房间为他办理入住手续。

住下后,酒店为他提供的一切服务,使他深受感动。

他进房后便躺到床上休息。不一会儿,门铃响了,进来的是客房服务员小宋。小宋热情地问候了S先生,并告诉他,虽然他行动不便,但在这里不必存有任何担心,酒店内的每个员工不仅会随时听候他的吩咐,还会尽量为他提供一切方便。

S先生坦诚地告诉小宋,他来这里之前确有不少担忧,但见到酒店员工给他那么多超出意料的关怀和照顾,他已经不再担心了。接着他说了此次出行的具体计划。首先,按照工作需要,他要出席一系列活动,介绍完这些活动,他略为停顿一下,似乎还有话要说。小宋看到S先生有些犹豫,知道他有些疑虑,便告诉他,不管什么事情,酒店一定会尽力帮助他。在小宋的鼓励下,S先生终于倾吐出自己的心事:原来他来之前就听说中国的中医针灸对瘫痪病人有奇效,所以希望酒店的服务人员能陪他去试试,但不好意思提出,因为这将给酒店带来太多的麻烦。

"S先生,谢谢您对我们的信任。我们酒店虽然没有陪客人就医的服务项目,但您的情况比较特殊,我将向经理汇报,我们将尽可能帮您安排。"小宋语意真切地说。半个小时后,客房部经理到S先生的房间,告诉他所有的工作和活动计划酒店都会给予全力支持。另外,客房部将委派小宋和另一名服务员小马专门负责他在这里的一切活动。

客房部经理告辞不久,小宋又走进S先生的房间,询问他是否要在客房用餐。晚饭后,小马值班,应S先生要求,他协助S先生洗了澡……S先生在这个城市停留了将近一周。临别的那天上午,他握着小宋与小马的手久久不舍得放开。

(二)心理分析

客人到了一个陌生的城市,对周围的环境不熟悉,因此会有一种无助的心理感受,与他们有联系的只有自己入住的酒店,因此,客人在内心深处迫切希望酒店能够为他们提供方便,解除他们在异国他乡的担忧。案例中这家酒店在接待S先生的过程中真正落实了"宾至如归"的服务宗旨,尤其是酒店客房在为S先生提供服务时,充分满足了客人求方便的心理需求。

首先,S先生刚进房不久,客房服务员小宋就来到客房,向客人做出愿意全力帮助他解决一切问题的承诺。这对于一位下肢瘫痪,又置身于人地生疏的新环境中的客人来说,这是最温暖贴心的保证。其次,酒店为了给S先生提供最好的服务,客房部特别委派客房服务员小宋和小马专门负责他在这里的一切活动,在服务过程中,小宋与小马也是竭尽全力地为S先生提供一切方便,如让S先生在客房用餐,协助他洗澡等。正因为酒店为客人提供了全方位的贴心服务,才使得客人对这座城市、这家酒店、这里的人充满了感激之情。

(三)服务策略

在激烈的市场竞争中,酒店要想留住客人,要使客人体验到"宾至如归"的感受,就应该努力满足客人各方面的心理需求。求方便、怕麻烦是每一个出门在外的人都会有的心理活动。

为了满足客人求方便的心理需求,酒店客房服务人员要在可能的情况下尽量满足客人提出的要求,不要怕麻烦。如有的客人会提出代买物品、送餐进房、擦皮鞋、代购机票等请求,都应设法满足。酒店也应根据客源情况,在客房设施安排方面给客人提供方便,如在卫生间里备有各种生活用品,在房间的书桌上还备有专用信笺、信封以及介绍酒店各部门情况的资料,抽屉里有针线包,使人感到十分方便。当客人遇到困难,或行动不便时,酒店应该给客人提供方便,并设法帮助他们解决困难。一些酒店还提供了专门为客人解决困难的金钥匙服务,目的是让客人感觉到在酒店里一切都很方便、顺心,没有什么事情是酒店办不到的,从而对酒店产生依赖感,并逐渐建立起对酒店的忠诚感。

任务拓展

客房遮光与隔音

旅游酒店星级划分与评定对酒店客房遮光与隔音有明确要求:

1. 必备项目有关客房遮光的要求

一星级:有遮光效果较好的窗帘。

二星级:有遮光效果较好的窗帘。

三星级:客房内应有遮光和防噪声措施。

四星级:应有内窗帘及外层遮光窗帘,遮光效果良好。

五星级:应有纱帘及遮光窗帘,遮光效果良好。

2. 有关客房遮光的释义

为增强客房舒适度,保证宾客起居方便和睡眠质量,星级酒店应配备洁净的内层窗帘和外层窗帘。

(1)内层窗帘的要求。内层窗帘的作用是防止阳光直射并起到一定的遮挡室外视线的作用,面料一般为薄型和半透明织物。

(2)外层窗帘的要求。外层窗帘要求不透明,具有隔热、遮光、吸音等功能,质地考究,悬垂性好,图案及色彩艺术美观,与客房氛围相协调。

(3)安装要求。窗帘附件配套完善,窗帘轨道安装稳固,内外层窗帘具有独立开启功能,滑动顺畅,窗帘各端闭合严密,遮光效果良好。轨道交叉重叠一部分,确保遮光性能。

3. 必备项目有关客房隔音的要求

一星级：不要求。

二星级：有防噪声及隔音措施。

三星级：客房内应有遮光和防噪声措施。

四星级：应有防噪声及隔音措施，效果良好。

五星级：应有防噪声及隔音措施，效果良好。

4. 有关客房隔音的释义

声学研究表明，人耳常用声音范围的声压级为40～80分贝，超过这个范围，将会给人带来烦恼，甚至造成耳的损伤。就酒店而言，噪声控制在35分贝左右，人们的主观感觉非常安静；45分贝左右比较安静。超出上述范围，客房声音环境的舒适度将受到影响。

客房降低噪声污染应从解决噪声源入手。在酒店建筑设计中应高度关注建筑的地理位置、朝向、造型、外立面材质等相关环节，力争减少噪声对客房的声污染。

窗户隔音处理，窗户是噪声进入客房的主要途径，解决窗户隔音问题一般采用以下方法：

(1) 以塑钢窗代替铝合金窗。塑钢横拉式窗的隔音性能取决于两片窗之间以及窗与窗框之间的密合度，而推开式窗则是取决于其关闭后窗与框的密合度。与铝合金窗"硬碰硬"不同，塑钢窗一般采用胶条密封，隔音效果较明显。

(2) 采用中空玻璃。中空玻璃是由两层或多层平板玻璃构成，四周用高强度气密性好的复合黏结剂将两片或多片玻璃与铝合金框或橡皮条黏合，密封玻璃之间留出空间，充入惰性气体，以获取优良的隔热隔音性能。由于玻璃间内封存的空气或气体传热性能差，因而有较好的隔音效果。中空玻璃还可以在夹层嵌入不同的窗花，形成视觉景观。

(3) 使用夹层玻璃。夹层玻璃是指在两片或多片玻璃之间夹上PVB中间膜。PVB中间膜能减少穿透玻璃的噪声数量，降低噪声分贝，达到隔音效果。

门的隔音处理，面对走廊的门是客房防噪的薄弱环节，一般的双层夹板门的隔音量仅为20分贝左右，主要原因在于门的重量不够、门缝不严密，特别是门与地面间所形成的缝隙过大，原则上该缝隙应限制在10毫米以内。提高门的隔音性能，一般可以采用以下方法：

(1) 适当提高门的单位面积重量。

(2) 在门缝处增加密封条。

(3) 在门下部增设隔音条。

(4)在客房时进门处的顶棚上配置吸音材料。

隔断隔音处理,客房间隔断墙的隔音效果直接关系到客房产品的品质。提高隔断墙的隔音效果的一般有以下方法:

(1)客房的装饰吊顶应高度注意隔音处理,通常吊顶采用5厘米左右的塑料泡沫板做隔音材料,泡沫板与楼板应保持一定的距离,以提高吸音的效果。

(2)应选用隔音材料建造客房间的隔断墙。

(3)选用吸音装饰板,提高隔断墙的隔音性能。

(4)注意水管、空调等线路管道的隔音处理。

还应减少客房内部噪声干扰,高度重视设施设备维护保养,减少空调通风口、电冰箱、恭桶排水、排气扇等设备的噪声。

任务反馈

思考: 在旅游酒店星级划分与评定中对酒店客房遮光与隔音的明确要求,体现了客人哪些方面的心理需要?

讨论: 客房是酒店客人休息的重要场所,如何在客房服务方面满足客人的个性化心理需求?

知识回顾 >>>

1. 客房部是酒店里一个很重要的部门,其主要的工作内容有哪些?
2. 酒店客房部的地位和作用是什么?
3. 客人对客房的心理需求有哪些?
4. 客房服务人员如何满足客人求尊重的心理需求?
5. 酒店如何满足客人对客房安全的心理需求?

能力训练

1. 将学生分成若干小组,组织到酒店客房部考察客房部清洁整理业务的全部过程,并在实训室进行实地演练。

2. 模拟客房服务:由几位学生扮演住店客人,一位同学扮演客房服务员。在客房服务过程中,这几位客人的心理需求各不相同,负责客房服务的同学要根据客人的具体需求为客人提供服务。

案例分析

夏天天气炎热，某星级酒店旁边正好有一个农贸市场，经常有客人去市场买西瓜回房间享用，瓜皮、瓜汁极易沾染弄脏地毯和棉织品，形成难以清除的污渍。这天，509客房的吴先生拎着西瓜进了房间，正在五楼打扫卫生的客房服务员小伍看到了，马上对客人说道："吴先生，对不起，您不能在房内吃西瓜，会弄脏地毯的。请您去餐厅吃吧！"客人很不高兴地答道："你怎么知道我会弄脏地毯，我就喜欢在房间里吃。"小伍再次向客人解释："实在对不起，您不能在房间里吃瓜。"客人生气地说："我付了房费，房间就是我的，我想在房间里干什么，还要你管吗？要是不给吃，大不了我不住就是了，酒店多的是，我马上就退房。"说罢愤然而去。

非常巧合的是这天酒店另外一个楼层806客房的朱小姐和她的同伴也捧着一个西瓜来到了八楼，进入客房时遇到了负责八楼清洁整理的客房服务员小刘，小刘看到了，微笑着对朱小姐说："朱小姐，您好，在房间里吃瓜容易弄脏您的居住环境，我们让餐厅为您切好瓜，请您在餐桌旁吃，好吗？"朱小姐回答道："餐厅太麻烦了。我不会弄脏房间的。"小刘又建议道："不如我们把西瓜切好，送到您的房间？省得您自己动手，您看好吗？"客人微笑着点点头，说道："好的，那就谢谢你了。"

思考：

1. 案例中客房服务员小伍与小刘劝说客人不要在客房吃西瓜时，都很礼貌，都注意使用了礼貌用语"您"，并以客人的姓来称呼，意图也基本上一致，并且都提出了解决方法，为什么实际效果却是天壤之别呢？

2. 请分析案例中两位客人的心理需求，如果你是一名客房服务员，在这种情况下你会如何处理？

模块 10
酒店投诉服务心理

模块目标

◆ **知识目标**

1. 了解酒店客人投诉的概念及类型,正确认识酒店客人投诉对酒店的意义。
2. 分析酒店客人投诉的原因及客人投诉的心理需求。
3. 理解并掌握酒店客人投诉的处理原则与方法。

◆ **能力目标**

1. 正确认识酒店客人的投诉。
2. 根据客人投诉的心理需求,灵活处理客人的投诉。

模块任务

◆ 任务一　正确认识酒店客人投诉
◆ 任务二　酒店客人投诉心理及处理策略

任务一　正确认识酒店客人投诉

案例聚焦

一天上午十点多钟,客人顾先生从外面办事回到酒店,一打开客房房门,发现房间还没有打扫,有点不高兴。看到服务员小梅在对面客房打扫卫生,他便气呼呼地对小梅说:"服务员,怎么我的房间到现在还没有打扫啊?还得等到什么时候?"小梅看到客人态度不好,便冷冷地说:"你的房间是分给服务员小雯打扫的,你要找就找她吧,不关我的事。"说完,小梅转身就忙自己的事去了,留下气呼呼的顾先生站在走廊里。顾先生看到服务员这个态度,心中怒火上升,回到房间立刻打电话把客房部经理找来,投诉了服务员小梅。听完顾先生讲述的事情经过,客房部经理非常真诚地向顾先生道歉,并立刻让小梅诚恳地向顾先生赔礼道歉,安排小梅与小雯一起马上打扫顾先生的房间。

事后,客房部经理安排了一次部门培训,培训内容就是当客人投诉时,如何处理客人的投诉。他强调当客人有问题时,一定要想办法帮助客人解决问题,而不是追究责任,更不能当着客人的面推卸责任,因为客人所关心的是尽快解决问题,只知道这是酒店的问题,并不关心这是谁或哪个部门的问题。另外,面对客人投诉时,尤其要注意自己的服务态度,不管客人如何生气,不管客人态度如何不好,服务人员都应该耐心、诚恳地帮助客人。

任务执行

投诉是酒店与客人沟通的桥梁,因此酒店管理者与服务人员应该对客人的投诉有一个正确的认识。投诉其实是客人向酒店释放的一个信号,暗示酒店服务和管理中存在问题。而作为消费者,客人发现了这个问题并向酒店指出来,酒店应对客人的投诉给予足够的重视,并将客人的投诉作为改进酒店服务质量、争取客人的最好途径。本案例中,客人因为客房没有及时打扫,并且服务员态度不好,转而向客房部经理投诉。客房部经理通过客人的投诉,发现了客房服务人员的服务态度存在问题,及时安排了一次相关培训,去改善客房服务人员的服务态度,避免客人再次投诉。

一、酒店投诉的概念

关于酒店投诉的概念,目前没有严格的定义。

由于酒店是旅游业的一个重要窗口,因此,可以认为酒店投诉也是旅游投诉的一种。旅游投诉是指旅游者、海外旅行商、国内旅游经营者为维护自身和他人的合法权益,对损害其合法权益的旅游经营者和有关服务部门,以书面或口头形式向旅游行政管理部门提出投诉、请求处理的行为。这与通常所说的向经营者进行投诉不尽相同,那是一种消费者个体向经营者寻求协商解决的方法,与此类似的还有通过新闻机构进行的投诉等。基于这一概念的酒店投诉是一种狭义理解上的投诉。

通常所说的酒店投诉,是指酒店客人在使用酒店设施、设备及享受酒店服务过程中或结束后,对酒店的产品及服务不满意而向有关人员或部门诉说、抱怨,要求给予处理的一种行为。这是一种广义上的酒店投诉的概念。以下内容都是基于这种广义的酒店投诉概念来阐述的。

二、酒店投诉的类型

客人在酒店消费过程中,如果酒店提供的服务不能达到客人预期的要求,就必然会引起客人对酒店的不满。有些客人可能会采取逃避反应,虽然他们不会将不满表现出来,但是会决定下次再也不光顾这家酒店了;有些客人则会采取攻击反应,会通过各种方式把自己的不满表现出来。根据酒店客人投诉的渠道、投诉时的情绪状态、投诉的目的等不同,酒店投诉可以分为不同类型。

（一）根据酒店客人投诉的渠道分类

1. 直接向酒店投诉

客人认为,酒店的产品与服务存在问题,酒店未能满足自己的要求和愿望,因此,最直接的方式就是向酒店投诉,通过向酒店管理者或服务人员表达自己的诉求,获得酒店方的理解与支持。

2. 向酒店中间商投诉

有些客人是通过酒店中间商预订的酒店,当他们觉得酒店的服务态度、服务设施或者价格没有达到他们的预期目标时,他们一般会向酒店中间商投诉,要求中间商出面解决问题。

3. 向消费者协会等社会团体投诉

当客人觉得酒店对于投诉的处理不公平时,客人会考虑利用社会舆论向酒店施加压力,如通过向电视台、报社曝光,向消费者协会等社会团队举报等,使酒店以积极的态度去解决问题。

4. 向工商局、旅游局等有关行政管理部门投诉

有些客人的维权意识很强,当他们觉得酒店的产品与服务存在问题,不仅损害了自己的权益,而且损害了其他客人的权益时,他们可能会向行政管理部门投诉。

5. 向法院起诉酒店

当客人觉得与酒店之间的矛盾通过协商的方式很难得到解决时,客人有可能会选择向法院起诉酒店,通过法律的途径解决问题。

（二）根据酒店客人投诉时的情绪状态分类

1. 理智型投诉

所谓理智型投诉,就是客人在投诉时能够很好地控制自己的情绪,他们力图以理智的态度、平和的语气和准确清晰的表达向酒店相关人员陈述事件的经过及自己的看法和要求。这类客人的投诉有理有据,要求合情合理。

2. 冲动型投诉

所谓冲动型投诉,就是客人在投诉时很难控制个人情绪,容易冲动,一有不满就会大声咆哮,言谈不加修饰,一吐为快,说话不留余地。这类客人对支支吾吾、拖拉应付的工作态度深恶痛绝,希望酒店能干脆利落地彻底解决问题。

3. 失望型投诉

所谓失望型投诉,就是客人投诉时情绪极其低落,对酒店的产品与服务深感失望,对自己遭受的损失痛心不已。这类客人认为酒店的产品与服务已经远远超出了自己的容忍程度,希望通过投诉达到某种程度的补偿。

(三)根据酒店客人投诉的目的分类

1. 控告型投诉

控告型投诉是比较典型的投诉,其特点是客人已被激怒,情绪激动,要求酒店必须做出某种承诺,答应自己的某些要求。如一位正在用餐的客人发现点的一条鱼不够新鲜而大发雷霆,餐厅经理出面反复道歉仍然无效。客人坚持要见总经理。几分钟后,总经理亲自接待了客人,向客人表达了歉意并答应了客人的一些要求,事态才得以平息。

2. 批评性投诉

客人虽然心怀不满,但情绪相对平静,投诉时只是把自己心中的不满告诉酒店管理者或服务人员,不一定要对方做出什么承诺,也没有提出什么要求。如一位在前台结账退房的客人一边从包里拿出押金条,一边抱怨说:"你们酒店的无烟房间里怎么还有烟味啊?难道客人在房间里抽烟,你们都不管?"

3. 建设性投诉

一般情况下,客人在心情不好时会向酒店提出投诉,而建设性投诉却恰恰相反,它是客人心情愉快时,伴随着对酒店的赞誉而提出的一些建设性的意见。如李先生是一家酒店的长住客人,这天早上他离开房间时,同往常一样,习惯性地和清扫房间的服务员聊了几句。他说他非常喜欢这家酒店,他的朋友和客户对这家酒店的印象也非常好,只是每天去楼下吃早餐觉得不方便,尤其是周末,希望能自己在客房里做早餐,要是酒店在客房里添置一些设施如微波炉、电磁炉就好了。

三、投诉对酒店的意义

作为酒店服务人员,任何人都不希望有客人投诉自己的工作,这是人之常情。然而,即使是世界上最负盛名的酒店也会遇到客人投诉。客人在消费过程中对酒店提供的产品与服务不满意时,有些并不会将不满表现出来,而是默默离去,决定再也不来这家酒店了,甚至会向自己身边的人诉说自己对这家酒店的不满。这不仅使酒店失去了这位客人,也失去了他身边的一些潜在客人。因此,让客人带着不满离开酒店是酒店最大的损失。

有些客人会选择投诉。站在维护酒店利益的角度去看待客人投诉,我们不难发现,客人直接向酒店投诉是对酒店声誉影响最小的一种方式。直接向酒店投诉的客人不管其投诉的原因、动机如何,都给酒店提供了及时做出补救、保全声誉的机会和做周全应对准备的余地。因此,酒店管理者及服务人员应该正确地认识投诉,不要害怕客人投诉,应该认识到客人投诉对酒店经营管理的积极意义,对客人投诉持欢迎态度,把握投诉所隐含的对酒店的有利因素,变被动为主动,化消极为积极。

(一)通过客人投诉,了解酒店自身产品、服务与管理的缺陷

客人的投诉是对酒店产品、服务和管理水平评价的形式之一。从客人的投诉中,可以了解到目前酒店产品中存在的缺陷,发现服务工作中的弱点、漏洞和不足,以及酒店基层管理中存在的实际问题。特别是发现一些带倾向性的问题,以便有针对性地采取措施,调整酒店的产品,改进服务工作,加强酒店基层管理,为客人提供高质量、高效率的服务。

(二)通过客人投诉,了解客人的心理需求

客人之所以会向酒店提出投诉,是因为他们对酒店的产品与服务在心理上有一个期望,当现实体验达不到期望值时,客人在心理上对酒店就会产生不满,并通过投诉把这种不满表达出来。因此,通过投诉,管理者可以了解客人对酒店产品与服务的心理需求,并根据酒店实际情况,改善酒店的产品与服务,提高服务质量,满足客人的心理需求,防止投诉的再次发生。

(三)通过客人投诉,提供酒店与客人情感交流的机会

客人向酒店投诉,实际上是提供了一个酒店与客人情感交流的机会,通过对投诉的处理,客人对酒店会有更多的了解,酒店对客人的喜好、性格等也会有更多的了解。因此,酒店要把投诉作为改进工作、接触客人、增进互动、增加情感交流的机会。积极地接受客人的投诉,显示出酒店对客人的尊重和对投诉的重视,使客人在情感上得到满足,并因此加强客人同酒店之间的感情联系。

(四)通过客人投诉,给酒店提供挽回自身声誉的机会

客人虽然对酒店不满,却因各种原因不愿意投诉,这可能意味着酒店将永远失去这位客人,酒店就连向客人道歉的机会也没有了。因此,对于那些投诉的客人,我们可以认为,他们之所以投诉,是因为他们对酒店还抱有期望,愿意给酒店一个道歉并改正的机会。所以,酒店应该充分利用这个机会,积极处理客人的投诉,挽回自身的声誉。一般情况下,客人投诉多在公共场所或服务现场发生,若处理不当,不但会进一步激化客人的情绪,还易引起其他客人的注意和围观,给酒店的形象和声誉带来极坏的影响。若能妥善处理,使客人最终满意而去,则带走的是一种良好的印象,并因此挽回了酒店的声誉。

任务拓展

某高星级酒店有关客户投诉处理管理规定

一、为规范酒店客户投诉处理程序,提高客户满意度,特制定本规定。

二、本规定中"客户投诉"是指客户因未能享受到其预期的产品、服务等而以口头或书面等形式提出,希望酒店给予回复或补偿的一种要求。

三、酒店各级员工均有责任受理及根据自身的职责、权限即时处理客户投诉或将客户投诉反馈给上一级管理人员或被投诉部门。

四、各部门为客户投诉处理的直接责任部门,部门负责人为客户投诉处理的直接责任人。营销部负责定期对客户投诉进行汇总分析,并提供相关建议。

五、根据客户提出投诉时间的不同,"客户投诉"可分为在酒店消费过程中所提出的投诉(简称消费中投诉)及在酒店消费离开后所提出的投诉(简称消费后投诉)。

六、客户投诉的处理。

(一)投诉处理程序。

1. 消费中投诉。

(1)投诉本部门。

①酒店员工接到投诉后,应先了解相关情况(包括投诉事件发生的时间、地点、经过、主要当事人姓名及客户联系方式等),然后根据实际情况即时处理。

②如处理后客户仍不满意或其提出的要求超出受理人员权限范围,受理人员应逐级向上级请示处理,直至部门负责人。

③如部门负责人处理后客户仍不满意或其提出的要求超出部门负责人权限范围,由部门负责人向分管副总请示处理;如处理后客户仍不满意的,由部门负责人或分管副总请示总经理后予以处理。

(2)投诉其他部门。

①酒店员工接到投诉后,应先了解相关情况,然后即时向本部门负责人汇报。

②受理部门负责人负责与被投诉部门负责人协商处理方案后,按相关方案予以处理。

③客户对处理方案不满意的,由被投诉部门负责人请示分管副总处理;如处理后客户仍不满意的,由被投诉部门负责人或其分管副总请示总经理后予以处理。

2. 消费后投诉。

(1)投诉本部门。

①酒店员工接到投诉后,应先了解或记录相关情况,然后即时向部门负责人汇报,

由部门负责人组织人员调查后予以处理。

②如处理后客户不满意或其提出的要求超出部门负责人权限范围,由部门负责人向分管副总请示处理;如处理后客户仍不满意的,由部门负责人或分管副总请示总经理后予以处理。

(2)投诉其他部门。

参照本条第(一)款第1项(2)的程序执行。

(二)投诉处理的时限要求。

(1)消费中投诉,从受理投诉到最终处理,原则上不得超过客人要求给予处理的时间。

(2)消费后投诉,从受理投诉到最终处理,原则上不得超过三个工作日。

七、客户投诉的汇总与分析。

(1)每周周末,各部门负责根据本周已受理的客户投诉编制"客户投诉记录表",并由部门营销专员或部门指定人员于下周一将本周的"客户投诉记录表"交营销部存档。

(2)每月中旬,营销部负责根据各部门上月交来的"客户投诉记录表",对客户投诉处理情况进行汇总分析,编制"客人投诉统计分析报告表",作为营销月报附件上报总经理室审阅。

八、如客户所投诉事项属酒店(部门)规范化文件无明确规定或部门未开展过相关培训的,投诉处理人还须于投诉处理完毕后填写"客人投诉处理报告表",于表中写明客户投诉的原因、部门调查处理结果及今后为避免同类投诉的发生而建议编写规范化文件或开展培训的名称,经部门负责人签字确认后送营销部加签意见,然后报总经理室审批。审批后,由相关部门按批示意见执行。

九、各部门内部处理客户投诉的操作程序及各级员工处理客户投诉的职责、权限,由各部门自行拟订相关作业指导书后执行。

十、本规定经总经理批准后生效,自公布之日起执行。

十一、本规定的解释权、修订权属总经理室。

任务反馈

思考: 某高星级酒店有关客户投诉处理管理的规定中明确了投诉处理的程序和时限要求,并特别提到要对客人的投诉进行汇总分析,这样做有何意义?

任务二　酒店客人投诉心理及处理策略

案例聚焦

一天晚上十点多,大堂经理小程正在前厅电脑里查看当天客房入住情况及第二天的客房预订情况。这时,入住酒店商务楼层的徐先生很生气地前来投诉。原来徐先生拿着酒店的足浴赠券到足浴中心去消费,赠券上写明免一人足浴费用,但消费时服务员没有说明只能免费洗中药足浴,向其推荐了鲜花足浴,结账时才知道不能免单。徐先生认为酒店有蒙骗行为,服务员也失职了,因此,要求足浴中心的服务员向他道歉,并按赠券上的要求免除费用。

听完徐先生说明事情的原委,小程看时间已经挺晚了,便对徐先生说:"徐先生,我很理解您的心情。您看,时间已经挺晚了,为了不耽误您的休息,您先回客房,我马上和酒店足浴中心联系,十分钟后我到您客房给您一个满意的答复,您看好吗?"徐先生看小程态度非常诚恳,便悻悻地回房间了。

小程立刻和足浴中心联系,因为足浴中心的经理已经下班,只有主管小黄在。小黄说,这事服务员没有跟徐先生说明是有责任的,但是完全免除费用,自己没有这个权利。即使明天经理来了,恐怕也不行,一般情况下,要让客人支付两个服务项目的差价。小程听了,心中有数了,便让小黄通知当时为徐先生服务的服务员和他一起去徐先生的客房。

很快,小程和这位服务员敲开了徐先生的房门。徐先生看小程这么快就过来了,脸上露出满意的笑容。小程诚恳地对徐先生说:"徐先生,对不起,给您添麻烦了,这次酒店为了感谢客人入住我们酒店商务楼层,特意赠送了我们酒店非常有特色的足浴服务,但由于我们工作的失误,给您带来了困扰,我和服务员在这里诚恳地请求您的谅解。因为中药足浴与鲜花足浴的成本有很大不同,因此价格也有差异。所以,徐先生,您看能不能支付这两个服务项目的差价,这样的处理您能接受吗?"徐先生看着小程说:"我真没有想到,这么晚,你能这么快就来我房间,就冲你这一点,哪怕让我全部支付鲜花足浴的费用,我也认了。原本我今天晚上很生气,怕睡不着,现在会很开心地睡觉了。"

> 任务执行

无论在什么情况下,酒店面对客人的投诉时,首先要有一个好的服务态度,要能够从客人的角度去理解他们、关心他们,然后去了解客人投诉的原因和投诉心理,根据客人的心理需求及酒店的利益原则,迅速地帮助客人解决问题。案例中大堂经理小程在面对客人投诉时,能够迅速做出反应,并及时提出处理方案,让客人感受到酒店对他的重视,当客人的心理得到满足,投诉事件的处理也就变得非常容易了。

一、酒店客人投诉的原因

在酒店的经营活动中,客人是酒店服务的对象。客人投诉往往是因为酒店工作上的过失或酒店与宾客双方的误解、不可抗力等因素而造成的。因此,客人投诉的原因其实是多种多样的,归纳起来,主要有主、客观以及其他方面的原因。

(一)主观原因

引起客人投诉的主观原因有很多,主要体现在以下几个方面。

1. 不尊重客人

不尊重客人是引起客人投诉的重要原因。受尊重是每个人的基本需要。但在实际工作中,由于服务人员不能摆正自己与客人的角色关系,未能树立起"客人总是对的"的服务理念,把个人尊严与尊重客人对立起来,所以容易出现不尊重客人的行为,诸如对客人冷淡,不主动招呼客人,甚至客人多次招呼也没有反应,对客人的询问不予理睬或一问三不知,语言不文明,不注意礼节,不尊重客人的风俗习惯,未经敲门许可就闯入客房,无端怀疑客人带走酒店物品,误认为客人未结清账目就离开等。这些行为都会引起客人反感,甚至引发冲突,从而导致客人投诉。

2. 不一视同仁

客人受到区别对待极易引起心理不平衡,会认为酒店势利、不公平,并因此对酒店产生不好的印象。有些服务人员服务意识存在问题,在服务工作中不能对客人一视同仁,常常将客人分等级,以财取人,以貌取人,看人行事;有的服务人员还对客人的服饰、打扮评头论足,指指点点;有的对常客热情有加,但是对不经常来或是第一次来的客人不冷不淡,常常是冷热不均、厚此薄彼。这些行为被客人看在眼里,势必会引起客人反感,从而导致投诉。

3. 语言欠修养,举止不文明

有些服务人员在日常生活中不注重个人修养,说话不注意场合,举止不文明,并把这些习惯带到工作中,引起客人反感,并导致投诉。如有的服务人员称呼客人不用尊称,有时以"喂"代替,甚至省去称呼;有的服务人员对客人态度生硬,言语无礼,顶撞客人,甚至在与客人发生争执时出现挖苦、辱骂行为;有的服务人员在接待客人时挖耳朵、剔牙齿、理头发等,在客人休息时大声喧哗、高声谈笑、打电话等,影响客人休息。这些不文明的语言与举止,极易引起客人的投诉。

4. 工作不负责,服务质量差

有些服务人员工作不负责任、马马虎虎、粗枝大叶,服务质量差,引起客人投诉。如在对客人服务过程中,客人催一下才动一下,不主动,没有预见性,甚至会忘记或搞错客人交代办理的事情,损坏、遗失客人的物品,给客人造成损失,操作时不注意操作卫生等。这些对工作不负责任的表现,客人看在眼里,会觉得酒店的管理与服务质量得不到保障,自己的权益也必定会受到损害,并因此向酒店投诉。

(二)客观原因

引起客人投诉的客观原因主要体现在以下几个方面。

1. 酒店设备损坏后未能及时修理

酒店的各项服务设施设备应该是完好的,随时可供客人使用。但有时酒店因种种原因没有及时修好损坏的设施与设备,导致客人在使用时出现问题,引起客人不满而投诉。如客人打开电视机却不能正常收看;卫生间抽水马桶坏了,不能正常使用;空调不制冷,客人在房间里感觉非常闷热等。

2. 基础设备不完善

客人来到酒店,希望酒店的环境设施、服务设施都尽善尽美。若酒店没有为客人提供必要的服务设施,如客房不能提供网络线路,卫生间没有电源插座,或者酒店不能提供洗衣服务等,就会让客人觉得非常不方便,从而引起客人心理上的巨大不快,在某些程度上都可能会引起客人的投诉。

3. 服务收费不合理

客人在酒店消费,一般情况下,会对酒店产品与服务的价格有一个心理预期,并且会把自己支付给酒店的费用,与其自身期望相比,与产品或服务的实际使用价值相比,与其以往的消费经验相比,当他觉得酒店提供的产品或服务价格超出自己的预期时,就会对价格的不合理进行投诉。另外,客人在结账时,若发现应付的款项与实际收费有出入,收费项目不明确,或者未加解释增加新的收费项目,客人在心理上就会有一种受骗上当的感觉,并因此投诉酒店。

除了主观和客观方面的原因以外,引起客人投诉的还有其他方面的原因:首先,随着客人的维权意识和法治观念的增强,很多客人在自己的权益受损害时,会通过投诉来维护自己的权益;其次,服务质量与服务态度的优劣,常与客人的心理感受有直接关系,而酒店客人的兴趣、爱好、需求、风俗习惯以及消费水平不同,评价标准也不完全一致,这也决定了客人的投诉是难免的。

二、酒店客人投诉的心理需求

客人向酒店投诉,既有可能是因为酒店方面的过错,也有可能是因为自己的误会,原因很多。但不管是什么原因导致客人投诉,在处理客人的投诉时,首先应该做的是要了解他们的投诉心理,因为即使相同的原因导致的投诉,不同客人的心理需求是不一样的。只有针对客人的心理需求来处理投诉,才有可能让客人满意。一般情况下,客人投诉时的心理需求主要体现在以下几个方面。

(一)求尊重的心理

根据心理学家马斯洛的需要层次理论,尊重是人的一种较高层次需要。求尊重是人的正常心理需要。客人在酒店消费过程中,在心理上需要服务人员的尊重,而在进行投诉活动时这种心理更加突出。他们总认为自己的意见是正确的,希望自己的投诉受到有关部门应有的重视,要求别人尊重他们的意见,向他们表示歉意,并立即采取行动,恰当地处理投诉。

(二)求宣泄的心理

人在遇到挫折后,经常会采取宣泄的防卫措施,通过宣泄来排解心理压力,保持心理平衡。客人在酒店消费过程中,如果碰到使他们不顺心的事情,或被酒店服务人员讽刺挖苦之后,心中充满了怨气、怒火,他们就会希望相关的人员受到责罚,因此他们会利用投诉来寻求发泄,以维持心理平衡。

(三)求补偿的心理

人们因为各种需要而产生了消费动机,并寻求获得满足,有时可能会受条件限制无法得到满足,就会产生求补偿的心理,这是现实生活中普遍存在的现象。客人在酒店消费过程中,因为某些原因没有获得心理满足,并因此向酒店服务人员或有关部门投诉时,希望酒店能够弥补他们的损失,正是求补偿心理的体现。

(四)求平衡的心理

客人之所以投诉,还源于他们对人的主体性和社会角色的认知。他们认为,自己是花钱来享受的,希望获得美好愉快的消费经历。如果酒店提供的产品与服务让客人觉得不愉快,那么客人在心理上就会形成强烈的反差。俗话说:"水不平则流,人不平则语。"这种反差就会促使客人采取投诉的方式找回自己应该享有的权利,这也是一般人寻求心理平衡、保持心理健康的方式。

(五)自我表现的心理

在日常生活中,有些人的自我意识很强,总觉得自己比别人高明,时时刻刻都想表现自己,并在行动上体现出来,如喜欢挑刺、批评别人,喜欢当众表现等。在酒店服务过程中,服务人员也会遇到这样的客人,如有些客人投诉的内容是谈看法、提建议,其目的就是表现自己见多识广,有丰富的酒店消费经验,其实这是客人一种自我表现心理的体现。

三、处理客人投诉的策略

(一)投诉处理的原则

投诉处理是否得当,是否让客人满意,关系到客人对酒店的总体印象。酒店要想留住客人,必须恰当地处理客人的投诉。因此,不管遇到什么样的投诉,都务必充分考虑客人的投诉心理,基于客人的思维模式寻求解决问题的办法。其处理原则主要包括以下三个方面。

1. 诚心帮助客人的原则

酒店应该坚持"宾客至上"的服务宗旨,对客人投诉持欢迎态度,诚心帮助客人解决问题。受理投诉,处理投诉,这本身就是酒店的服务项目之一。因此,当客人遇到问题前来投诉时,接待人员不能与客人争吵,不为自己辩护,真诚地听取客人的意见,表现出愿为客人排忧解难的诚意,对失望痛心者款言安慰,深表同情;对脾气暴躁者豁达礼让、理解为先,争取完满解决问题。真诚的服务态度是取得客人谅解的第一步。

2. "客人永远是对的"原则

酒店服务人员需要不断提高职业素养,树立全心全意为客人服务的思想,树立"客人就是上帝""客人永远是对的"的思想观念。树立这个观念时可以这样思考:客人是酒店的衣食父母、是上帝,上帝还会有错吗?一般来说,客人来投诉,说明酒店的服务与管理出了问题,客人不到万不得已和忍无可忍的情形,是不愿耗费时间和精力进行投诉的。酒店要从客人的角度来理解他们,即使客人错了,我们也要把"对"让给客人,不要让客人感到羞愧和遗憾。

3. 兼顾客人和酒店双方利益的原则

在处理投诉时,要兼顾客人和酒店双方的利益。首先,投诉处理人员是酒店的代表,代表酒店受理投诉,他不可能不考虑酒店的利益,因此,处理投诉时不能接受客人的无理要求而使酒店利益受损。另外,投诉处理人员还是客人的代表,为客人追讨损失赔偿。客人直接向酒店投诉,这种行为反映了客人相信酒店能公正妥善地解决当前问题。为回报客人的信任,管理人员必须以不偏不倚的态度,公正地处理投诉。

(二)投诉处理的程序

对于客人的投诉,一般情况下,酒店可以按以下程序进行处理。

1. 耐心倾听,弄清真相

专注地倾听客人诉说,不打断或反驳客人,不要露出不相信客人的表情,而要用恰当的表情表达自己对客人遭遇的同情,必要时做记录。准确领会客人投诉的问题,把握问题的关键所在。必要时,谨慎提问,明确客人不满的根源和事情的真相。

2. 表达歉意，平息不满

巧妙地运用道歉技巧，平息客人对酒店的不满情绪。在没有弄清事情真相之前，不可以随便承认是酒店工作的失误，也不可以随便答应客人的诉求，但可以表示对客人遭遇的同情、理解与抱歉，并承诺帮助客人尽快解决问题。若客人投诉时情绪激动，酒店应设法平息客人的不满情绪，如请客人移步至不引人注意的一角，请客人坐下慢慢诉说，并奉上茶水或其他不含酒精的饮料等。

3. 审视真相，解决问题

进行调查核实，弄清问题所在，以便客观地审视事实真相，根据客人的投诉心理，提出一个妥善解决问题的办法。对于那些应该解决而又能解决的问题，应给予及时解决；对超越权限或无法解决的问题，不要急于提出处理意见，更不能向客人保证解决，而应该立即报告上级或与有关部门联系后再答复客人。

4. 跟踪反馈，做好记录

投诉处理结束后，应追踪客人对投诉处理结果是否真正满意，并再次倾听客人的意见。此后，要把事件经过及处理整理成文字材料，包括投诉内容、处理过程、处理结果、客人满意程度等。通过记录，吸取教训，总结经验，为以后更好地处置好客人投诉提供参考。

（三）投诉处理的技巧

客人投诉可选择的途径很多，但一般情况下，酒店受理客人投诉的主要场所在前台和餐厅。前台和餐厅是酒店直接对客人服务的营业场所，因此，前台和餐厅的基层管理人员尤其需要了解投诉客人的心理活动，掌握一些必要的投诉处理技巧，妥善处理投诉。

1. 善倾听

只有切实了解客人的投诉心理与诉求目标，酒店才可能对症下药地提供解决的方法。但是，客人在投诉的时候，可能会因为面子或者情绪激动，而没有明确地表达自己心中的真实想法，这要求投诉处理人员掌握倾听的技巧，善于领会客人的"弦外之音，言外之意"。如在倾听时，要注意客人多次重复的话，客人或许出于某种原因试图掩饰自己的真实想法，却又常会在谈话中不自觉地流露出来，这种流露常常表现为重复某些话语；还要注意客人的建议与反问，客人的诉求目标常会在他们建议与反问的语句中自觉或不自觉地表现出来。

2. 冷处理

客人投诉时，往往情绪会比较激动，激动时，客人往往会失去理智，不利于投诉处理。因此，投诉接待人员应该想方设法先让客人平息怒火，尽量让客人冷静下来。平息客人的不满，使被激怒的客人"转怒为喜"，不妨尝试一下"CLEAR"方案。该方案包括以下步骤：

C——掌控（Control）你的情绪，沉着冷静，自己不能乱了分寸。

L——倾听（Listen）客人诉说，了解并分析投诉产生的关键环节。

E——创建（Establish）与客人共鸣的局势，站在客人的角度换位思考。

A——对客人的情况表示歉意（Apologize），不管错在何方，首先要对事件的发生表示抱歉，但并不代表承认错在酒店方。

R——提出应急和预见性的计划（Resolve），给出选择性的解决方案而并非让客人提出要求。

3. 热心肠

投诉的客人往往是带着委屈来请求接待者主持公道的，因此，投诉处理人员应有一副热心肠，对客人表示安抚与同情，热情、友善、礼貌地接待他们，把客人当作自己的亲人来对待，把客人的事当作自己的事来办。当客人看到投诉处理人员为了自己的事奔波忙碌、满头大汗时，客人往往在心里会感到过意不去，即使最后问题没有得到圆满解决，客人也会谅解酒店。

4. 快解决

酒店在处置投诉时，牢记不要延误时间，推卸责任，各部门应团结起来，迅速找到根源所在，并马上提出处理方案，力争在最短时间里完全解决问题，给客人一个满意的结果。快速处理投诉，会让客人感受到酒店对自己的重视；而延误或推卸责任，会进一步惹恼投诉者，激发更严重的矛盾。为了快速处理投诉，酒店应该有专门的制度和人员来处理客人的投诉问题，使各类情况的处置有章可循。另外，要做好各类预防工作，对常见的投诉问题做好解决预案。

任务拓展

一些常见的客人投诉

美国饭店质量咨询公司，对各种类型的饭店进行了服务质量调查，从而发现以下常见的酒店客人投诉。

1. 财务部

（1）有些客人在饭店下榻期间，由于在其他一些部门的费用（如在餐厅的就餐费用），直到客人已经办理完了迁出结账以后才转到财务部，此时要客人补交这些费用，客人不但想拒付而且心里感到极不愉快，因此也就容易发火，抱怨饭店，这是经常出现的情况。

（2）有时候，在客人的费用会计款凭证单上，忘记让客人在产生费用时签字。之后客人可能忘记了该笔消费，拒付此费用，同时客人还反问饭店道："你能对没有经过当场验证的费用付款吗？"这是财务部出现客人投诉的第二种情况。

2. 前厅行李服务

（1）有的时候，殷勤、好客的酒店行李员，忘记告诉客人有关酒店所提供的各项服务，如宾客干湿洗衣服务时间、价目表；餐厅的营业时间，提供的菜点佳肴种类；康乐中心设施，娱乐项目，所在地点及客房的送餐服务等，从而造成客人的不便，并招致客人不满、抱怨、投诉。

（2）前厅行李员在协助客人提拿行李，护送客人来到客人的房间，但是忘记告诉客人如何使用室内的一些设施项目，如室内中央空调旋钮调到什么位置为正常室温、彩色电视与多功能控制音响台的使用方式、程控直拨电话的使用方法等，从而引起客人的不满，导致客人投诉。

3. 工程维修部

（1）由于怠慢下榻客人提出的室内维修项目要求，即客人用电话直接告知工程部或前厅部，说明客房内有需要维修的项目，然而工程维修部维修人员没有立即做出回答，并及时前来客人的房间进行检查或维修，从而引起客人投诉。

（2）工程维修部弱电工程人员没有按照会议的需求，及时安装好会议通信系统，如主席台所用话筒、同程翻译接收耳机、中央空调系统以及与会议相关的一些设施设备等，也会引起会议组织者的抱怨和投诉。为此，一些酒店经常委派工程维修部的专职人员负责会议期间的工程维修和有关方面的服务工作。

（3）由于工作疏忽，搞错需要维修的客房房间号，导致未能及时提供客房维修，这样也会造成被客人投诉。为了避免这类事件的发生，客房部经理、工程维修部及前厅部经理要协调一致，要全面控制以保证客房的及时维修，从而使客人享有一种舒适、安全、宜人的下榻环境。

（4）客房中央空调失灵，造成客人身体不适，因此引起客人投诉。

4. 餐饮部

（1）餐厅服务员将客人所点菜单与该客人所在餐桌席号搞错，最终出现服务员上菜与客人事先所点菜点不符，引起客人极大不快。

（2）宴会部在客人订餐时，没有问明订餐赴宴者是否要在正餐前安排鸡尾酒或其他有关活动，以致最终未能满足客人的要求，造成客人不满和投诉。

（3）客人订餐或宴会订餐，没有存档记录客人的订餐，更没有按时按日满足客人的订餐需求，从而造成客人的极大不满和投诉。

（4）在客人点的菜中发现有其他脏物，会引起客人的投诉。

（5）客人只是被告知所点菜品由于某些原材料暂缺，一时不能提供客人所点菜品，但是客人并没有再次被照顾或提供服务，也没有被问明或被建议再改点其他菜品，加之服务员又去忙于服务其他餐桌的客人，再也没有第二次回来为客人提供点菜服务，从而使客人被置于无人服务的冷遇境地，自然引起客人的不满和投诉。

(6)由于服务不认真,向客人提供不洁净的酒杯、饮料杯、餐盘或其他不干净的餐具等,从而引起客人的不快和投诉。

(7)餐厅服务员忘记问明客人是否需要酒水、饮料,使客人感到自己是位不受欢迎和低消费的客人,引起客人的极大不满,造成投诉。

(8)餐厅服务员没有按照客人所点的菜品上菜,最后客人拒付费用以表示不满。

(9)餐厅服务员或清桌员没有认真清理餐桌,导致餐桌上仍然留有脏物、水珠、面包碎屑等,引起客人投诉。

(10)餐厅服务效率低,没有向客人提供快速敏捷的服务。如厨房厨师不能按时出菜或者是由于餐厅服务员较少,客人较多,客人所点的菜品久等不能上桌,引起客人投诉。

(11)送餐服务太慢。送餐服务也有服务效率问题。客人用电话在客房内点菜用餐时,一般来讲,从客人用电话点菜开始计时。送餐服务效率标准的限定时间为早餐30分钟、午餐35分钟、晚餐35分钟,超出服务效率限定时间则客人会认为自己被列为冷遇客人。

(12)厨房备菜员没有及时通报当班主厨或厨师长有关食品原材料的变化和短缺问题,从而造成有些菜点不能提供。这样,也就出现了一线餐厅服务员与后台厨房备菜员之间的脱节,从而造成客人在餐桌席位上久候菜点不能到桌,客人的就餐情绪低落,最后导致不满、抱怨和投诉。

(13)在客人的就餐视线之内,清桌时,服务员没有将豪华的餐具与餐桌台布分开,而是将它们一起丢进垃圾室,客人对这种杂乱无章的服务也会进行投诉。

5. 前厅部或称总服务台

(1)客人持有客房确认预订单,但是来到酒店时,却没有可提供的房间下榻,造成这个结果的原因是前厅部自以为客人可能不会到来,因此将房间另外出租给别人。这样就引起客人的不满,给客人留下较坏的第一印象。

(2)客人持有客房确认预订单,但是在客人步入前厅部或总服务台办理入住登记时,酒店前厅部接待人员找不到客人的预订客房记录卡,这样也就引起客人的不愉快,以致出现客人的投诉。

(3)前厅部接待人员不够热情和礼貌,接待服务中有不尊重客人的言行,引起客人的投诉。

(4)有时护送客人前往下榻房间的行李员或客人拿到了前厅部交给其的一个与客人下榻房间号不符的客房钥匙,致使行李员或客人本人又不得不再回到前厅部换取钥匙,引起客人的不满和投诉。

(5)由于等候入住登记下榻或者是结账离店的客人较多,等候时间(均限定在60秒之内)过长,客人感到烦恼也会引起客人的投诉。

（6）前厅部或总服务台服务人员忘记或者没有及时转交和传送客人的信件或留言，从而引起客人的不满和投诉。

（7）当客人抵达酒店时，前厅部不能为客人提供客人事先所预订的那种类型的客房，这时客人自然会抱怨并产生不满和投诉。

（8）客人抵达酒店并来到其所要下榻的房间，可是发现客房还没有整理；这是因为客房部和前厅部之间工作不协调所致，从而给客人较坏的第一印象，并引起投诉。

（9）客人在酒店内产生的费用，既不确认也不核实，导致客人的一切费用账目无法收集起来，最后只能推给总经理去处理、解决。

（10）前厅行李员将客人的行李送到其他客人的房间，让客人久等，造成不满和投诉。

（11）由于没有足够和完善的预订控制系统，导致超额预订，使正式预订的人没有客房下榻，造成客人不满和投诉。

6. 常规失误

（1）酒店员工不知道宾客服务项目，如洗衣服务、饭店汽车出租服务及客房送餐服务等。当客人问询有关服务项目时，员工回答不知道或不熟悉，引起客人的不满，造成投诉。

（2）酒店公共场所设置的无人售货机不好用，不能方便客人自由投硬币选购小食品、水果和香烟，引起客人投诉。

（3）酒店员工或服务人员随意怠慢客人，引起客人投诉。

（4）当客人抵达酒店时，其客房租用价格与原来旅行社提供的价格不符，使客人感到不愉快，引起投诉。

（5）客人提前预订的交通工具没有及时到来，耽误了客人的时间，结果引起投诉。

7. 客房部

（1）由于客房卫生间浴巾、面巾、浴皂短缺，引起客人的不愉快和投诉。

（2）客房服务员整理房间后，未能及时汇报客房设施的失灵及维修（如淋浴喷头失灵不好用，电视无显影无声音等），均会影响客人的下榻生活及精神需求，引起客人不满和投诉也是自然的事情。

8. 销售部

（1）由于酒店销售部人员没有及时了解客源市场的变化及客人的需求，使酒店提供的各种服务项目，包括服务质量和各项价格等不被客人满意。

（2）销售部人员所做的销售许诺，即优惠价格或优惠项目，未能实际兑现，使客人来到酒店下榻以后感到失望，造成客人不满和投诉。

（3）酒店各部门之间工作及服务协调网络脱节，从而影响客源市场销售，影响客人的满意程度。

（4）由于前厅部或电话总机室未能按时叫醒客人，影响了客人正常的活动日程，引起客人不满和投诉。

（5）客人的信件没有及时给客人，耽误客人接收信息，影响了客人的心情，引起客人不满和投诉。

任务反馈

思考：酒店客人的投诉问题可能会涉及酒店各个部门，但是接待客人投诉的主要是前厅和餐厅这两个部门的服务与管理人员。如果你负责接待客人投诉，遇到涉及其他部门的问题，会如何协调解决？

知识回顾 ▶▶▶

1. 如何理解正确处理投诉对酒店的重要意义？
2. 引起客人投诉的原因有哪些？
3. 客人投诉的心理需求表现在哪些方面？
4. 如何理解处理客人投诉的原则？
5. 处理客人投诉的正常程序包括哪些？
6. 处理客人投诉的技巧有哪些？

能力训练

1. 投诉处理能力模拟训练：把全班同学分成10个小组，每组3~5名同学，要求每组准备一份客人投诉的案例。在课堂上，随机抽签，把10个小组配为5对，情景模拟投诉处理过程。各小组应按抽到的材料进行准备，小组内讨论并演示，最后师生共同分析投诉处理的效果。

2. 表达与倾听能力模拟训练：这部分内容由同学在课下完成。要求每组两位同学，甲同学准备诉说材料，把自己准备谈论的内容归纳为几个要点并记录下来，然后脱稿，不要背诵材料中的内容，自己组织语言，向乙同学诉说材料的内容。乙同学通过认真倾听，谨慎提问，把甲同学诉说的内容整理一下，归纳成几个要点并记录下来。然后比较甲、乙同学的记录要点，看其吻合程度，分析甲、乙两位同学的语言表达与倾听能力。

🔍 案例分析

　　小胡是某星级酒店中餐厅的一名引位员,一天,酒店的一位常住客人,也是小胡非常熟悉的806房间的方先生,和往常一样,一个人来到中餐厅用餐。离开时,方先生比较随意地笑着对小胡说:"小胡,今天的菜真不错,味道挺好的,就是现在天热了,餐厅温度高了些,我得赶紧回客房凉快一下。"说完,方先生就离开了。

　　第二天,当方先生又一次来到中餐厅时,小胡走上前来对他说:"方先生,我已把您对餐厅温度的意见转达给了餐厅经理,我们经理马上通知了工程部,他们及时处理过了。您觉得今天的温度怎么样?"尽管方先生只是说了声"谢谢,很好",但小胡明显感觉到方先生的心里是非常高兴的。

　　思考: 方先生比较随意的一句话,你认为这是对酒店中餐厅的投诉吗?为什么?小胡作为中餐厅的一名引位员,你认为她在服务过程中有什么值得我们学习的地方?

管理篇

模块 11
酒店员工心理与管理

模块目标

◆ **知识目标**
1. 了解酒店服务人员在服务工作中应具备的职业心理素质。
2. 认识员工的压力来源,掌握应对压力的策略。
3. 理解激励的原则及相关理论,并在酒店管理中加以具体应用。

◆ **能力目标**
1. 能根据员工的个性特征及当时的心理状况进行科学管理。
2. 正确认识及面对压力。
3. 运用激励理论调动酒店员工的工作积极性。

模块任务

- ◆ 任务一 酒店员工的职业心理素质
- ◆ 任务二 酒店员工的压力管理
- ◆ 任务三 酒店员工的激励

任务一　酒店员工的职业心理素质

案例聚焦

张琳是一名房务部的客房服务员,近段时间,她很烦躁,感觉事事不顺,每天做着枯燥乏味的卫生清洁工作,脾气变得越来越坏,同事之间的关系也越来越紧张,还时不时地受领班的批评,有时还会收到客人的投诉。刚毕业时的理想好像离自己越来越远。她开始怀疑自己是不是选错了专业,不适合酒店行业,但也不知道该去做什么。听周围的朋友说酒店行业是吃"青春饭",又了解到自己的同学在上海一家汽车4S店做销售,待遇蛮不错的,她很想去做,于是,她向酒店提出了辞职申请。

接到她的辞职申请后,人力资源部经理按照常规进行了一次离职谈话,询问到离职的原因时,她只说不适应酒店的工作,询问到她的去向时,回答要去做销售,问到她对销售的了解时,她回答先去看看再说。人力资源部经理感觉到张琳的职业方向性不是很明确,考虑到她所学的专业是酒店服务与管理,刚招聘来时对工作满怀热情,所以觉得她在酒店这一行业应该是有发展空间的,就同张琳进行了一次围绕她将来职业的发展方向的深入谈话,从她本人的性格、职业特长分析,描绘了她若干年以后的工作,并帮助她做了个人职业规划设计。经过两小时的深入交谈,张琳的眉头舒展开了,对自己的职业发展重新充满信心。她答应人力资源部经理会继续在酒店做下去,并立志在酒店行业进一步发展。

任务执行

随着酒店业竞争的日益激烈,对酒店从事一线服务的员工素质要求越来越高。由于酒店服务行业的特殊性,酒店简单重复性的工作方式,也令酒店员工面临的压力越来越大,容易产生心理紧张、挫折感和自信心不足等不良的心理状态。因此,酒店行业作为一个人员流动相对较大的行业,如何在日常的管理过程中,体现出以人为本的管理思想,关心员工,帮助员工规划职业目标,提高职业心理素质,从而吸引和留住员工,有利于酒店业的良好发展。

一、良好的性格

性格是指表现在人对现实的态度和相应的行为方式中的比较稳定的、具有核心意义的个性心理特征,是一种与社会相关最密切的人格特征。性格表现了人们对现实和周围世界的态度,并表现在他的行为举止中。良好的性格是服务人员能够热情为客人服务的重要心理条件。

(一)充满乐观与自信

具有良好性格的人对生活和工作是充满乐观与自信的。成为一名优秀的服务人员首先要做一个生活中的强者,追求更多、更好、更高层次的满足。心理学家马斯洛说过,人有一种"向前的力量",也有一种"向后的力量",并不是人人都能让前一种倾向胜过后一种倾向。只有乐观自信的人才会永远向前,那种乐观的精神能使他们永远积极向上,无论是身处顺境还是身处逆境,都能正确评价自己。酒店服务工作的特点决定了乐观自信的人更容易在酒店行业取得成功。

(二)对人礼貌热情

酒店服务人员为客人提供服务的过程本身就是人际交往的过程,人们更愿意和礼貌热情的人交往,冷冰冰的态度只会让人望而却步。很显然,在酒店服务工作中,面带微笑、礼貌热情的服务人员更容易获得好感,也更容易获得客人的信任,作为服务人员,宗旨就是让客人满意,获得了客人的好感。因此,对人礼貌热情是酒店服务人员的基本素质要求。

(三)为人真诚友善

真诚友善是在与人的交往中,以诚相待,表里如一;与人为善,从善如流。在酒店服务工作中,服务人员以善良的愿望与对方相处,往往会赢得客人的信任,很快被客人所接纳,消除人与人之间的陌生感、隔膜感,能够在较短时间内融洽主客关系,促使客人乐于接受服务。

(四)心胸豁达,善解人意

19世纪,法国文学大师雨果曾说过:"世界上最宽阔的是海洋,比海洋宽阔的是天空,比天空更宽阔的是人的胸怀。"豁达宽容主要是指一种处世的态度。生活本身总是充满矛盾的,每个人的性格也不同,因此,在生活与工作中要心胸豁达,善解人意。酒店服务工作有一个行规,即"客人总是对的",因此,服务人员只有心胸豁达,才会善解人意,自然就会开心地面对各种类型的客人,为客人提供最完善的服务。

二、积极的情绪情感

情绪是人对客观事物是否符合自身需要而产生的态度的体验,人的情绪态度直接影响人的生活态度和工作方式。在酒店服务工作中,服务人员直接面对客人,是客人情绪的引领者,直接影响客人的情绪,同时影响自身的工作效率。

（一）保持良好的情绪状态

在酒店服务工作中,首先,员工要使自己处于一种轻松愉快、心平气和、乐观积极的情绪状态中。保持良好的情绪状态,有助于提高工作效率,并以良好的情绪影响和感染客人。其次,员工要善于控制自己的情绪,避免激情所带来的消极影响,避免失去理智,以防和客人之间的矛盾激化。此外,在面临突如其来、意料之外的紧急情况时,要保持一种良好的应急水平,要做到临危不惧、急中生智,果断做出决定。

（二）有正确的情感倾向性

酒店服务人员应具有热爱酒店服务工作、热情为客人服务、满足客人需要而努力工作的崇高情感,并将这种情感指向自己的工作和服务对象,在实践活动中充分表现出来。对本职工作的热爱和对酒店客人的尊重与体贴,是酒店员工正确的情感倾向性的具体表现,也是优秀员工的必要条件,它是激发酒店员工努力工作的内在动力。

（三）有深厚持久的高尚情感

高尚的情感主要包括道德感、理智感和美感。在酒店服务工作中,道德感是要求员工自觉遵守酒店的各项规章制度和职业道德规范;理智感是要求员工坚持真理、善于思考,对工作孜孜孜以求;美感是要求员工培养正确的审美观,仪容仪表、言谈举止得体,善于发现美、创造美。深厚持久的高尚情感对员工的服务工作产生积极的动力。然而,这种动力也会因人而异。因此,还要努力提高高尚情感的效能。情感效能高的服务人员能将其转化为积极学习、努力工作的动力;而情感效能低的服务人员则空有愿望,是"语言上的巨人,行动上的矮子"。

（四）学会自我调节情绪

情绪的自我调节主要包括保持愉快的情绪与克服不良的情绪两个方面。酒店服务人员学会情绪的自我调节是指在酒店服务过程中保持愉快的情绪体验,并与客人共同创造愉快的情绪氛围。宽容对人、忍让处事、广交朋友、热心助人等都是有效的方法。同时,通过及时排遣不良情绪,转移注意力、自我放松等方式来克服不良情绪。

三、坚强的意志

意志是人自觉地按照确定的目的,并根据目的来支配、调节自己的行为,克服困难,从而实现预定目的的心理过程。意志是人类特有的高级心理活动,是人类意识能动性的集中表现。意志过程由采用决定阶段和执行决定阶段构成。酒店服务工作是极其复杂的工作,需要服务人员不断克服主客观方面的各种困难和障碍,所以只有不断地增强意志力,才能做好服务工作。

（一）自觉性

意志的自觉性是指人对其行动的目的及其社会意义有正确而深刻的认识，并能自觉地支配自己的行动，使之服从活动目的的品质。有自觉性的人，相信自己的目的是正确的，能把热情和力量投入到行动中，会克服困难，在行动中不轻易受外界的影响而改变自己的目的，但也不拒绝有益的建议和意见，他们的思想和行动既有原则性又有灵活性。对于酒店服务人员来说，具有意志品质的自觉性是既能倾听和接受合理建议，又能信守原则，主动、独立地调节自己的行为，并具有强烈的酒店从业意识，能深刻理解酒店工作的社会价值，在酒店服务工作中以高度责任感确立行动目的，并选择科学的行动方法，自觉为客人提供服务。

（二）果断性

果断性是指能迅速有效地、不失时机地采取决断的品质。与之相反的是优柔寡断和草率鲁莽，前者患得患失，当断不断，缺乏主见，错过时机；后者不加分析，不管实际，不顾后果，轻举妄动。酒店服务人员每天要接触很多客人，也会遇到各种矛盾，甚至会碰上一些突发事件。这需要员工具备驾驭复杂事态的能力，迅速权衡，准确决断，及时采取相应措施加以处理。缺乏果断性，表现出犹豫不决或草率行事，不仅难以解决问题，还会激化矛盾，导致更严重的后果。

（三）坚持性

坚持性是指在执行决定的过程中，以坚持不懈的精神克服困难，不达目的誓不罢休的品质。酒店服务工作单调烦琐，时间长，劳动强度大，客人要求标准高，要始终如一地保持主动、热情、耐心、周到的服务态度，自觉抵制不符合既定目的的主客观干扰因素，克服畏难情绪，坚持不懈地做好服务工作需要服务人员具备充沛的精力、顽强的毅力和坚韧不拔的意志品质，胜不骄，败不馁，锲而不舍。否则，就不能适应酒店工作的要求，更不可能为客人提供优质服务。

（四）自制性

自制性是指能够自觉控制自己的情绪，约束自己的言行举止的意志品质。自制力强的人在对待客人上善于克己忍耐，善于把握自己的分寸，不失礼于人；在对待工作上，遇到困难繁重的任务不回避，不感情用事。酒店工作的目标是为客人提供至善至美的服务，它要求员工不论与何种类型的客人接触时，或者无论发生了什么问题，都能够做到镇定自若，善于控制自己的情绪，把握自己的言行分寸，谦恭有礼。遵守酒店的各项规章制度，也是自制性强的表现。

四、出色的能力

酒店服务人员的能力不仅是完成日常酒店服务工作的前提，还直接影响服务效率和服务效果,是影响酒店服务质量和水平的主要因素之一。一位优秀的酒店服务人员应具备以下能力。

(一)敏锐的观察力

要想为客人提供最好的服务,首先要了解客人的心理,才能投其所好,有的放矢,但人的心理是内隐的,所以只能通过观察外显的行为去了解他的心理,而人的行为在很多时候并不会表现自己真实的想法,甚至故意做出与自己内心相反的举动。这就需要服务人员首先要细心观察,捕捉客人无意流露或有意传递的每一点信息,然后根据当时特定的背景分析客人的真实心理需要。

(二)良好的记忆力

良好的记忆力是优质服务的基础。酒店服务人员在工作中不仅要记住所有设施设备的使用方法、服务工作的程序和规章制度,还要记住客人的姓名、长相、职业、职位、爱好甚至禁忌等,甚至还要记住当地的主要旅游景点、特色小吃、出行线路、大型商场等。当客人询问时,能够马上为客人提供准确的答案。

(三)高超的交际能力

酒店服务就是主客之间以各种方式进行信息的交流沟通,因此,交际是实现服务工作的主要途径。交际能力是酒店服务人员对客服务的一项基本能力。高超的交际能力主要表现在:①应重视给客人的第一印象。②有简洁流畅的语言表达能力。③有妥善处理各种矛盾的能力。④有招徕客人的能力,通过交际,促使双方感情融洽,吸引客人,促其消费,这也是非常重要的能力。

(四)熟练的服务技能

服务技能是酒店服务人员对服务操作技术、动作掌握的熟练程度。它与服务态度、服务用语和服务项目一样,关系到酒店形象,影响客人的消费感受。服务技能表现在不仅有娴熟的操作技巧、超群的服务技艺,而且有丰富的专业知识和客人信息。具备熟练的服务技能,会让客人在心理上放松,更加信任服务人员,也更愿意在酒店里进行消费。

任务拓展

职业能力倾向测试是一种心理测试。通过测试可以发现一个人的潜在才能,预测个体在将来的学习和工作中可能达到的成功程度,帮助选择适合自己的职业。现代职业能力倾向测试的真正兴起始于西方工业革命时期,心理测验从早期的心理缺陷诊断演变为心理评价,从教育领域拓展到社会管理的其他领域,为学生升学、就业、人才选拔、晋升、培训等提供指导和服务,在西方已成为一重要产业。特别是20世纪五六十年代以来职业能力倾向测试的思想和方法日新月异,开发了名目繁多、内容丰富的测评技术,包括智力测验、能力测验、性格测验、成就测验、情景模拟等,这些技术客观科学,得到了广泛运用。

目前,在西方国家,无论是政府机关选拔公务员,还是公司录用新员工,抑或个人进行职业生涯设计均要实施严格的测评。它综合利用心理学、行为学、管理学、测量学、计算机技术等多种学科和技术,通过严密的测评过程和客观的评分标准,对人的知识水平、能力结构、个性特点、职业倾向、发展潜能等素质进行综合测评,为招聘单位提供参考依据,同时为个人的发展提供咨询。目前,世界各地已经广泛地将其应用于人力资源开发,国内也在蓬勃发展。

任务反馈

思考:作为酒店服务人员,工作中可能会遇到哪些困难?面临哪些挑战?应该在心理上做好哪些准备?

任务二 酒店员工的压力管理

案例聚焦

张先生是一家四星级酒店的前厅经理,他热爱并且出色地完成了自己的本职工作,在酒店里人缘也不错,领导也挺赏识。然而,在过去一年里,由于被提拔到现在的职位,他产生了一种莫名其妙的不适感,他经常感到尽管自己工作有成效,可还是不能出类拔萃,这种焦虑的情绪深深地浸入他的意识之中。他开始延长工作时间,把工作带回家,甚至常常在深夜打电话到酒店前台,关照夜班的服务人员,很怕会出差错,因为休息不好,精力似乎也不如从前。他感到筋疲力尽,却仍然担心第二天的工作。周围的同事鼓励他说:"你很优秀,一直都是最好的,现在也一样。"张先生却越来越担心,自己身上的压力越来越大了,自己已经干不好了,不知道能撑到什么时候,情绪也越来越沮丧,身体似乎也不如从前。当初升职时的喜悦之情也荡然无存。

> 任务执行

张先生由于升职引起了工作责任加大和对自己过高的心理期望,给他的工作和生活带来了很大的心理压力,从而引起情绪焦虑和身体不适,使自己处于疲劳和沮丧的情绪之中。

一、什么是压力

压力是一种动态情境,在这种情境中,个体对某一不能很好应对的、不确定而又重要情境的生理与心理反应。

(1)压力是指个体能够感知、体验到的生理反应和心理反应。生理反应,即血压升高、头痛、呼吸加快、缺乏食欲等;心理反应,即紧张、焦虑、易怒等。

(2)压力是个体对不能很好地应对情境的反应。如果个体能够从容应对,则这一情境不会使人产生压力。

(3)压力是个体对某一不确定而又重要情境的反应。也就是说,个体对于自己的成功与失败无法确定时,就会感到压力。同时考虑其结果对于个体的重要程度。

压力根据表现时间可分为长期压力和短期压力;按性质可分为积极性压力和消极性压力;按大小差异可分为严重压力和一般压力。压力对个体的作用时间、性质与大小都是相对的,因人而异。在同一种重要而又不确定情境中,不同的个体所感受到的压力是不同的。压力对个体会产生负面影响,但也有其积极的、有价值的一面,压力有时可以转化成动力。

二、压力的来源

哪些因素会导致压力感的产生?为什么在同样的情境中,有人压力感很强,而有人压力感却很弱?

(一)环境因素

环境的不确定性会影响组织中员工的压力水平。

经济周期的变化使经济具有不稳定性。经济下滑时,经常出现失业人口增加,薪水下调、福利减少现象。在此情况下,人们会为自己的经济保障而担心,从而感到无形的压力。经济周期的变化直接会影响酒店的经济效益,酒店员工对此有直接的感受。

政治的不确定性也会给人带来较大压力。在像伊拉克这样的国家中,政治的不稳定性给人们的生活与工作都带来较大压力,而在和平国家则不会出现。

新技术革新使一个员工的技术和经验在很短时间内过时,因此,科技水平的迅猛发展会威胁到很多人,使他们产生压力感,如酒店前台安装了新的操作系统,即使是老员工,也可能会存在一定的压力感。

(二)组织因素

组织内有许多因素能引起人们的压力感。

(1)工作要求。工作要求是指一些与个人所从事的工作有关的因素,包括个人工作的设计(工作的自主性、丰富性、自动化程度等)、工作条件、时间与体力消耗等。时间紧、任务重会让员工感受到很强的压力,工作环境的温度过热或过冷、噪声太高、照明不足、空气污染、辐射强、场所拥挤、相互干扰等会使员工感到压力。

(2)角色要求。角色冲突是由不同的人对某一个体有不同的角色期待和要求而引起的不适,即使员工尽全力去工作也无法令人满意。角色模糊是指员工不知道自己的工作职责与权利,这种不确定性会使人感到心里不安。

(3)人际关系。与领导、同事、下属建立个体之间良好关系有利于个人目标的实现,如果不能处理好这些关系,就会导致压力产生。

(4)组织结构。组织结构的类型,各种规章制度、决策在哪一组织层次进行,这些因素都会影响到员工的压力。

(5)组织文化。当一个组织的高层管理风格会导致员工精神紧张、恐惧和焦虑,那么这种管理风格就会引起员工的压力感,员工的价值观与组织倡导的价值观不同时,也会引起员工的心理冲突。

(6)组织生命周期。组织的运行是周期性的,要经过初创、成长、成熟、衰退四个阶段组成的生命周期。在初创和衰退阶段压力会较大,在成熟阶段压力一般处于最低水平。

(三)个体因素

在同样的环境与组织中,不同个体感受到的压力水平是不同的。这与个体的差异有关。

(1)认知水平。员工对压力的反应是基于他们对情境的认知,而不是基于情境本身。例如,在同样的工作情境中,有的员工认为它富有挑战性,能使自己提高工作效率;而有的员工却认为它危险性太大,要求太高。这也说明,当员工感觉他们能够控制自己的工作活动,而不是被动应付时,压力明显降低。

(2)态度。如果员工在生活中总是抱有积极向上的态度,那么在他遇到困难和压力时,就会想尽办法去解决问题,处理各种压力。对所从事的工作内容感兴趣,也不会感到有很大的压力。

(3)工作经验。如果个体变换工作,来到一个新的情境中,面对情境的全新性和不确定性,他会产生压力感;但过一段时间,有了一定经验后,这种压力感就会消失或大大降低。

(4)社会支持。与同事、领导的关系融洽,可以减轻由于高度紧张工作所带来的负面影响的压力。如果员工在组织中得不到支持,那么可以更多地参与家庭生活、朋友交往,从而得到家人和朋友的支持,也可以减轻工作压力。

三、压力的后果

压力感表现形式多种多样:有些人会血压升高、呼吸加快;有些人会神经紧张,情绪低落;有些人会表现为不合作态度;等等。

(一)生理反应

压力感出现初期,容易使人先产生生理反应,主要表现在人们的新陈代谢出现紊乱、心率加快、血压升高、头痛、易发心脏病。如果这些反应成为持续性的病理性改变时,则称为生理疾病,如原发性高血压、冠心病、消化系统疾病等。

(二)心理反应

心理反应主要表现为不满意、紧张、焦虑、易怒、情绪低落等。

不满意感是压力感的最简单、最明显的表现。心理研究表明,当工作对人的要求很多,而且又相互冲突,或者员工的工作责任、权限及内容不明确时,员工的压力感与不满意感将增强。焦虑者一般表现为担心、害怕、无法控制和摆脱忧虑、心烦意乱等。

对于短期、平常的压力,一般人可以及时调整心态,解决问题,使心理反应减轻或消失。而长期、过重的压力则能够使为精神衰竭,危害身心健康,影响正常的生活与工作。

(三)行为反应

行为反应是指受到压力的个人在克服压力的意图方面进行的公开活动,包括问题解决、退缩和运用添加物。

问题解决是对压力的最典型的反应。问题解决是注重现实的,以消除压力因素或减少它的影响为目标,而不是以短期内使个人感觉稍好为目的。如果不能有效消除压力因素,则会表现出灵活性和及时运用反馈。因此,一种尝试性的问题解决方案不能生效,就会实验另一种方法。一般来说,问题解决不仅对员工个人有利,对于组织来说也是有利的。

退缩,即避开压力因素也是对压力的最基本反应之一。在组织中,这种反应往往表现为缺勤和离职的方式。缺勤者仅仅试图短时间内减轻压力,当他返回工作中时,压力仍然存在。辞职者为了避开压力,另外谋求一份压力比较小的工作,实际上也是一种问题解决的反应。

运用添加物是指借助外在的事物来暂时转移注意力,最常见的方式是吸烟、喝酒和服药,这是在压力之下做出的最不令人满意的行为反应。这些活动不能从根本上消除压力,还严重影响员工的体力和智力,使他们更难以完成自己的工作。

四、压力应对策略

压力不仅危害个体的身心健康、削弱工作能力,而且会降低组织的工作绩效,影响组织目标的实现。因此,不论个体还是组织都应采取积极措施消除或控制压力的消极影响。

(一)个体的应对方法

面对压力,个体的应对方法主要包括:加强时间管理,增强体育锻炼,进行放松活动,扩大社会交往,保持乐观向上的态度,正确进行自我评价,等等。

(1)加强时间管理。很多人不善于管理自己的时间,总感到时间不够用,导致一定的压力感出现。如果他们能够合理安排时间,那么就能在既定时间内完成任务。因此,学会运用时间管理的原则可以帮助人们更好地应对工作所带来的压力。众所周知,时间管理原则有:列出每天要完成的工作,根据重要程度和紧急程度对事情进行排序,根据优先顺序进行日程安排,在最清醒、最有效率的时间段内完成工作中最重要的部分等。

(2)增强体育锻炼。参加体育锻炼可以减少压力,并且抵消某些压力的有害生理影响。值得推荐的非竞技活动如增氧健身操、散步、慢跑、游泳、骑车等,这些体育活动有助于增强心脏功能,降低心率,使人从工作压力中解脱出来,并提供了员工用来发泄不满的渠道。

(3)进行放松活动。通过各种放松技巧,如自我调节、催眠、听音乐、看漫画、玩游戏等方法,员工自己可以减轻紧张感。进行放松活动的目标是达到深呼吸状态,使人感到平和。同时,心跳、血压及其他生理状况也会有所改善。

(4)扩大社会交往。压力感过强时,与朋友、家人、同事聊天提供了一个排遣压力的途径。因此,扩大自己的社会交往是减轻压力的一种手段。

(5)保持乐观向上的态度。面对困难和压力,要保持乐观的态度,放宽心,坚定信心,才能克服压力与困难。

(6)正确进行自我评价。通过正确进行自我评价,个体可以客观地分析、解决工作中的各种问题,减轻压力感。

(二)组织的应对方法

导致压力感的组织因素,如工作要求、角色冲突与模糊、人际关系、组织结构等,是由管理人员控制的。因此,通过对它们进行调整和改变,可以在某种程度上减轻员工的压力感。

1. 调整组织内部关系

(1)加强组织招聘与工作安排,使员工的能力与工作相匹配。

(2)改善员工的工作条件。

(3)重新设计工作,给员工带来更多的责任、更有意义的工作。

(4)组织结构重组,以明确责权利。

(5)加强团队建设,创造良好的工作氛围。

(6)开展心理保健工作,帮助员工缓解压力。

(7)组织相关活动,融洽组织人际关系。

2. 明确组织中的角色

(1)提高员工参与决策的水平,增加员工的控制感。

(2)加强与员工的正式组织沟通,解决角色冲突与角色模糊。

任务拓展

随着职场上竞争压力的日益增大,职场人不得不每天都面临紧张的生活和工作,"压力山大"已经成为一种普遍现象。对工作缺乏动力,对工作的抗拒情绪也时常出现,甚至对自己工作的意义表示怀疑。同时,抑郁、过劳、倦怠、猝死等现象也逐渐向他们逼近。因此,职场人的身心健康和工作状态令人担忧。

在此背景下,智联测评研究院依托智联招聘在国内人力资源服务领域的优势资源和强势品牌,联合中国科学院心理研究所,2011 年至 2013 年连续发布《中国职场心理健康调研报告》。旨在连同各方努力,深入了解分析职场人的压力状况及来源,从而进一步探讨此种压力状况对其身心健康、工作效率乃至行业发展的影响。帮助企业开拓做好"选用育留",帮助职场人调整心态、快乐工作,为提升我国人力资源实力水平提供积极的帮助和借鉴。

调研采用网络定量问卷的方式开展,共收集有效样本量 11032 人。参照工作生活质量 – 人类幸福关系(QWL – Human well-being relationship)概念模型,加入幸福感这一维度,共同组成了调查模型。以工作情景因素和应对方式为自变量,以幸福感、身心健康和工作状态为因变量,探讨当前职场中工作情境因素和应对方式对职场人幸福感、身心健康和工作状态的影响。

报告提出,2011 年至 2013 年的三年间,职场人的心理健康经过 2012 年的低谷后,在 2013 年重新恢复过来,但工作压力感受并没有减少,依然受到个人发展受限、缺乏动力源和工作不确定性的困扰。同时,在工作中体验到的幸福感和个人生活幸福感也在逐年下降,这可能直接导致了 2013 年的离职意向明显升高。在特定群体中,国企和事业单位的职场人工作状态值得引起特别关注。对于新入职的员工,其工作稳定性远不如其他员工。

智联测评专家建议职场人可以通过以下措施进行自我调节,保持良好的心理健康状态,提升自己的职场竞争力:第一,注意自我调节压力源,多使用自我激励法;第二,注意培养自身问题解决的能力,并持续关注维护社会关系网;第三,工作中多沟通,明确自身工作内容和职责,注重自我提升,除依靠企业提供的培训外,利用工作之余丰富自己。

任务反馈

思考: 智联测评研究院发布的《中国职场心理健康调研报告》有何现实意义?压力给职场人的生理与心理带来了哪些影响?你认为可以通过哪些措施来减轻他们的压力?

任务三 酒店员工的激励

案例聚焦

成都某五星级酒店餐饮部西餐厅的茹小姐来酒店从事服务工作已有三年,她似乎生来就适于酒店工作,经常得到客人的表扬。七月初某天,茹小姐提前二十分钟来到酒店。刚换好工作服,餐厅经理兴冲冲走过来。"小茹,恭喜你,总经理又写信表扬你了。"餐厅经理兴奋的声音引来了茹小姐周围不少服务员羡慕的眼光。茹小姐又是嫣然一笑,她恭敬地接过总经理的信。"咦,里面怎么还有一张邀请函?"她不禁感到诧异。以前她先后收到过两封总经理写来的表扬信,那是因为有宾客在给总经理写的意见书上点名称赞了她。酒店总经理给自己定了一个规矩:凡客人在意见书上表扬某员工,他便一定要亲笔给那位员工写封信,感谢他为酒店做出了杰出贡献。可是今天的这封信里不仅有总经理的亲笔感谢信和签名,还有一张邀请函呢!茹小姐和餐厅几位服务员越想越不理解……

"你们都不明白,这是一种很高的荣誉。我们的总经理还有一条规矩:一位员工受到客人三次以上表扬,总经理不仅要亲自给那位员工写表扬信,还会邀请她一起在酒店里用餐呢!"餐厅经理解释道。原来这样,小茹手里拿着邀请函,心里非常激动,自从在酒店工作,还从来没有在酒店里和总经理一起用过餐呢。

> 任务执行

"宾客意见书"是当今酒店用来联系宾客和酒店的一种信息反馈手段,许多酒店管理者对此相当重视。酒店收到"宾客意见书"后,如是投诉,酒店一般都会比较重视,相对而言,酒店对宾客的表扬,重视程度略为逊色。案例中,成都这家五星级酒店总经理非常重视正面激励,采用写亲笔感谢信和邀请在酒店与总经理一起用餐的激励手段,既体现了鼓励先进的管理思想,又大大缩短了酒店最高领导与基层员工的距离。

一、激励概述

激励是管理工作的一项重要内容。管理者希望员工工作有成效,就必须能够了解员工的愿望,根据组织活动的需要和个人素质与能力的差异帮助他们实现各自的愿望,以此提高员工的工作积极性。

（一）激励的概念

美国管理学家贝雷尔森（Berelson）和斯坦尼尔（Steiner）给激励下了定义:"一切内心要争取的条件、希望、愿望、动力都构成了对人的激励。它是人类活动的一种内心状态。"所以,激励是指激发人的行为动机的心理过程,也可以说是调动积极性的过程。人的行为受动机的支配,而需要是产生动机的基础。激励是通过对人的需求欲望给予适当的满足或限制,来改变其行为动机,从而达到强化其行为的过程。

（二）激励的类型

不同的激励类型对行为过程会产生程度不同的影响,所以激励类型的选择是做好激励工作的一项先决条件。

1. 物质激励与精神激励

物质激励作用于人的生理方面,是对人物质需要的满足;精神激励作用于人的心理方面,是对人精神需要的满足。随着人们物质生活水平的不断提高,人们对精神与情感的需求越来越迫切,如期望得到爱、得到尊重、得到认可、得到赞美、得到理解等。

2. 正激励与负激励

正激励是当一个人的行为符合组织需要时,通过奖赏方式鼓励这种行为,以达到持续和发扬这种行为的目的。负激励是当一个人的行为不符合组织需要时,通过制裁方式来抑制这种行为,以达到减少或消除这种行为的目的。正激励与负激励作为激励的两种不同类型,目的都是要对人的行为进行强化。不同之处在于二者的取向相反:正激励起正强化的作用,是对行为的肯定;负激励起负强化的作用,是对行为的否定。

3. 内激励与外激励

内激励是指由内在性需求引发的、源自工作人员内心的激励。它的激励源泉来自工作任务本身,即在工作进行过程中所获得的满足感,它与工作任务是同步的。追求成长、锻炼自己、获得认可、自我实现、乐在其中等内在性需求所引发的内激励,会产生一种持久性的作用。

外激励是指由外在性需求引发的、与工作任务本身无直接关系的激励。它是指工作任务完成之后或在工作场所以外所获得的满足感,它与工作任务不是同步的。如完成一项工作任务,会得到一定的奖金及其他额外补贴,会激发员工的动机,而一旦奖金或补贴取消,积极性可能就不存在了。因此,相对来说,外激励是难以持久的。

(三)激励的作用

激励在管理中有着广泛的运用。通过激励,可以促进每个员工自发地、最大限度地发挥他们的聪明才智与潜在能力,尽可能提高员工对企业的参与感与归属感,增强员工的群体意识,努力使全企业的员工队伍保持充足的动力和高昂的士气,齐心协力地为提高整个企业的管理水平和经济效益而工作。

二、激励的原则

激励是人力资源管理的重要内容,管理者通过激发员工的工作动机,采用各种有效的方法调动员工的积极性和创造性,使员工努力地完成工作任务,实现企业的目标。在实施激励的过程中,还必须遵循以下原则:

(1)目标结合原则。在激励机制中,设置目标是一个关键环节,目标设置必须同时体现组织目标和员工需要相结合。

(2)物质激励和精神激励相结合的原则。物质激励是基础,精神激励是根本,在两者结合的基础上,逐步过渡到以精神激励为主。

(3)引导性原则。外激励措施只有转化为被激励者的自觉意愿,才能取得激励效果,因此,引导性原则是激励过程的内在要求。

(4)合理性原则。合理性原则包括两层含义:一是激励的措施适度,根据实现目标本身的价值大小确定适当的激励量;二是奖惩公平。

(5)明确性原则。明确性原则包括三层含义:一是明确,激励的目的是需要做什么和必须怎么做;二是公开,特别是分配奖金等大量员工关注的问题时更为重要;三是直观,实施物质奖励和精神奖励时都需要直观地表达它们的指标,总结和授予奖励和惩罚的方式,直观性与激励影响的心理效应成正比。

(6)时效性原则。把握激励的时机,激励越及时,越有利于将人们的激情推向高潮,使其创造力连续有效地发挥出来。"雪中送炭"和"雨后送伞"所取得的效果是完全不一样的。

（7）正激励与负激励相结合的原则。正负激励都是必要而有效的,不仅作用于当事人,而且会间接地影响周围其他人。

（8）按需激励原则。激励的起点是满足员工的需要,但员工的需要因人而异、因时而异,并且只有满足最迫切需要(主导需要)的措施,其效果最好,激励强度才大。因此,领导者必须进行深入的调查研究,不断地了解员工需要层次和需要结构的变化趋势,有针对性地采取激励措施,才能取得实效。

三、激励的相关理论

激励理论是关于如何满足人的各种需要、调动人的积极性的原则和方法的概括,世界各国的许多心理、管理学家从不同角度提出了各种各样的理论,基本思路是:针对人的需要采取相应的管理措施,以激发动机,鼓励行为,形成动力。

（一）马斯洛的需要层次理论

著名心理学学家马斯洛把人需要由低到高分为生理需要、安全需要、社交和归属需要、尊重需要、自我实现需要五个层次,并认为人的需要有轻重层次之分,在特定时刻,人的一切需要如果都未得到满足,那么满足最主要的需要比满足其他需要更迫切,只有低级的需要得到满足,才能产生更高一级的需要。

当一种需要得到满足后,另一种更高层次的需要就会占据主导地位。从激励的角度看,没有一种需要会得到完全满足,但只要其得到部分的满足,个体就会转向追求其他方面的需要。按照马斯洛的观点,如果希望激励某人,就必须了解此人目前所处的需要层次,然后着重满足这一层次或在此层次之上的需要。

（二）双因素理论

双因素理论,即激励因素-保健因素理论是由美国行为科学家弗雷德里克·赫茨伯格(Fredrick Herzberg)在20世纪50年代末期提出来。

赫茨伯格和他的助手在美国匹兹堡地区对200名工程师、会计师进行了调查访问,发现:使职工感到满意的是属于工作本身或工作内容方面的;使职工感到不满的是属于工作环境或工作关系方面的。前者称为激励因素,后者称为保健因素。

保健因素包括公司政策、管理措施、监督、人际关系、物质工作条件、工资、福利等。当这些因素恶化到人们认为可以接受的水平以下时,就会产生对工作的不满意;但是,当人们认为这些因素很好时,它只是消除了不满意,并不会导致积极的态度,这就形成了某种既不是满意又不是不满意的中性状态。

能带来积极态度,满意和激励作用的因素称为激励因素,包括能满足个人自我实现需要的因素,如成就,被赏识,挑战性的工作,增加的工作责任,以及成长和发展的机会。如果具备了这些因素,就能对人们产生更大的激励。

从这个意义出发,赫茨伯格认为传统的激励假设,如工资刺激、人际关系的改善、提供良好的工作条件等都不会产生更大的激励,它们能消除不满意,防止产生问题,但不会产生更大的激励。

双因素理论告诉人们,满足各种需要所引起的激励程度和效果是不一样的。物质需求的满足是必要的,没有它会导致不满,但是即使获得满足,它的作用往往是有限的、不能持久的。调动人的积极性,不仅注意物质利益和工作条件等外部因素,更重要的是注意工作的安排、量才使用、个人成长与能力提升等,注意对人进行精神鼓励,给人以成长、发展、晋升的机会。

(三)期望理论

美国心理学家弗鲁姆于1964年提出了期望理论,该理论认为,激发的力量来自期望值与效价的乘积,即激励的效用 = 期望值 × 效价。

期望理论认为,推动人们实现目标的力量是两个变量的乘积,如果其中有一个变量为0,激励的效用就等于0。效价是企业和团队的目标达到后,对个人有什么好处或价值,及其价值大小的主观估计。期望值是达到企业目标的可能性大小,以及企业目标达到后兑现个人要求可能性大小的主观估计。这两种估计在实践过程中会不断修正和变化,发生所谓"感情调整"。比如,员工认为有能力完成某项任务,完成任务后估计老板肯定会兑现晋升工资的诺言,而增加工资正是员工的最大期望,所以,员工工作的积极性肯定很高;反之,任何一个变量的变化,就会影响到工作的积极性。管理者的任务就是要使这种调整有利于达到最大的激发力量。因此,期望理论是过程型激励理论。

四、激励在酒店管理中的运用

在酒店管理工作中,根据激励的原则及相关理论,正确地运用激励的方法,把酒店管理目标变成每个员工自己的需要,把酒店的集体利益与满足员工个人的需要相结合,激发酒店服务人员工作的积极性和创造性,积极主动地为客人提供最优质的服务。

(一)提供良好的工作环境

1. 创造公平竞争的酒店工作环境

古人云:"不患寡,而患不均。"员工的公平需要受到伤害,就会影响员工的工作积极性。酒店要对员工施以有效激励,就必须创建相对公平、合理的制度环境,在对员工的使用、选拔、考核、定薪和奖励等方面,都要在制度上体现相对的公平性、合理性和完善性。公平可以使员工踏实工作,使员工坚信付出越多得到越多。

2. 创造积极向上的酒店工作氛围

积极向上的酒店工作氛围能够激发员工的工作潜能,提升员工的综合素质,无论对于员工自身还是对于酒店的经营都是极为有利的。因此,酒店应该创造积极向上的工作氛围,引导员工不断提升自我。社会发展的速度越来越快,工作所需的技能和知识更新速度也越来越快,重视培训、重视员工的职业发展不仅能提高酒店对客服务质量,也能创造一种积极向上的工作氛围。在员工丧失了工作积极性和工作态度欠佳时,不能横加斥责,而是要有为他们将来的发展着想,提供培训机会。变换工作环境,让员工对新的工作岗位有一种新鲜感,并在可能的情况下重用员工,在新的岗位上获得意想不到的进步。

3.创造自由开放的酒店工作环境

现代社会人们对自由的渴望越来越强烈,员工普遍希望企业是一个自由开放的系统,能给予员工足够的支持与信任,给予员工丰富的工作和生活内容。酒店要想使员工满意度提高,必须给予员工足够的信任与授权。授权给员工,不仅能激发员工积极性,而且能够充分挖掘每个人的潜能。权力越滞留在管理层,激励作用越小。员工就会逐渐习惯了依赖于他人的决定。合适的授权增加了员工的权力和责任,让工作更有挑战性。如果一下子给予员工太多的责任和自由,一部分员工会因经验不足或能力欠缺而感到无法应付,所以管理者应该根据员工的实际能力给予相当的授权,并在整个过程中给予员工一定的辅导和支持。

4.深入了解员工的心理需求,关注每一名员工

员工的需求有不同种类,酒店管理者应根据员工的不同需求,关注每一名员工,采取不同的激励方式。如员工自身需要进步,作为管理者要主动帮助需要进步的人,并且利用手中的权力,安排他们去完成正常工作范围之外的任务,以增强员工的信心,增加他们的经验,也体现出管理者对他们的进步很重视。一个关注每一名员工的酒店必将使员工满意度提高。另外,为了员工的身心健康,缓解员工的工作压力,酒店还可以在制度上做出一些规定,如带薪休假、养老保险、住房保障、失业保障等制度,为员工解除后顾之忧。

(二)建立完善的激励制度

以制度为根本是激励机制的特征。没有制度约束的激励,是无秩序的激励,没有激励配合的制度,是没有活力的制度,二者缺一不可。规章制度是酒店员工最忠实的激励因素之一,只有在实际工作中狠抓酒店的制度建设,建立公平、完善和清晰的激励机制,才能从根本上调动员工的积极性。

1.制定激励性的薪酬制度

目前,我国酒店行业基层员工的收入普遍不高,基本生活需求依然是酒店员工的主要需求,所以他们比较重视可以满足基本需要的工资和奖金。酒店管理者应该制定完善的薪酬激励制度,特别是充分利用奖金的效用。奖金可以对某些行为产生正强化作用,促使员工主动为客人提供更优质的服务。因此,酒店可以实行差别化的激励措施,加大奖金对员工的吸引力,使员工的积极性巩固和保持下去;同时,奖金的发放要

把握时机,适时适度。

2. 完善员工绩效考核体系

为了确保绩效管理工作的顺利进行,酒店管理者应提前制定计划,将绩效与计划连接起来,做好评估前的培训工作,让员工清楚地知道工作的目标是什么、工作合格与否的标准是什么,即让员工明确自己该做什么、该怎么做、怎样做才好。制定的绩效目标切合酒店实际,具有可操作性。评估过程中要客观、公正、保持标准的一致性。评估结束后,及时将结果反馈给员工,对员工的进步做出及时肯定,让其发扬光大,对于不足,找出差距,明确努力的方向和目标。

3. 重视员工培训和职业发展规划

酒店只有重视员工的职业发展规划,按系统性、制度化的原则实施多层次的激励模式,根据不同的岗位制定出不同的激励制度,注重员工知识和技能的培训,才能让员工在最适合他的岗位安心工作。如采用多层次的级别和岗位,以便让更多的员工得到晋升的机会,使员工觉得工作有奔头,从而安心工作。在员工的职业发展规划中,通过培训,使员工获得源源不断的发展动力,在提高员工工作能力的同时,也提高了酒店的服务质量和客人的满意度,从而提升酒店的竞争力。应建立一套系统化、规范化和制度化的培训管理体系,以确保培训工作有序、有效地进行。

4. 根据实际情况灵活运用各种不同的激励方法

激励方式是多种多样的,管理者应该根据实际情况灵活运用各种不同的激励方法,切忌把激励方式模式化、公式化。如在重视物质激励的同时,酒店管理者也不能忽视精神激励手段的运用。认可和赞赏不仅能加强反馈与沟通,还能增强员工的成就感和归属感。随着物质的不断丰富,满足员工的较高层次的需求则成为产生动力的重要源泉。如果酒店能善于运用精神激励手段,有时会产生比物质激励更大的效果,而且还可以为酒店节约经费,一举两得。

(三)提高酒店管理者的自身素质和领导能力

酒店管理者自身素质和领导能力的高低不仅影响酒店激励制度的制定与执行,也影响员工对酒店的信心与工作热情。因此,酒店管理者必须通过不断地学习、不断地自我发展,提高个人素质及领导能力,通过设立明确的工作思路和建立新的规范化管理体制,激发酒店员工的工作热情。优秀的管理者会尊重员工、了解员工,以员工期待的方式对待员工,充分认识到管理层从"权力中心"的地位走向"服务中心"的角色转变的重要性。

此外,酒店内部信息是否沟通顺畅也会影响员工的工作积极性。因此,酒店管理者要尽力确保酒店内部信息畅通,解决好酒店内部信息不畅的问题。优秀的管理者会重视员工的参与、信息的透明,避免小道消息的存在,消除没有根据的谣传。酒店管理者可以通过多种途径和方式让员工知道企业的远景与目标,及时了解酒店的经营动态和管理信息,鼓励各部门之间和内部员工之间的交流沟通。可以通过制定一定的制度,特定的形式,让员工参与组织决策计划的制定、薪酬方案的设计和经营目标的设定等,让员工充分意识到自己是酒店的一分子,从而激发员工的参与意识和工作积极性,提高工作效率。

任务拓展

员工设施

旅游饭店星级划分与评定对酒店员工设施有明确要求:

1. 必备项目有关员工设施的要求

一星级:不要求。

二星级:不要求。

三星级:不要求。

四星级:应有必要的员工生活和活动设施。

五星级:应有完善的员工生活和活动设施。

2. 释义

员工设施的主要内容:员工设施包括员工生活设施和员工活动设施两个部分,员工生活设施主要指提供员工使用的更衣间、浴室、卫生间、员工食堂、员工宿舍等,员工活动设施主要包括员工培训教室、员工娱乐室、员工体育活动场地等。

员工设施应相对集中,设有专用员工进出口通道,装修整洁、明亮,管理有序,清洁卫生。员工区域还应成为饭店企业文化的建设平台。

员工生活设施:

第一,员工食堂。饭店员工的用餐方式主要有两种:一种是多种菜肴自由选购,另一种是几种菜肴以快餐的方式供应,基本要求是快速、营养和卫生。员工食堂的面积应满足要求,设有独立厨房,单独采购、储存、加工,实行独立经济核算。

第二,员工浴室、更衣间与卫生间。员工浴室、卫生间、盥洗台应做到设施充足、管理规范、维护良好,并根据饭店需要,为每个员工配备一个带锁更衣柜,保证冷热水供应。

第三,员工宿舍。饭店应根据自身需要,配置足量的员工宿舍。员工宿舍的管理应体现人性化的原则,照明充足,维护良好,安全卫生,并充分考虑员工的实际需要,设置网络、电视、电话、洗衣、晾衣等设施。

员工活动设施:应配备完善,环境良好,利于员工学习。员工娱乐室应有充足的用具、用具品,并充分兼顾员工人生发展需要,配备充足的各类电脑、书籍、报刊与活动用品,条件允许还可配备健身房等设施。

员工培训教室：应根据饭店员工总数和培训计划，设置员工专用培训教室，配备必要的教学设施，满足员工培训需要。

激励机制

激励机制是在激励中起关键性作用的一些因素，由时机、频率、程度、方向等因素组成。它的功能集中表现在对激励的效果有直接和显著的影响，所以认识和了解激励的机制对搞好激励工作大有益处。

1. 激励时机

激励时机是激励机制的一个重要因素。激励在不同时间进行，其作用与效果是有很大差别的。如厨师炒菜时，不同的时间放入调味料，菜的味道和质量是不一样的。超前激励可能会使下属感到无足轻重，迟到的激励可能会让下属觉得画蛇添足，失去了激励应有的意义。激励如同发酵剂，何时该用、何时不该用，都要根据具体情况进行具体分析。根据时间快慢的差异，激励时机可分为及时激励与延时激励；根据时间间隔是否规律，激励时机可分为规则激励与不规则激励；根据工作的周期，激励时机可分为期前激励、期中激励和期末激励。激励时机既然存在多种形式，就不能机械地强调一种而忽视其他，而应该根据多种客观条件进行灵活的选择，更多的时候还要加以综合的运用。

2. 激励频率

激励频率是指在一定时间里进行激励的次数，它一般以一个工作周期为时间单位。激励频率的高低是由一个工作周期中激励次数的多少所决定的，激励频率与激励效果之间并不完全是简单的正相关。

激励频率的选择受多种客观因素的制约，这些客观因素包括工作的内容和性质、任务目标的明确程度、激励对象的素质情况、劳动条件和人事环境等。一般来说有下列四种情形：

（1）对于工作比较复杂、难以完成的任务，激励频率应该高；对于工作比较简单、容易完成的任务，激励频率应该低。

（2）对于任务目标不明确、较长时期才可见成果的工作，激励频率应该低；对于任务目标明确、短期可见成果的工作，激励频率应该高。

（3）对于各方面素质较差的工作人员，激励频率应该高；对于各方面素质较好的工作人员，激励频率应该低。

（4）在工作条件和环境较差的部门，激励频率应该高；在工作条件和环境较好的部门，激励频率应该低。

上述四种情况并不是绝对的划分，通常情况下应该有机地联系起来，因人、因事、因地制宜地确定恰当的激励频率。

3. 激励程度

激励程度是指激励量的大小,即奖赏或惩罚标准的高低。它是激励机制的重要因素之一,与激励效果有着极为密切的联系。能否恰当地掌握激励程度,直接影响激励作用的发挥。超量激励和欠量激励不但起不到激励的真正作用,有时甚至还会起反作用。比如,过分优厚的奖赏,会使人感到得来全不费功夫,丧失了发挥潜力的积极性;过分苛刻的惩罚,可能会导致人破罐破摔的心理,挫伤下属改善工作的信心;过于吝啬的奖赏,会使人感到得不偿失,多干不如少干;过于轻微的惩罚,可能导致人的无所谓心理,不但不改掉毛病,反而会变本加厉。所以从量上把握激励,一定要做到恰如其分,激励程度不能过高也不能过低。激励程度并不是越高越好,超出了这一限度,就无激励作用可言了,正所谓"过犹不及"。

4. 激励方向

激励方向是指激励的针对性,即针对什么样的内容来实施激励,它对激励效果也有显著影响。马斯洛的需要层次理论有力地表明,激励方向的选择与激励作用的发挥有着非常密切的关系。当某一层次的优势需要基本上得到满足时,应该调整激励方向,将其转移到满足更高层次的优先需要,这样才能更有效地达到激励的目的。比如,对一名具有强烈自我表现欲望的员工来说,如果要对他所取得的成绩予以奖励,奖给他奖金和实物不如为他创造一次能充分表现自己才能的机会,使他从中得到更大的鼓励。还有一点需要指出的是,激励方向的选择是以优先需要的发现为前提条件的,所以及时发现下属的优先需要是实施正确激励的关键。

任务反馈

思考:完善的员工生活设施和活动设施满足员工的哪些心理需要?

讨论:建立科学的激励制度并加以实施,需要酒店管理者具有较高的个人素质和领导能力,如何提高酒店管理者的个人素质及领导能力?

知识回顾 >>>

1. 酒店服务人员应具备哪些良好的职业心理素质?
2. 什么是压力?员工的压力主要来源于哪里?
3. 压力有哪些表现?员工如何应对工作中的压力?
4. 什么是激励?激励的基本原则是什么?
5. 在酒店管理中如何更好地激励员工?

能力训练

1. 自我减压能力训练：在生活或学习中遇到压力时，采取体育锻炼、放松活动、找人倾诉、自我评价等方式来缓解压力。与同学交流，总结出有效的自我减压的措施。

2. 自我激励能力训练：掌握自我激励的方法，增强自我激励的意识和效果。在生活与学习中，面对惰性，养育自我激励的品质。确定一件自己认为非常重要，一直想做却没有去做的事，制定实施计划，当完成某一目标时，给予一定奖励，没有完成既定目标时，要分析目标未能实现的原因，若是个人主观原因，给予一定惩罚。在实施计划过程中，不断激励自己，克服困难，直到目标完成。

案例分析

苏州某四星级酒店客房部主管在检查房间时，发现行政楼层1518房间的浴缸里有一根长头发，台面和镜子上有一些水渍。原来这是客房部新来的实习生小慧打扫的房间。主管立刻把小慧叫到1518房间，让她自己看看，随即离开了房间。小慧没有作声，立刻拿起抹布擦了起来。过了一会儿，主管不太放心小慧，又去1518号房间检查，发现还是有问题，虽然那根头发没了，可是浴缸里还有水印。主管又马上把小慧喊了过来。小慧有些不耐烦，噘着嘴，拿起抹布再次擦了起来。擦完之后，主管又来检查一遍说："小慧你怎么搞的？吧台上的酒杯有手印，这间房都检查了三遍，还没有做好，是怎么回事啊？你都上岗好几天了，怎么连这点活都干不好！我给你们讲了多少次，你培训课是怎么上的？如果总是这样趁早回家！"主管的声音越来越严厉。这一次，小慧终于掉下了眼泪。小慧觉得自己已经尽力了，主管还这么严厉地训斥自己，他是不是存心跟自己过不去，小慧越想越气，第二天就找到人力资源经理要求调离客房部。

思考：作为酒店客房部员工，小慧的职业心理素质有哪些方面的欠缺，你认为她应该如何调整自己的心理？客房部主管应采取哪些激励措施调动员工的工作积极性？

模块 12
酒店员工的群体心理与人际交往

模块目标

◆ **知识目标**

1. 了解群体的概念、类型、结构、规范及其功能。
2. 认识群体心理的概念、特征及其对个体的影响。
3. 了解人际交往的概念及规律,掌握酒店员工人际交往的原则与方法。

◆ **能力目标**

1. 重视群体心理对酒店员工的心理影响,制定合理的群体规范,提高酒店员工的凝聚力和士气。
2. 根据人际交往的规律,处理好与客人及同事之间的人际关系。

模块任务

◆ 任务一　酒店员工的群体心理
◆ 任务二　酒店员工的人际交往

任务一　酒店员工的群体心理

案例聚焦

上海某五星级酒店长期与内地某省的几所职业技术学校保持校企合作关系,这些学校酒店管理专业每年为酒店提供一定数量的实习生。实习生到达酒店后就会根据各人情况分配到各个部门。为了管理方便,这些实习生往往被安排在邻近酒店的几个宿舍。酒店人力资源部发现这些不同学校的实习生在最初几天相处还比较融洽,可是过一段时间后,总是会有层出不穷的矛盾,不仅影响了部门的正常对客服务工作,甚至导致一批实习生提出离职要求,令人力资源部经理大为头痛。

任务执行

案例中,这些实习生来自不同的学校,因此构成了各个不同的非正式群体。人生活在群体中,群体对个体心理的形成和发展有着重要的影响。了解群体及群体心理的特点和规律,对于酒店管理者来说具有十分重要的意义。

一、群体

（一）群体的概念

群体是指两个或两个以上的人为了达到共同的目标,以一定的方式联系在一起进行活动的人群。群体是一种社会现象,它是介于个体与组织之间的人群结合体。人们总是通过归属于一定的群体而意识到自己是归属于社会的,且通过群体活动参与整个社会的活动。

一个群体不是个体的简单集合,如车站候车室的乘客、商场的客人等聚在一起的人群就不能被称为群体。一般认为,群体是指具有以下特征的人群：

(1)由两个或更多个体组成；

(2)群体都有一定的规范,它是在群体自身活动中自然而然形成的,每个成员都必须遵守,规范并不因其成员的去留而改变；

(3)群体成员之间相互依赖、相互作用、相互联系,有共同的活动基础；

(4)群体成员有共同的目标。

（二）群体的类型
1. 按照群体是否实际存在分类
(1) 假设群体：实际上不存在，只是为了研究或统计的需要，划分出来的群体。
(2) 实际群体：实际上存在的群体。
2. 根据群体规模的大小分类
(1) 大型群体：人数众多，群体成员之间多以间接方式进行接触、联系、认识和交往的群体。
(2) 小型群体：人数不多，成员个人之间能面对面地接触和联系的群体。
3. 根据构成群体的原则和方式的不同分类
(1) 正式群体：组织结构确定、职务分配很明确的群体。常见的正式群体有命令型群体和任务型群体两种。命令型群体是由组织结构决定的，它由直接向某个主管人员报告工作的下属组成；任务型群体也是由组织结构决定，它是指为完成一项工作任务而在一起工作的人。但任务型群体的界限并不仅仅局限于直接的上下级关系，还可能跨越直接的层级关系。
(2) 非正式群体：成员为了满足个体需要，以感情为基础自然结合形成的多样的、不定型的群体。非正式群体是既没有正式结构也不是由组织确定的联盟，是个体为了满足社会交往的需要在工作和生活环境中自然形成的。常见的非正式群体包括利益型群体和友谊型群体。利益型群体是为了某个共同关心的特定目标而形成的群体；友谊型群体是指基于成员共同特点而形成的群体。
4. 根据群体的开放程度分类
(1) 开放群体：经常更换成员，成员来去自由的群体。在开放群体中，成员的地位和权利不确定，容易吸收新思想和人才，对周围环境的适应性较强。
(2) 封闭群体：成员比较稳定的群体。在封闭群体中成员等级关系严明，适合完成长期的任务，着眼于未来，对于长期规划很有效。

（三）群体的结构
群体的结构是指群体成员的组成个体及这些个体的有机组合。群体成员的结构根据不同维度进行划分，如年龄结构、能力结构、知识结构、专业结构、性格结构，以及观点、信念的结构等。群体结构对于群体成员的工作效率有很大影响。群体成员搭配不当，会使群体涣散，经常发生冲突，降低工作效率。
群体结构根据其成员在群体组成成分的接近程度可分为同质结构和异质结构。同质结构是指群体成员在能力、性格、年龄、知识等方面都比较接近。研究表明，在以下三种条件下同质群体可以达到最高的生产率：
(1) 当工作比较单纯，同质群体有较高效率。
(2) 当完成某一件工作需要大量合作时，同质群体往往有效（因为在这样的群体中冲突和竞争较少)。

(3)如果一个群体在工作时需要连锁反应,那么群体的同质性对群体完成任务较有帮助。

异质结构指群体成员在上述各个方面有很大差别。以下三种情景中异质群体会有较高的生产率:

(1)异质群体适合于完成复杂的工作,因为在该群体中有各种能力和各种见解的人,"仁者见仁,智者见智",这样有利于复杂问题的解决。

(2)当在较短时间做出解决问题的方案有可能产生不利后果时,异质群体就有优点,异质群体往往需要从多个角度、不同侧面通过较长时间争议。最后才能统一思想做出决策,而同质群体则会由于意见一致工作进行得较快而对短时间内所做出的决策论证不足。

(3)凡需要有创造力的地方,由不同类型的成员组成的群体较为有利,不同的见解有助于提高这个群体的创造力。

酒店管理者应当懂得,为完成某一任务或达到某一目的从事组织工作时,必须注重所在的工作群体中对于这种工作可能会有的最适当的同质成员与异质成员比例的平衡。如果群体成员过于参差不齐,他们彼此之间就难以协调配合,因而影响服务质量;与此相反,如果群体成员过于整齐划一,很快达到一致,听不到不同意见,或有意见也不说,这样群体的智慧就很难充分发挥。总之,管理人员要充分考虑群体成员的素质结构及其作用。

(四)群体的规范

群体规范是指群体成员共同接受、共同遵守、约定俗成的行为准则,既包括正式的规定(如法律、法规、规则、规章制度等),又包括群体中自然而然形成的文化、风俗、时尚、舆论等。它们潜移默化地影响群体成员的行为与人格的变化发展,是群体得以存在、巩固和发展的支柱。

群体规范除了一部分是群体本身由于特殊需要而正式规定的之外,大部分来源于模仿、暗示、顺从、感染等因素的影响,这种影响会使成员之间彼此更加接近、趋同,进行类化,从而形成群体规范。

酒店服务的标准化、规范化的程度相对其他行业来说要高,因此,使群体规范标准化更为重要。一般来说,酒店群体规范的基本内容应包括员工手册、各部门各项规章制度、各项操作的服务程序与标准等。制定群体规范时,应注意员工的参与性、内容的科学性和执行的严肃性。同时,应考虑这些规范是否有利于调动员工工作的积极性,是否有利于提高服务质量和宾客满意度,是否有利于酒店的长远发展。

(五)群体的功能

群体的形成和发展在于它具有一定的功能,主要表现在以下五个方面。

1. 创造更大的合力

群体不是简单个体的相加,而是使个体有机地组合为一种新的整体,能创造出更大的合力。酒店员工在服务工作中,自觉不自觉地形成竞争、相互影响、相互促进、相互交流、相互补缺的局面,从而不断提高个人的服务意识与服务技能,群体成员的密切配合是酒店正常经营的基础。

2. 完成组织的任务

一个组织为了有效地达到目标,必须把任务分解,通过分工协作的方式进行。酒店各部门员工组成大小不等的群体,其作用就是承担、执行和完成这些任务。通过群体,能完成内容复杂、各部门依赖的任务,并在配合与合作中使群体力量发挥更大的作用,从而完成组织的任务。

3. 满足群体成员的心理需求

通过群体的活动,成员能获得交往、被尊重、自我实现、友谊、爱等心理需要的满足;在群体中,其成员的认同感、归属感、自信心和安全感得到了加强、巩固、保障,而不安、焦虑和恐惧感则减弱。另外,权利是单个人无法实现的,也只有在群体活动中才可以实现。

4. 进行有效沟通

群体是成员了解他人、了解社会的一个窗口。在群体中,人们可以利用各种渠道进行沟通,这种沟通是增进群体中酒店管理者与员工相互了解与理解的较好的方式和方法,可以调节人际关系,稳定群体成员的情绪。

5. 提高决策的科学性

群体通过群策群力,可以提高决策的质量,减少失误,保证决策的科学性。酒店管理层制定相关经营管理政策时应借助于群体的智慧,集思广益,更有利于酒店的长远发展。

二、群体心理

(一)群体心理的概念

群体心理是群体成员之间相互作用、相互影响下形成的心理活动,是群体成员共有的价值、态度和行为方式的总和。它来源于个体心理,但不等于个体心理之和,而是其成员个体心理的共同特征的综合和概括。群体心理是个体心理相互作用、相互影响的结果,并通过个体表现出来,同时,个体的社会化、个体自我的形成都受群体心理的影响。

(二)群体心理的特征

1. 认同意识

不管是正式群体成员还是非正式群体成员,他们都有认同群体的共同心理特征,即不否认自己是该群体的成员。他们对自己群体的目标有一致的认识,认同群体的规范,并在此基础上产生自觉自愿的行动,对重大事件和原则问题保持共同的认识与评价。

2. 归属意识

不管是正式群体成员还是非正式群体成员,他们都有归属于群体的共同心理特征,即具有依赖群体的要求。非正式群体成员的归属意识是自愿的归属意识,而正式群体成员的归属意识则不确定,可能是自愿的,也可能是被迫的。个人的优势在正式群体中得不到充分发挥,就可能对归属于该群体产生被迫感。所以同样是归属意识,自愿的归属增强凝聚力,而被迫的归属则增强离散力。

3. 整体意识

不管是正式群体成员还是非正式群体成员都有一定程度的整体意识,即意识到群体是一个整体。一般说来,整体意识越强,维护群体的意识也越强,行为具有与群体其他成员的一致性;反之,整体意识越弱,维护群体的意识也越弱,行为具有或强或弱的独立性。

4. 排外意识

排外意识是指排斥其他群体的意识。群体具有相对独立性,群体成员具有整体意识,这就必然在不同程度上产生排外意识,这是群体成员普遍会产生的心理。排外意识是与群体成员把自己看作或更倾向于把自己看作哪一个群体的成员相联系的。越把自己看作小群体的成员,排外意识就越强烈。因此,"外人"也就更难进入小群体。这反过来也说明,人们往往更重视小群体的利益。

(三)群体心理对个体的影响

1. 群体促进与干扰

一般情况下,个人单独不敢表现的行为在群体中则敢于表现,这说明个人在群体中变得大胆起来。这是由于归属感和认同感使个体把群体看作强大的后盾,在群体中无形地得到了一种支持力量,从而鼓舞了个人的信心和勇气,唤醒了个人的内在潜力,做出了独处时不敢做的事情。并且当群体成员表现出与群体规范的一致行为,做出符合群体期待的事情时,就会受到群体的赞扬,从而使个体感到其行为受到群体的支持。

然而,群体的这种促进作用并不是等同地发生在每个成员身上,有的受到的支持力量较大,有的则较小,还有的甚至会产生干扰作用,如有些个体在群体其他成员面前会表现得紧张,工作效率下降等。

2. 责任分摊与社会惰化

责任分摊是一种消极行为,是指个体在群体中有时会比他们单独时有更小的责任感。这是因为,在某种程度上决定是由群体做出的,后果和责任也是由群体而非个人承担,好像责任被平均分配到群体中每一个成员身上时就已经微乎其微了。社会惰化是指一个人在群体中工作不如单独一个人工作时更努力。个体可能认为其他群体成员没有尽到应尽的责任,自己也就没有必要那么努力,群体活动的结果不能归结为具体某个人的作用,个体的贡献被不记名地简单合并到整个群体成就中,从而降低个体的积极性。

酒店管理者应在工作中注意责任分摊与社会惰化现象,更好地设计和明确员工的权利与责任,科学地进行绩效考核,尽可能地减少责任分摊与社会惰化现象,提高群体中员工的工作积极性,提高工作效率和服务质量。

3. 从众行为

个人在群体中,往往不自觉地受到群体影响和压力,表现为在知觉、判断与行为上与群体内多数人一致的现象。具体来说,从众行为的产生是由于人们寻求群体认同感和安全感的结果。在社会生活中,人们通常有一种共同的心理倾向,即希望自己归属于某一较大的群体,被大多数人所接受,以便得到群体的保护、帮助和支持。此外,对个人行为缺乏信心,认为多数人的意见值得信赖,是从众行为产生的另一重要原因。

个体的从众行为有表面与内心两个层面,表现为:表面从众,内心接受;表面从众,内心拒绝;表面不从众,内心接受;表面不从众,内心拒绝。从众行为的实质是通过群体来影响和改变个人的观念与行为,但从众压力容易窒息群体成员的独创性,使员工的创造力难以发挥。

任务拓展

非正式群体概念最初是由美国心理学家 E. 梅耶提出的。20 世纪 20 年代起,梅耶等人经过长达 8 年的实验研究发现,在企业中,除正式组织外,实际上还存在着各种形式的非正式组织。他认为,非正式组织是企业成员之间由于共同的价值标准而自然形成的无固定形式的社会组织。非正式组织的领袖人物是自发产生的,对其成员来说,非正式组织的领袖往往比正式组织的领导人具有更大的影响力。

他在实验中发现,工人们在生产中自发形成了一些共同遵守的准则,如干活不能过于积极,也不能过于偷懒。这些约定俗成的准则对非正式群体中的成员具有普遍约束力。如果有人违反了这些准则,就会遭到其他人的指责讽刺、冷淡疏远,甚至是武力报复。在非正式群体中,每个成员必须遵守基于成员之间共同感情而产生的行为规范。

苏联的社会心理学研究也很重视非正式群体。他们的一些研究指出,在自由和创造性劳动条件下,正式群体内部的非正式群体会促进正式群体的巩固及任务的实现,不仅不会涣散劳动组织,还会使之更加团结(因为在非正式群体中成员之间互相谅解,具有情绪上的一致性并相互依恋,而这正是正式群体价值观念、思想观点和行为动机产生的基本条件)。因此,主张不必破坏正式群体中的非正式群体,而应适当地加以引导,利用非正式群体以巩固正式群体。

任务反馈

管理心理学认为,非正式群体虽然没有组织的明文规定,但它是客观存在的。由于成员之间是以共同的观点、利益、兴趣、爱好等为基础,因此它具有相对强的凝聚力。为此,管理者对非正式群体的存在和发展绝对不可等闲视之。

思考:在酒店员工中不可避免地存在着一些非正式群体,如何发挥这些非正式群体的积极作用,从而减弱其对员工的消极影响?

任务二　酒店员工的人际交往

案例聚焦

小张是南京某四星级酒店康乐部一名员工。因为越来越多的国外客人入住酒店,酒店为了更好地服务这些国外客人,鼓励员工学习英语,并出台了一些奖励的政策,员工中掀起了一股学英语的高潮。小张本身英语底子就不错,这一下子学英语的劲头就更足了,很快成为康乐部的学英语标兵,为此小张感到很自豪。

一天下午,健身房来了一位外国客人,小张觉得这正好是个锻炼自己的机会,便主动向他问好。对方发现小张居然会说流利的英语,显得很高兴,不一会儿,两人聊了起来。在交谈中,小张开始和对方像熟人一样拉起家常。"您今年多大了?"对方没有正面回答,却说:"你猜猜看。"小张转而又问:"看你的年龄你应该成家了吧?有孩子吗?是儿子还是女儿?"这位外国客人开始不耐烦起来,并借故离开了健身房。小张很是纳闷,难道我的英语太差他听不懂吗?

任务执行

小张与这位外国朋友的交流不欢而散,不是因为他的英语水平太差,而是由于他在人际交往中没有注意到如何尊重他人的隐私。在国际交往中,人们普遍讲究尊重个人隐私,并且将尊重个人隐私与否作为衡量一个人是否有教养、是否尊重他人的重要标志之一。小张与外国朋友交谈中提出的问题在外国人看来纯属个人隐私,是不应该被提及的。

一、人际交往的概念

人际交往也称为人际沟通,是人们为了彼此传达思想、交换意见、表达情感和需要等目的,运用语言符号等实现的沟通。人际交往的主要工具是语言符号,但还要靠表情、姿态、手势等体态语言加以补充。这是人类社会存在的基本条件和方式,是人际关系形成和发展的前提。通常人际交往有以下条件:

(1)传送者和接收者双方对交往信息的一致理解。
(2)交往过程中有及时的信息反馈。
(3)适当的传播通道或传播网络。
(4)一定的交往技能和交往愿望。

生活在社会中的每一个个体不是孤立地存在的,他们必然要进行交往,要相互接触、联系、作用并相互影响。人们的事业是否成功,工作是否顺利,生活是否幸福,很大程度上取决于人际交往的好坏。良好的人际环境能催化人们的才智,激发人们的热情,鼓舞人们的信心;而恶劣的人际环境却能分散人们的精力,扼杀人们的聪明才智,压抑人们的热情和斗志。

二、影响人际交往的因素

影响人际交往的因素很多,归纳起来可分为主观因素和客观因素两大类。

(一)主观因素

1. 认识因素

认识上的分歧越大,态度上的相似性就越小,自尊的需要就越发得不到满足,彼此之间就会相互疏远、相互排斥。人际知觉的习惯性错误也往往会影响人际交往,诸如第一印象、晕轮效应、刻板印象、情绪效应等。

2. 情感因素

情感是建立人际关系的基础,是连接人际关系的纽带。积极的情感加深了人际吸引,消极情感则是建立良好人际关系的障碍。淡漠、厌恶、嫉妒等情感特征,都会引起他人的反感,形成相互排斥,严重破坏人际关系。

3. 个性因素

良好的性格会使人建立起广泛而和谐的人际关系,而不良的性格是进行正常交往的严重阻碍。自私、贪婪、虚伪、骄横、阴险、冷酷、顽固等都属于不良性格,是产生人际排斥的主要根源。

（二）客观因素

1. 社会因素

人际关系是社会关系的反映，它受各种社会条件的制约。阶级对立、行政限制、特殊的风俗习惯、落后的道德规范等都是进行人际交往的障碍。

2. 阶层因素

阶层是一种普遍社会现象，每个人都归属于一定的社会阶层。从行政关系来看，有官民之别；从经济关系来看，有贫富之分。阶层差距越大，相互交往就越少。

3. 职业因素

现代化生产的高度分工和协作，使人们长期局限于特定的社会领域进行独特的工作，个人交往受到很大限制。同时，职业不同，人们相互之间往往缺乏共同的理想和语言，交往自然发生困难，而职业相同，在竞争条件下又会产生对立，这些都构成了人际交往健康发展的障碍。

4. 年龄因素

人际吸引力一般随着年龄差别的扩大而减弱。青年人朝气蓬勃，向往未来，追求时尚；老年人情系往昔，缅怀过去。可见，青年人和老年人的思想情趣、思维方式、行为方式有较大的差别。这种差别既可能构成两代人之间的隔阂，但也可作为互补的基础，通过事业的共同需求和认识上的兼容，仍然能保证老中青团结奋斗，促进老少之间的忘年交。

三、人际交往行为模式与人际吸引规律

（一）人际交往行为模式

人际行为是指具有一定关系的个体在交往中所表现出来的相互作用，也就是说，一方的行为总是会引起对方相应的行为反应。社会心理学家利瑞通过研究几千份人际关系报告，概括出如下八种常见的人际交往行为模式：

（1）由管理、指挥、指导、劝告、教育等行为导致对方尊敬和服从等反应。

（2）由帮助、同情、支持等行为导致对方信任和接纳等反应。

（3）由合作、赞同、友谊等行为导致对方协助和友好等反应。

（4）由尊敬、信任、赞扬、请求、帮助等行为导致对方劝导和帮助等反应。

（5）由怯懦、礼貌、敏感、服从等行为导致对方骄傲和控制等反应。

（6）由反抗、厌倦、怀疑、异样等行为导致对方惩罚或拒绝等反应。

（7）由攻击、惩罚、不友好等行为导致对方仇恨和反抗等反应。

（8）由夸张、拒绝、炫耀等行为导致对方不信任或自卑等反应。

通过对以上八种人际交往行为模式的分析可以看出，在人际交往中只有真心喜

欢、尊重、信任、帮助他人的人,才能获得他人的喜欢、尊重、信任和帮助。任何的怀疑、厌倦、自高自大的行为,都有可能引起对方反感,不利于人际关系的发展。

（二）人际吸引规律

在人际交往过程中,不同需要、不同个性、不同反应方式的个体在进行相互吸引和选择时具有一定的规律。根据心理学家的研究和人际交往的经验,其基本规律主要表现在以下六个方面。

1. 接近吸引律

接近吸引律是指由于交往双方存在诸多的接近点或相似点而导致相互之间的时空距离和心理距离缩小,因此产生相互吸引的规律。一般说来,能够产生相互吸引的接近点主要包括时空接近、兴趣接近、态度接近、职业接近等方面。因此,在与他人初次交往时,应该多谈双方感兴趣的话题,努力寻找双方的接近点和相似点,找到共鸣点,以深化关系,促进交往。

2. 对等吸引律

在现实生活中,人们都喜欢那些同样喜欢自己的人。"敬人者,人恒敬之""爱人者,人恒爱之"的心理机制,反映的就是这种对等吸引律。在交往中,以热情、信任、尊重的态度对待那些受过挫折、犯过错误的人,会引起他们比常人更强烈的感情共鸣与回报。研究还表明:没有渐进过程地喜欢一个人,往往会使人感到轻率、唐突;喜欢逐渐增加,使人感到成熟、可靠。一般说来,人们最喜欢那些对自己的喜欢显得不断增加的人,最讨厌那些对自己的喜欢显得不断减少的人。

3. 互惠吸引律

在人际交往过程中,如果双方能够给对方带来收益、酬偿,就能增加相互之间的吸引。这种互惠主要表现为感情互慰、人格互尊、目标互促、困境互助、过失互谅等方面,也包括物质上的"礼尚往来"、利益上的"欲取先予"、道义上的"知恩必报"等方面。因此,要增强自己的人际吸引力,必须在同他人交往时,尽力使自己付出大于收益,使自己的言行给他人带来愉快和好处。

4. 互补吸引律

在人际交往过程中,当双方的个性或需要及满足这些需要的途径正好成为互补关系时,就会产生强烈的吸引力。互相补偿的范围主要包括能力特长、人格特征、利益需要以及思想观点等方面。互补吸引律在地位不等、角色不同的上下级关系和家庭关系中体现得最为突出。

5. 光环吸引律

一个人在能力、特长、品质等某方面比较突出,这些积极的特征就像光环一样使人产生晕轮效应,感到其一切品质特点都富有魅力,从而愿意与其接近交往。光环吸引最突出地体现在能力、成就和品质等方面。人们一般喜欢聪明能干的人,而讨厌愚蠢无知的人。如果一个人品质端庄，待人诚恳，自然就会使人产生钦佩感、敬重感和亲切感，从而产生人际吸引力。

6. 强迫吸引律

这是一种被动的吸引，即一个人迫于某种需要或利害关系的驱使不得不与对方交往。比如，对自己的顶头上司的人品、才能虽极为不满，但出于个人发展的需要和工作、生活的方便，又不得不设法与其建立并保持一种良好的关系。

四、常见的人际交往心理障碍

由于个性缺陷，缺乏人际交往的经验，以往交往中的挫折以及受错误的思想观念影响等原因，造成了人际交往中的不适应，交往变得困难，不愿意交往，有的人甚至不敢交往，这就属于人际交往中的心理障碍。常见的人际交往心理障碍主要有以下七种。

（一）自负心理

只关心个人的需要，强调自己的感受，在人际交往中表现为目中无人。与同伴相聚，不高兴时会不分场合地乱发脾气，高兴时则海阔天空、手舞足蹈讲个痛快，全然不考虑别人的情绪和别人的态度。另外，在对自己与别人的关系上，过高地估计了彼此的亲密度，讲一些不该讲的话。这种过于亲昵的行为，反而会使人出于心理防范而与之疏远。

（二）嫉妒心理

嫉妒是对与自己有联系而强过自己的人的一种不服、不悦、失落、仇视，甚至带有某种破坏性的危险情感，是通过与他人进行对比而产生的一种消极心态。当看到与自己有某种联系的人取得了比自己优越的地位或成绩，便产生一种嫉恨心理；当对方面临或陷入灾难时，就隔岸观火、幸灾乐祸；甚至借助造谣、中伤、刁难、穿小鞋等手段贬低他人，安慰自己。大多数嫉妒心理潜伏较深，行为较为隐秘，但是对于人际交往非常不利。

（三）多疑心理

英国哲学家培根说过："多疑之心犹如蝙蝠，它总是在黄昏中起飞。这种心情是迷陷人的，又是乱人心智的。它能使你陷入迷惘，混淆敌友，从而破坏人的事业。"具有多疑心理的人，往往首先在主观上设定他人对自己不满，然后在生活中寻找证据。带着以邻为壑的心理，必然把无中生有的事实强加于人，甚至把别人的善意曲解为恶意。这是一种狭隘的、片面的、缺乏根据的盲目想象。

（四）自卑心理

心理学研究表明，儿童时期如果各项活动取得成绩而得到老师、家长及同伴的认可、支持和赞许，便会增强人的自信心、求知欲，内心获得一种快乐和满足，就会养成一种勤奋好学的良好习惯；否则会产生一种受挫感和自卑感。个体自卑感的形成主要是社会环境长期影响的结果。自卑的浅层感受是别人看不起自己，而深层的理解是自己看不起自己，即缺乏自信。

（五）干涉心理

心理学研究发现，人人都需要有一个不受侵犯的生活空间，同样，人人也需要有一个自我的心理空间。再亲密的朋友之间，也有个人的内心隐秘，有一个不愿向他人坦露的内心世界。有的人在相处中偏偏喜欢询问、打听，以及传播他人的私事，他们并不一定有什么实际目的，仅仅是以刺探别人隐私达到自己低层次的心理满足而已。

（六）羞怯心理

羞怯心理是绝大多数人会有的一种心理。具有这种心理的人，往往在交际场所或大庭广众之下羞于启齿或害怕见人。由于过分的焦虑和不必要的担心，使得人们在言语上支支吾吾，行动上手足失措。如果不能克服羞怯心理，长此以往，会不利于同他人的正常交往。

（七）敌视心理

这是人际交往中比较严重的一种心理障碍。这种人总是以仇视的目光对待别人。表现为讨厌他人，乃至仇视他人，把人与人之间的关系视为尔虞我诈，认为别人总是在寻机暗算他、陷害他，从而逃避与人交往，甚至表现为攻击性心理行为，使周围的人随时有遭受其伤害的危险，而不愿与之往来。

在酒店服务过程中，不管是与同事交往还是与客人交往，都会不可避免地出现一些人际交往的困难。面对这些困难，一定要想办法克服：一是认识到这些心理障碍的存在，分析原因，采取措施；二是努力使自己变得开朗、豁达，保持正确的交往心态，积极主动地与人交往；三是在与人交往过程中，把握一定的交往原则、方法和技巧。

五、酒店服务中的人际交往

酒店员工每天要面对大量的工作，不仅面对来自客人的压力，还面对来自酒店管理层的压力。良好的人际交往可以使员工心情舒畅，从而在对客服务时自然显现出亲切的态度。同时，在工作遇到困难时，员工乐于向同事求助，使问题得到及时、有效的解决。在面客的员工和后台支持的员工之间建立和谐的人际关系还有利于服务流程的顺畅，避免出现问题时互相推诿的现象。因此，酒店服务中良好的人际交往具有重要意义。

（一）酒店员工之间的人际交往

酒店服务行业的特点决定了酒店服务人员之间必须要有密切的配合，只有各部门员工齐心协力,才能为客人提供最完美的服务。因此,员工能否巧妙地协调好同事之间的人际关系,是否具备团队协作精神非常重要。

同事之间交往应注意以下一些原则:

(1)诚信原则。古人交友,以诚信为本。诚者,不欺,不欺他人,不欺自心。信是信用,人而无信,不知其可。在现代人际关系中,这个原则依然适用。只有交往双方以诚相待,做到言而有信、诚实不欺,才能保持长久的交往。

(2)谦虚原则。"劳谦虚己,则附之者众;骄慢倨傲,则去之者多。"这说明谦虚的人比骄傲的人有更多的朋友。与同事交往时,保持谦虚精神,能提高部门内部的团结、增强凝聚力,增进人与人之间的交往和感情,加强沟通效果。

(3)平等原则。人与人交往是相互的,是一种作用与反作用的关系,平等地对人,别人也同样平等地对你,只有用平等的眼光、真诚的心态去结交朋友,才会赢得越来越多的朋友,如果用自负的心态去为人处世,在同事中就会处于被孤立的状态。

(4)广泛原则。与同事的交往范围要广,不仅仅局限在酒店某个部门内,还应尽量多地交往其他部门的同事。结交越广,接收的信息量就越大,所能调用的资源就越广,工作就会得心应手。

(5)主动热情原则。主动热情的态度能迅速拉近双方的距离,给他人以良好的印象和愉悦的心情,甚至也可以带给自己愉悦的感觉。你对别人热情,别人也同样会回报你热情。热情待人的态度,在人际交往中能增加个体的吸引力。

(6)严以律己,宽以待人原则。在与同事交往中:对待自己,要加强自律,严格要求自己,主动承认错误;对待同事,要胸怀宽阔,虚怀若谷,宽容对方。在与同事交往中严于律己,宽以待人,在工作中就更容易取得他人的支持与配合。

同事之间交往的技巧如下:

(1)记住同事的姓或名,见面主动与人打招呼,称呼要得当,让人觉得礼貌相待、备受重视,给人以平易近人的印象。

(2)交往时,举止大方、坦然自若,使别人感到轻松、自在,激发交往动机。

(3)培养开朗、活泼的个性,让同事觉得和你在一起是愉快的。

(4)培养幽默风趣的言行,幽默而不失分寸,风趣而不显轻浮。与人交往要谦虚,遇事多请教,待人和气,尊重他人。

(5)在与同事交往时,做到心平气和,不乱发牢骚,这样不仅自己快乐、涵养性高,别人也会心情愉悦。

(6)与同事交往时要注重说话的技巧,注意说话的场合和说话的对象。

(7)处事果断、富有主见、精神饱满、充满自信的人容易激发他人的交往动机,博取他人的信任,产生使人乐意交往的魅力。

（二）与客人之间的人际交往

客人进入酒店接受服务的过程渗透到酒店员工与客人之间交往的整个过程中,因此,酒店员工与客人之间的交往是酒店服务工作中人际交往最重要的交往。

1. 酒店员工与客人交往的特点

由于客人与酒店服务人员在交往过程中所处的地位和所扮演的角色不同,双方的交往具有与其他交往不同的特点:

(1)短暂性。客人在酒店无论是住宿、用餐,还是参加会议、娱乐,停留的时间一般只有几天或几小时,因此,双方交往的时间相对比较短暂,彼此熟悉了解的机会不多。

(2)业务性。酒店员工与客人交往只限于客人需要服务的时间,服务内容也只限于酒店业务范围之内,不应该也不允许发生业务以外的交往。

(3)不对等性。一方面,客人是"上帝",有接受优质服务的至高无上的权利,交往时,向服务员下达命令,提出要求;另一方面,服务员没有选择客人的权利,必须服从和满足客人的意愿,并提供优质服务。不对等性这一特点,常常容易使新来的员工产生自卑或逆反心理,需要进行心理引导。

(4)差异性。因为客人的年龄、性别、职业、文化层次、个性特点和心理状态存在差异,因此,酒店员工与不同客人交往模式也存在差异。

2. 酒店员工与客人交往的心理状态

美国心理学家柏恩于1959年提出了"人际相互作用分析"的人格理论,认为人的心理状态一般可分为家长型、儿童型、成人型三种类型。这三种状态存在于所有的人身上,与年龄、角色无关,而是不同的心理状态。酒店员工在与客人交往时,应根据客人的心理状态选择最佳的方式与其交往。

(1)家长型心理状态以权威为特征,一般表现为命令式与慈爱式两种行为模式。命令式通常表现为统治、支配、责骂、教训以及其他权势式的行为。慈爱式通常表现为关怀和怜悯的行为。

(2)儿童型心理状态以情绪为特征,像儿童一样服从、任性和容易冲动,行为受感情支配,往往表现为服从式和自然式。服从式通常表现为服从、依赖、无主见、遇事退缩等行为。自然式通常表现为感情用事、任性、喜怒无常等自然流露的情绪状态。

(3)成人型心理状态以理智为特征,在与人交往中往往采取一种平等的商量问题的态度。其行为表现多为待人接物冷静,尊重别人,富有理智。包括询问式、回答式、提议式、赞同式、反对式、道歉式、总结式与破坏式等八种人际交往的行为模式。

3. 酒店员工与客人交往的形式

在酒店服务工作中,酒店员工与客人的交往行为主要表现为平行性交往与交叉性交往两种。

（1）平行性交往是一种符合正常人际关系在自然状态下的反应。这种交往是平行的，双方都以对方所期待的心理状态做出反应，交往双方的行为符合对方的心理需求，相互作用是呼应的，所以交往双方情绪愉快，关系融洽，交往能顺利进行。平行性交往是酒店服务过程中应当提倡的交往形式。

（2）交叉性交往指相互作用的心理状态是交叉的，双方做出的反应与对方期待的心理状态不符，即双方的行为不符合对方的心理需求。交往发生了困难，或发生了中断，或彼此间发生了冲突，交往双方情绪不愉快，出现关系紧张。在酒店服务过程中，应避免交叉性交往情况的出现。

4. 酒店员工与客人交往的原则

为了与客人的交往顺利进行，为客人提供满意的服务，酒店员工在服务工作中，无论遇到什么类型的客人，都应该保持理智，以客人期待的心理状态与其进行交往。在交往中应遵循以下的原则。

（1）保持平行性交往的原则。要使得客人能感受到酒店员工的热情和周到，服务人员必须在日常工作中努力为客人提供周到的服务，同时努力使自己的心理状态与客人的心理状态相呼应，客人才能与服务人员保持良好的平行性交往。所以在日常工作中，需要细心观察客人的言行举止，通过各种途径来分析判断客人的心理状态以及心理需求。

（2）注意引导对方成人型交往的原则。在服务过程中，常会遇到家长型命令式行为，在这种状态下，客人会表现出责骂、支配、专断作风的行为，这种情况下服务人员会觉得自尊心受到伤害。这时服务人员要抛开客人的影响，采取注意引导对方进入成人型道歉式或提议式的交往方式。如果客人正处于儿童型的心理状态，采取自然式的行为，服务员应与其保持平行性交往，满足心理需求，然后引导客人进入成人型交往。

（3）尊重与理解的原则。进入酒店的客人，应受到服务人员应有的尊重与理解，只有客人感受到被尊重，客人才会对酒店以及服务人员产生好感。在交往的过程中，就会很容易形成和谐、友好的交往气氛。

（4）热情与礼貌的原则。服务员热情、礼貌，客人就会从内心感到温暖、愉快、满意，从而会对酒店和服务人员产生积极的态度体验，同时对酒店服务人员产生信任，这是双方交往取得成功的重要手段。

（5）满足需要，方便客人的原则。因为客人有了需要才进入酒店进行消费的，酒店的一切设施设备都是为了满足客人的需要和方便而准备的。如果客人在心理和生理上、物质和精神上都得到充分的满足，交往就会顺利进行。

（6）诚信与宽容的原则。诚信不仅是个人品德的基石，也体现了酒店的信誉度。宽容是一个人最大的美德，客人在某些情况下会出现一些错误，而服务人员应该以宽大的胸怀包容。因此诚信、宽容是服务交往取得满意结果的基础，也是服务员应该具备的特殊心理品质。

（7）高效与主动的原则。客人在酒店消费的过程中，希望自己得到的服务是高效与主动的，使客人对服务员产生一种专业性强、业务素质高的印象，促进彼此之间交往的顺利进行。

（8）公平对待原则。在酒店服务过程中，不能以一个人的地位以及身份，或外表以及穿着等来看待客人，应该公平地对待每一位酒店的客人。

（9）差异性的原则。服务员应根据客人的不同个性差异采取不同交往方式。例如：对于挑剔型的客人，服务员应该多听取客人的意见，避其锋芒；对于多疑性客人，服务人员应该态度诚恳，耐心，使客人对其产生信任。

（10）举止得当与仪容仪表得体的原则。客人对服务人员的第一印象十分重要，同时决定了客人与其交往的深度。对于仪态端庄、着装大方、谈吐优雅、举止得当的服务人员，客人会感觉服务人员的素质标准高，容易产生好感，有利于双方的交往。

任务拓展

人际关系测试

根据实际情况，认真考虑，从所给备选答案中选出最符合的一项。

1. 每到一个新的场合，我对那里不认识的人，总是：
   A. 能很快记住他们的姓名，并成为朋友。
   B. 尽管也想记住他们的姓名并成为朋友，但很难做到。
   C. 喜欢一个人消磨时光，不大想结交朋友，因此不注意他们的姓名。

2. 我打算交朋友的动机是：
   A. 认为朋友能使我生活愉快。
   B. 朋友们喜欢我。
   C. 能帮助我解决问题。

3. 你和朋友交往时，持续的时间多是：
   A. 很久，时有来往。
   B. 有长有短。
   C. 根据情况变化，不断弃旧更新。

4. 你对曾在精神上、物质上诸多方面帮助过你的朋友总是：
   A. 感激在心，永世不忘，并时常向朋友提及此事。
   B. 认为朋友间互相帮助是应该的，不必客气。
   C. 事过境迁，抛在脑后。

5. 在我生活中遇到困难或发生不幸的时候：
   A. 了解我情况的朋友，几乎都曾安慰帮助我。
   B. 只是那些很知己的朋友来安慰帮助我。
   C. 几乎没有朋友登门。

6. 你和那些气质、性格、生活方式不同的人相处的时候总是：
   A. 适应比较慢。
   B. 几乎很难或不能适应。
   C. 能很快适应。

7. 对那些异性朋友、同事，我：
   A. 只是在十分必要的情况下才会去接近他们。
   B. 几乎和他们没有交往。
   C. 能同他们接近，并正常交往。

8. 你对朋友、同事们的劝告和批评总是：
   A. 能接受一部分。
   B. 难以接受。
   C. 很少乐意接受。

9. 在对待朋友的生活、工作诸多方面我喜欢：
   A. 只赞扬他(她)的优点。
   B. 只批评他(她)的缺点。
   C. 因为是朋友，所以既要赞扬他的优点也要指出他的不足或批评缺点。

10. 在我情绪不好、工作很忙的时候，朋友请求我帮他(她)，我：
    A. 找个借口推辞。
    B. 表现不耐烦断然拒绝。
    C. 表示有兴趣，尽力而为。

11. 我在编织自己的人际关系网时，只希望把哪些人编入：
    A. 上司、有权势者。
    B. 诚实、心地善良的人。
    C. 与自己社会地位相同或低于自己的人。

12. 当生活、工作遇到困难的时候，我：
    A. 向来不求助于人，即使无能为力时也是如此。
    B. 很少求助于人，只是确实无能为力时，才请朋友帮助。
    C. 事无巨细，都喜欢向朋友求助。

13. 你结交朋友的途径通常是：
    A. 通过朋友们介绍。

B. 在各种场合中接触。

C. 只是经过较长时间相处了解而结交。

14. 如果你的朋友做了一件使你不愉快或使你伤心的事,你:

A. 以牙还牙地回敬。

B. 宽容、原谅。

C. 敬而远之。

15. 你对朋友们的隐私总是:

A. 很感兴趣,热心传播。

B. 从不关心此类事情,甚至想都没想过,即使了解也不告诉别人。

C. 有时感兴趣,传播。

评分与解释。 评分表见表12-1

表12-1 评分表

题　目	A	B	C
1	1	3	5
2	1	3	5
3	1	3	5
4	1	3	5
5	1	3	5
6	3	5	1
7	3	5	1
8	3	5	1
9	3	5	1
10	3	5	1
11	5	1	3
12	5	1	3
13	5	1	3
14	5	1	3
15	5	1	3

15~29分:人际关系很好。

30~57分:人际关系一般。

58~75分:人际关系较差。

任务反馈

思考:在酒店服务工作中,与同事之间应该如何保持较好的人际交往,良好的人际关系对于个人来说有哪些重要意义？

讨论：酒店客人个性有很大差异，客人的说话方式、思维习惯、心理需求都不同，作为酒店服务人员，应该如何调整自己的交往心理，以确保与客人的交往顺利进行？

知识回顾

1. 什么是群体？群体有哪些类型？
2. 群体的功能体现在哪些方面？
3. 什么是群体心理？群体心理对个体有什么影响？
4. 什么是人际交往？影响人际交往的因素有哪些？
5. 常见的人际交往心理障碍有哪些？
6. 酒店员工与客人交往应遵循哪些原则？

能力训练

1. 群体凝聚力调查：以班级或宿舍作为一个群体，从群体成员一起活动的时间，群体成员的归属感、认同感，是否有明确的群体规范，是否有排外意识等角度，观察并分析群体的凝聚力。根据分析结果，有针对性地提出改进措施，提高班级或宿舍的群体凝聚力。

2. 人际交往能力训练：根据人际交往原则，在现实生活中与周围的同学、老师及陌生人进行接触，提高个体的人际交往能力。

案例分析

2014年巴西世界杯是第20届世界杯足球赛。比赛于2014年6月12日至7月13日在南美洲国家巴西境内12座城市中的12座球场内举行。虽然中国足球队没有出现在巴西的赛场上，但是对于我国广大足球爱好者来说，巴西世界杯仍是最热门的话题。连向来规矩森严的酒店里，一些年轻的员工也忙里偷闲地悄悄议论着足球赛。在上海某五星级酒店的员工中，有些年轻的男员工也不例外。

酒店陶总经理在用餐期间爱与普通员工聊聊，那些日子里谈话的中心内容很自然地落到了足球上。一谈到足球，似乎领导与员工之间的代沟一下子被填平了，有的员工因不同意陶总对某场比赛的评论，竟然敢直言"顶撞"，而陶总也总是一脸微笑，听到不同意见时也会针锋相对地辩论几句。

在与员工午餐时的闲聊中，陶总发觉，有部分员工正在筹划成立一支足球队。

"你们准备什么时候练球？""以后同谁去比赛？""请谁当教练？""取什么队名？"陶总问了一连串问题。本来才两三名员工在与陶总闲谈，听到总经理对成立足球队也感兴趣，顿时大家都聚拢过来……

在与员工的交谈中，陶总摸到了他们的不少想法。有的员工遇到精彩球赛便调休在家看电视，有的在上班期间溜到卫生间通过手机看足球新闻。陶总感到青年人爱好足球是正常现象，用酒店的纪律去禁止他们调休或议论球赛是不现实的，也是不必要的。

在第二天的办公例会上，陶总提出了这个问题，没想到管理层中也有不少球迷。经过1小时的讨论，酒店做出了一项决定，成立一支酒店足球队。总经理室为足球队练球和比赛大开绿灯，允许在下午抽出一定时间让队员踢球过瘾。与此同时，酒店领导向员工又重申了酒店有关制度，希望所有足球爱好者自觉遵守酒店规章制度，并希望全体队员好好练球，为酒店争光。

思考：为什么陶总没有用酒店的纪律禁止员工调休或者议论球赛，却决定成立一支足球队？这支酒店足球队对于那些热爱足球的员工来说有什么重要意义？

模块 13 酒店领导心理

模块目标

◆ **知识目标**

1. 了解领导与领导者的概念,掌握领导的职能。
2. 理解领导者影响力的内涵,掌握提高领导者影响力的途径。
3. 了解酒店领导艺术,科学运用领导艺术。

◆ **能力目标**

1. 运用领导心理的相关理论,提高个人的领导影响力。
2. 在酒店的经营与管理中,科学地运用领导艺术。

模块任务

- ◆ 任务一　领导与领导者
- ◆ 任务二　领导者的影响力
- ◆ 任务三　酒店领导艺术

任务一　领导与领导者

案例聚焦

鲁国的单父县缺少县令,鲁哀公请孔子推荐一个学生,要兢兢业业能干的。孔子推荐了巫马期,他上任后十分努力与勤奋,兢兢业业工作了一年。结果是单父县大治!不过,巫马期却因为劳累过度病倒了。于是,鲁哀公又请孔子再推荐一个人,要求是身体必须健康,不管什么办法,只要能治理好就行了。于是,孔子推荐了另一个学生宓子贱。宓子贱到任后就在自己的官署后院建了一个琴台,终日鸣琴,身不下堂,日子过得是有滋有味。一年下来单父县依然大治。后来,巫马期很想和宓子贱交流一下工作心得,于是他找到了宓子贱。

作为师兄弟,两个人的谈话是从寒暄客套开始的,不过很快就进入了正题。巫马期羡慕地握着宓子贱的手说:"你比我强,你有个好身体啊,前途无量,看来我要被自己的病耽误了。"宓子贱听完巫马期的话,摇摇头说:"我们的差别不在身体,而在于工作方法。你做工作靠的是自己的努力,可是事情那么多,个人力量毕竟有限,努力的结果只能是勉强支撑,最终伤害自己的身体;而我用的方法是调动能人给自己工作,事业越大可调动的人就越多,调动的能人越多事业就越大,于是工作越做越轻松。"

任务执行

领导其实就是通过调动别人来完成既定的任务。领导者的领导过程就是在权力支撑的基础上实施指引、激励、沟通和营造氛围的工作,以便能够影响员工的行为,促使他们共同努力去完成组织的目标。

一、领导与领导者概念

领导与领导者是两个不同的概念,它们之间既有联系又有区别。领导是领导者的行为,通过先行、沟通、指导、灌输和奖惩等手段对人们施加影响的过程,从而使人们积极主动地为实现组织或群体的目标而努力;而致力于实现这个过程的人,则为领导者。在这个定义中包含以下三个要素。

(1)领导者必须有追随者;

(2)领导者要有影响追随者的能力,这种能力包括正式的权力和个人魅力;

(3)领导者实施领导的唯一目标就是达到组织的目标。

首先,权力在领导者和其他成员之间的分配是不平等的。正是靠着权力的影响力,领导者才能轻易获取组织其他成员的信任,把他们吸引到一起来,使组织成员心甘情愿地追随领导者指定的目标。其次,领导是一种艺术创造过程。领导者面临千变万化的组织环境,领导工作是不可能通过简单的既定程序来完成的,领导过程本质上是艺术创造的过程。再次,领导的目的是通过影响组织成员来达到实现组织目标的过程,领导是目的性非常强的行为,目的在于使组织成员情愿地、热心地为实现组织或群体的目标而努力。

二、领导的实质

领导的实质是组织成员的追随与服从。正是组织成员的追随与服从,才使领导者在组织中的地位得以确定,并使领导过程成为可能。追随与服从在主观意愿上的程度是不同的。追随是主动的行为,现实生活中可导致追随的因素很多,如领导者自身的知识、才能、魅力和业绩,或者满足对方的愿望和需求,为之提供必要的条件等。服从可以是主动的行为,也可以是被动的行为。它与领导者所掌握的权力有关,这个权力是组织赋予的,所以组织成员必须服从。从时代发展的特征来看,人们越来越强调领导的实质是追随关系,从而对领导提出更高的要求。

领导与管理两者有着本质的区别。从共性上来看:两者都是一种在组织内部通过影响组织成员的协调活动,来实现组织目标的过程;两者基本的权力都是来自组织的岗位设置。从差异性上看:领导是管理的一个方面,属于管理活动的范畴。除了领导,管理还包括其他内容,如计划、组织、控制等。管理的权力是建立在合法、强制性权力基础上的,而领导的权力既可以是建立在合法的、强制性基础上,也可以建立在个人的影响力和专家权力等基础上。

因此,领导者不一定是管理者,管理者也并不一定是领导者。两者既可以是合二为一的,也可以是相互分离的。有的管理者可以运用职权迫使员工完成一项工作,但不能影响他人去工作,他并不是领导者;有人的人并没有正式职权,却能以个人的影响力去影响他人,如非正式组织中的首脑,他是一位领导者。为了使组织更有效,应该选取领导者来从事管理工作,也应该把每个管理者培养成好的领导者。

三、酒店领导者的作用

在带领和指导酒店全体成员为实现共同目标而努力的过程中,酒店领导者要发挥指导、协调和激励的作用。

（一）指导作用

在酒店的经营过程中，需要头脑清晰、胸怀全局、高瞻远瞩的领导者来帮助全体员工认清所处的环境，明确活动的目标和实现目标的途径。因此，领导者有责任指导组织酒店各项经营活动的开展。其中包括：明确大方向，并指导下属制定具体的目标、计划，以及明确职责、规章、政策；开展调查研究，了解酒店经营的宏观环境与微观环境的变化，并引导酒店全体成员认识和适应这种变化。

（二）协调作用

即使有了明确的目标，由于每一位成员的能力、态度、性格、地位等不同，加上各种外部因素的干扰，组织成员在思想上发生各种分歧、行动上出现偏离目标的情况也是不可避免的，因此，需要领导者协调人们之间的关系，把大家团结起来，朝着共同的目标前进。另外，酒店的各种资源，如人、财、物、信息、时间等从来都是不均衡分布的，对于这些资源的数量、质量，领导者要做到心中有数，明确资源该如何分配。

（三）激励作用

激励作用是指领导者通过为组织成员主动创造能力发展空间和职业发展生涯等行为，影响员工的内在需求和动机，引导和强化员工为组织目标而努力的行为活动。对于目前大多数酒店员工来说，工作仍然是谋生的手段，酒店基层员工薪资水平低，升职难度大，在一定程度上影响了服务人员工作的积极性。怎样才能使每一个员工都保持旺盛的工作热情，能最大限度地调动他们的工作积极性呢？这就需要有通情达理、关心员工的领导者来为他们排忧解难，以高超的领导艺术激发员工的事业心、忠诚感和献身精神，充实和加强他们的积极进取的动力。

任务拓展

领导特性理论

传统的领导特性理论认为，领导者的特性来源于生理遗传，是先天具有的，且只有具备这些特性才能成为优秀的领导者。特性理论的创始人阿尔波特（C. W. Allport）及其同事们曾分析过17953个用来描写人的特点的形容词。亨利（W. Henry）1949年在调查研究的基础上指出，成功的领导者应具备12种品质：①成就需要强烈，把工作成就看成是最大的乐趣。②干劲大，工作积极努力，希望承担富有挑战性的工作。③用积极的态度对待上级，尊重上级，与上级关系较好。④组织能力强，有较强的预测能力。⑤决断力强。⑥自信心强。⑦思维敏捷，富于进取心。⑧竭力避免失败，不断地接受新的任务，树立新的奋斗目标，驱使自己前进。⑨讲求实际，重视现在。⑩眼睛向上，对上级亲近而对下级较疏远。⑪对父母没有情感上的牵扯。⑫效力于组织，忠于职守。吉伯(C. A. Gibb)于1954年指出,天才领导者具有7项特性:①智力过人。②英俊潇洒。③能言善辩。④心理健康。⑤外向而敏感。⑥有较强的自信心。⑦有支配他人的倾向。

现代领导特性理论认为:领导者的特性和品质并非全是与生俱来的,而可以在领导实践中形成,也可以通过训练和培养的方式予以造就。主张现代特性理论的学者提出了不少富有见地的观点。美国普林斯顿大学教授威廉·杰克·鲍莫尔(William Jack Baumol)针对美国企业界的实况,提出了企业领导者应具备的10项条件:①合作精神。②决策能力。③组织能力。④精于授权。⑤善于应变。⑥勇于负责。⑦勇于求新。⑧敢担风险。⑨尊重他人。⑩品德超人。

任务反馈

思考:你认为领导者的特性和品质是与生俱来的,还是可以通过训练和培养予以造就的?

讨论:领导者与管理者的区别体现在哪些方面?

任务二 领导者的影响力

案例聚焦

7天连锁酒店创始人郑南雁与同样来自"携程系"的汉庭酒店创始人季琦及桔子酒店创始人吴海,离开携程后把创业目标同样锁定在经济型酒店这个行业。在市场竞争中,推崇道家思想的郑南雁不按理出牌却常常让对手"一招毙命"。

"我虽然非常看好经济型酒店这个市场,但低入住率也出乎自己意料之外。"郑南雁称,最先的三家酒店每天入住率不到40%,当时压力非常大,可以说是入不敷出。面对低入住率怎么办,很多经济型酒店可能首先会想到加大市场营销,而郑南雁却决定先组建得力的团队,于是他网罗了一批人才加盟7天连锁酒店,其中不少高管都不是酒店管理科班出身。也正是这样一个团队,让7天连锁短短时间便迅猛发展。

"到目前为止,7天连锁酒店目前的核心管理团队中,几乎有1/3来自IT业,真正从事过酒店管理的员工更是寥寥无几。"郑南雁称。在业内人士看来,这在任何一家酒店,都几乎是件不可思议的事,但他做到了,并且成功了。郑南雁解释说:"与传统酒店不同,经济型酒店在管理方式上更需要连锁业和市场营销方面的人才,所以在人力、品牌、营销、管理几块我们大都启用了非酒店业人才,就像制作奔驰的人不一定能设计好经济型的QQ车一样。"

郑南雁追求自由"不安分"个性,也呈现在他于7天连锁酒店管理上。他提倡以放为主管为辅的员工管理理念。7天连锁酒店权力更集中在一线。每个分店的店长只需要对自己负责,每家店都靠自觉运行。每位店长都有充分的权力,可以自主调配各种资源,总部设置的各个部门都是为一线店长服务的,他们遇到什么问题,就可直接找相关部门解决;同时,公司会通过业务、收益、销售、人力资源四条线来约束和管理店长。前期这四条线非常强势,但后期权力会不断减少。所有区域的店长可以自主选择一个执政官,类似于区域总监,但不是公司任命,而是6个月由员工选一次,如果做得不好,到时大家可以重新选。"企业领导对企业决策有比较重要的作用,但太把领导当回事了,反而会阻碍企业发展。"郑南雁称,他刻意弱化自己的权力,因为权力小了,错误就更容易修正。

任务执行

任何领导活动都是在领导者与被领导者的相互作用中进行的,领导工作的本质就是人与人之间的一种互动。在领导过程中,如果领导者不能有效影响或改变被领导者的心理或行为,就很难实现领导的职能,组织目标也就无法实现。

一、领导者的影响力及其作用

影响力一般指人在人际交往中影响和改变他人心理与行为的能力。领导者的影响力就是领导者在领导过程中有效改变和影响他人心理与行为的一种能力。

领导者影响力在领导过程中发挥着重要的作用,具体表现在:①领导者影响力是整个领导活动得以顺利进行的前提条件;②领导者影响力影响组织群体的凝聚力与团结;③领导者影响力可以改变和影响组织成员的行为。

二、领导者影响力的构成要素

(一)权力性影响力

权力性影响力又称为强制性影响力,它主要源于法律、职位、习惯和武力等。在这种方式作用下,权力性影响力对人的心理和行为的激励是有限的。构成权力性影响力的因素主要有法律、职位、习惯、暴力等。

权力性影响力对人的影响带有强迫性、不可抗拒性,它是通过外推力的方式发挥其作用。它的产生主要有以下三个方面原因。

（1）传统因素。传统因素是指人们对领导者的一种由历史沿传而来的传统观念。历史学家研究指出，传统首先来源于恐惧，其次是社会服从，从恐惧到服从经过不断的制度化，深入到社会的各个阶级结构与意识形态，从而成为人类社会一种特殊的影响力量。

（2）权力因素。社会心理学认为，社会权力是形成领导影响力的基础。权力是一种制度化的力量。在现实生活中，权力往往表现为一种"位置"或"地位"的力量，即"职权"。由于他们担任不同的职务，就拥有不同程度的控制权。

（3）资历因素。领导者影响力的大小，与他自身的资历是密切相关的。资历是资格和经历的合称，在一定程度上能够反映出一个人的实践经验和能力。领导人物的光荣历史、非凡经历，往往能使被领导者产生一种敬重感。

（二）非权力性影响力

与权力性影响力相反的另一种影响力是非权力性影响力，非权力性影响力也称非强制性影响力，它主要来源于领导者个人的人格魅力，来源于领导者与被领导者之间的相互感召和相互信赖。领导者的非权力性影响力包含很多因素，这些因素都影响和制约着领导者的影响力。

（1）品格和价值观因素。正直、公正、信念、恒心、毅力、进取精神等优秀的人格品质无疑会增强领导者的影响力和人格魅力，从而扩大其追随者队伍。领导者的个人价值观会吸引具有同类价值观的人凝聚于群体，增强对群体的认同感和归属感；同时，领导者的人格和价值观还会影响群体成员，成为群体默认的行为标准。

（2）行业背景或从业经验因素。广泛的行业知识便于领导者准确把握本行业的市场、竞争、产品、技术状况，对于领导目标决策及其各方面管理的信服力有着重要的作用；同时，行业经验还可以使领导者拥有良好的企业内和行业内的人际关系与声望，从而提升影响力。

（3）能力因素。领导者的才干、能力能给追随者带来成功的希望，能使人产生敬佩感。领导者有与职位相称的能力，对正确决策、提高工作效率、完成组织目标有着重要的作用。

（4）知识因素。具有广博知识的领导者更容易取得人们的信任，在群体中的影响力会大大提高。勤于学习、善于学习的领导者，会促使跟随者重视学习，提升自我价值。

（5）情感因素。领导者与下属建立良好的情感关系，下属就会产生亲切感。情感因素在非权力性影响力中发挥的作用相当大，领导者要使群体决策变成员工的自觉行为，如果没有情感因素的影响力，仍不能最大限度地发挥领导者的作用。

三、如何提高领导者的影响力

提高领导者影响力的主要途径是合理发挥权力性影响力和非权力性影响力的作用，一个善于将两种影响力综合应用的领导者将会取得最佳的领导效果。

（一）正确使用权力性影响力

领导者使用权力时应注意以下原则：

（1）合法性原则。合法性原则要求领导权力必须在法定职权范围之内充分运用，必须建立在正当考虑的基础之上，必须符合组织目标。

（2）民主原则。领导者在运用权力的过程中，要充分听取内外成员的意见，实行决策民主化和领导集体的集体领导。民主原则还包括必须尊重专家的意见，反对和抵制等级观念、个人专断作风等。

（3）例外原则。领导运用权力必须遵从和维护规章制度，但也有权超越规章制度进行例外处理。进行例外处理必须有充分正当的理由，并符合合法性原则和民主原则。

（4）善于授权。领导者要善于授权、敢于授权，并在授权中将监督和指导结合起来，形成大权集中、小权分散的局面，这样才能更有效地发挥权力的作用。

另外，领导者使用权力时持审慎态度。每一个领导者都必须清楚地意识到，过多地采用强制性手段，即使权力行使是正确的，也会使部属产生驱使感。领导者不能炫耀权力、滥用权力，甚至以权谋私、追求个人特权。如果这样做，部属也必然会产生种种对抗力，抵制权力，从而削弱权力的效果。领导者不能一味命令部属"要这样做"，更要使部属明确为什么"要这样做"，并且指导他们应该有效地去执行命令。

（二）正确使用非权力性影响力

权力性影响力固然能从客观上逐渐养成员工遵守纪律和从事工作的某种积极性与自觉性，但这些手段毕竟只能从约束中造成一种适应性的习惯。而由各种非权力性影响力产生的效果，更能激发人们的自觉性。因为接受非权力性影响力比强制的服从要自然得多。因此，提高领导者影响力，关键在于努力提高非权力性影响力。

在组成非权力性影响力的因素中，以品格、才能因素为主，知识、感情因素为辅。一个领导者如果品格因素出了问题，那么其他因素必然会受到严重的影响，其总和可能是零。而在一个领导者的品格因素及格的情况下，决定他非权力性影响力大小的主要因素在于能力因素。如果一个领导者能力极差，根本不称职，而且品格不好，那么他的非权力性影响力可能成为零，甚至是负数。

任务拓展

群体接受影响的心理机制

领导者有效的影响力,除来自他自身必须具备的一定的影响力之外,还与群体接受影响的心理机制密不可分。这一心理机制就是导致群体一致行动的模仿、暗示和认同。

1. 模仿

模仿是由非强制性社会刺激引起的使个人再现某一榜样的一种社会心理行为。这种社会刺激可以是榜样本身也可以是其他事物,其特点是非强制性。在领导活动中,下级对上级的模仿,被授权者对授权者的模仿,是一种极为普遍的社会心理现象。由于领导者本身所处的地位,其品德、行为、处理问题的方法,以及言谈举止和喜怒哀乐等情绪都容易被下级自觉或不自觉地接受、模仿。领导者也往往利用"模仿"这一心理机制,来发挥自己在群众中的影响作用。

2. 暗示

在无对抗条件下,用含蓄间接的方法对人们的心理和行为产生影响,从而使人们按照一定的方式去行动或接受一定的意见,使其思想、行为与暗示者的意志相符合。在领导活动中,领导者的一个恰当的暗示,能够直接沟通上下级之间的思想感情;一个赞许的目光,将会使下级乐于受命,勇气倍增。领导者可以运用暗示的心理机制,把自己的意志和情绪作为一种特殊信息传递给下级,从而充分发挥其效力。

3. 认同

个体将自己和另一对象"视为等同""相同",从而形成彼此之间的整体性感觉。认同是保证群体或组织整体性的重要因素。在群体活动中,大体上都有一种强烈的从感情上要将自己认同于另一个个体,尤其是认同于领导者人格特质的心理趋向。正是这种心理趋向,加强了群体或组织的整体性。高度的认同,还会使个体与对象休戚与共,荣辱相依。如领导要和群众打成一片,就是指领导者要具有一定的透明度,在感情上尽可能接受群众,与群众要有共同的语言,成为群众中的普通的一员,以取得群众的认同。

任务反馈

思考:提高领导者影响力的主要途径是合理发挥权力性影响力和非权力性影响力的作用。另外,考虑群体接受影响的心理机制。在酒店管理中,领导者可采取哪些途径让员工主动接受领导者的影响?

讨论:领导者的影响力由哪些要素构成?应如何提高领导者的影响力?

任务三 酒店领导艺术

案例聚焦

周总是一位有着丰富酒店管理经验的职业经理人,一次他在一家新的酒店担任总经理一职。前任总经理在交接工作时,给他推荐了酒店的两个人,认为他们中的一个人可以做人事总监,另一个人可以做财务总监,并且建议周总考察他们一段时间,如果觉得他们合格就可以考虑提拔他们。两个月很快就过去了,周总觉得前任总经理推荐的这两个人的工作能力确实很强,完全能胜任人事总监与财务总监的工作。于是将他们一个提拔为人事总监,另一个提拔为财务总监。在以后的工作中,这两位总监非常支持周总。虽然周总在新酒店工作的时间不长,但他已经觉得能得心应手地开展工作了。

周总对这件事情感触很深,因为前任总经理把提拔员工的机会让给了自己,而在一般的员工心目中,对提拔自己的领导会有一种特别的感情。这两位总监觉得是现任总经理提拔了他们,所以要好好工作来报答现任总经理。而前任总经理这样做,实际上是一个精心的安排,是帮助新任总经理的一种非常好的方式。

任务执行

优秀的领导者懂得:领导工作的效率和效果在很大程度上取决于他们的领导艺术。只有充分了解、娴熟运用领导艺术,领导者才可以利用自身的良好素质取得比较理想的领导效果。

(一)领导艺术模式

领导艺术是领导者在做领导工作时,为有效实现领导目标,提高工作效率而灵活运用的各种技巧手段和特殊方法。它是领导者的素质能力在方法上的体现,是领导者的智慧学识、才能胆略和经验的综合反映。

酒店领导通过建立目标和影响员工,创建条件让员工达到这些目标的技巧手段和方法,就是酒店领导的领导艺术。依照领导决策程度的开放性,领导艺术可以分为即专制式、官僚式、放任式和民主式四种类型。

1. 专制式

以个人决策为主，员工参与较少所形成的决策形式称为专制式。专制式决策基本上不讨论员工参与的问题，只讲个人决策，也就是简单地下命令，然后让员工去执行，不参考员工的意见。这种领导艺术模式适用于工作量大、决策时间有限的情形，没有经过培训对工作一无所知的新员工也可以使用这种模式。此外，如果接管一个管理不善的部门或酒店时，这种领导艺术模式也许会取得意想不到的效果。

随着时代的发展，员工的参与意识提高了，劳动力的素质也发生了很大变化，当员工希望领导能听取他们的意见时，专制式模式就不够合理。当员工士气比较低落时，员工流动率和缺勤率都比较高时，专制式模式就不会发挥作用。

2. 官僚式

如果领导决策比重较小，那么员工参与的比重也较小，员工只能按照一种规范操作，这种领导模式称为官僚式。这种决策主要是按规章制度、工作流程去实施的过程，特点是按规定进行。这种方式要求领导一切按照工作流程去办，但是当无章可循时，问题就不能得到解决，只能向上级请求。

官僚式的领导艺术模式特点是按照规定办，这种模式适用于当员工需要按照规定程序做的时候，如酒店工程部、保安部等都需要按程序来进行。酒店如果长期采用官僚式的领导模式，就容易导致员工只做分内之事的倾向。员工按照规定的内容和步骤去执行，各司其职，规定以外的则不予考虑，这必然导致进度减缓，工作效率低下，工作没有起色。

3. 放任式

员工参与比较多，而领导决策较少，这种决策方式称为放任式。也就是说，在放任式领导模式中，领导几乎不给员工指令，让员工自由决策。

采用这种领导艺术模式，领导虽然跟员工在一起，却让员工自己来设立目标、决策和解决问题的步骤。在酒店管理中，绝大多数的领导只对少数的员工采取这种领导模式，而不是对所有的员工都这样做。

在放任式的领导艺术模式下，员工可以充分发挥自己的主观能动性，有考虑问题的机会。对优秀员工而言，其考虑问题通常也是比较周全的。

4. 民主式

民主式是指领导鼓励员工参与和团队合作的一种领导模式。民主式的领导像一位努力建立团队精神的导师，在听取所有员工的意见之后才做出决策，且尽量让员工参与涉及他们利益的过程中，这是最有效率的领导模式。

在民主式的领导模式下，员工能够长期地保质保量地完成工作，也欣赏领导对自己的信任，抱以合作的态度，加固团队的精神，提升了高昂的士气。

（二）领导艺术的内容

领导艺术是一个十分广阔的领域，具有丰富内容，主要内容有如下五个方面。

1. 决策的艺术

决策是领导者最频繁、最基本、最重要的活动，也是产生影响最深刻、最长远、最重大的活动。成功的领导者在决策时必须具备发现问题的能力、借用专家的能力及选择方案的能力，能在决策过程中做到科学决策、民主决策和依法决策。

2. 用人的艺术

一个领导者的成功与否取决于他的用人艺术。领导者用人的艺术主要有：合理选择，知人善任；扬长避短、宽容待人；合理使用，积极培养。因此，作为一个领导者，一定要有爱才之心，识才之眼，选才之德，用才之胆，容才之量，育才之法和集才之力。

3. 沟通协调的艺术

没有沟通协调能力的人当不好领导者。沟通协调，不仅要明确沟通协调对象和方式，还要掌握一些相应的沟通协调技巧。对上请示沟通一定要积极主动；与同事有了误会一定要解释清楚；对外争让有度，大事要争，小事要让，不能遇事必争，也不能遇事皆让，该争不争，就会丧失原则，该让不让，就会影响全局。

4. 时间的艺术

时间是一种无形的稀缺资源，领导者不能无视，更不能浪费。领导者应该学会管理时间：一是善于把握好自己的时间，主动地驾驭好自己的时间；二是不随便浪费他人的时间。另外，领导者还要养成惜时习惯。如比尔·盖茨，能站着说的东西不坐着说，能站着说完的东西不进会议室去说，能写个便条的东西不要写成文件，只有这样才能形成好的惜时习惯。

5. 说话的艺术

说话是一门艺术，它是反映领导者综合素质的一面镜子，也是下属评价领导者水平的一把尺子。领导者要提高说话艺术，除提高语言表达基本功外，关键要提高语言表达艺术：一是领导说话要做到言之有物；二是注意条理，不能信口开河，语无伦次；三是通情理，不能拿大话压人，要多讲些大家眼前最关心的问题。

（三）科学运用领导艺术

现代酒店面临着发展的机遇，同时市场竞争也非常激烈，酒店领导者在履行领导职能的过程中应科学运用领导艺术，灵活运用各种领导方法、原则与技巧，这样才能率领和引导全体员工克服困难，在激烈的市场竞争中脱颖而出，获得良好的经济效益和社会效益。

1. 领导者善于树立自己的威信

第一，领导者应该全面提升个人的专业水平、管理才能和个人修养，只有这样，员工才会佩服、尊敬和服从；第二，领导者应该以身作则，靠榜样影响下属，并有敢于承担责任的勇气,如果领导在工作中总是设法推卸责任,就不可能得到员工的尊重;第三,领导应该为下属的工作提供支持,帮助他们取得成功,希望并支持下属取得突出的成绩,不仅能够树立个人的威信,而且能调动员工的工作积极性。

2. 发扬民主,重视与员工沟通

为了激发员工的工作积极性和主人翁精神,领导者应该在工作中发扬民主,重视与员工的沟通。领导在做决策时,要与员工多沟通,因为决策的最终执行者还是酒店员工,经过员工充分讨论的、科学合理的决策,有利于员工的贯彻执行,也有利于提高员工的服从性。另外,领导者还可以通过举办各种文体活动,加强与员工的感情交流。

3. 创造良好的人际关系环境

领导者要有良好的人际关系能力,不仅自己要与员工建立良好的关系,而且要努力在整个酒店内建立良好的人际关系环境,使服务员之间建立良好的关系,从而使自己所在的部门内部有一种团结、合作、轻松、愉快的工作环境和气氛,这对领导工作的开展有极大好处。

4. 注意表扬和批评的艺术

表扬和批评属于奖惩激励的方法。使用这一方法时,要注意艺术性。第一,表扬和批评的方法因人而异,根据不同对象的心理特点采取不同的方式方法;第二,表扬与批评掌握好时机,如批评在领导和员工都情绪稳定时进行;第三,批评员工时,注意态度诚恳,语气委婉,批评对事而不对人,要注意听对方的解释,不在下属和客人面前批评员工。

5. 掌握授权的艺术

领导授权给他人或者授权给员工,是为了行使更大的控制权,也是一种权力的使用过程,目的是开发员工的才能。授权的方式很多,一般按照以下步骤进行:①明确授权的任务。②确立一个完成的期限。③确立授权的人选。④交代工作任务。在授权的过程中,领导始终要给员工支持,并且要经常检查工作的进度情况。只有在这个过程中不断地进行跟踪,对出现的问题及时进行加以解决,才能使得任务圆满完成。

任务拓展

处理好与下属的关系

每个领导都会遇到难缠的下属,也不可能把他们每个都推出去。必须面对他们,学会与他们交往,处理好与不同性格的下属的关系,这样工作和管理才会更加得心应手。

1. 对喜欢唠叨的下属不要轻易表态

最常见的下属无论大事小事都喜欢向领导请示、汇报,唠唠叨叨,说话抓不住主题。这种下属往往心态不稳定,遇事慌成一团,大事小事统统请示,还唠唠叨叨,讲究特别多。与这样的下属交往,交代工作任务时要说得一清二楚,然后就叫他自己去处理,给他相应的权力,同时给他施加一定的压力,试着改变他的依赖心理。在他唠叨时,轻易不要表态,这样会让他感觉到他的唠叨既得不到支持也得不到反对,久而久之,也就不会再唠叨。

2. 对喜欢争强好胜的下属尽量满足他

有的下属喜欢争强好胜,这种人狂傲自负,自我表现欲望极高,还经常会轻视甚至嘲讽。遇到这样的下属,不必动怒。这个世界上,自以为是的人到处都有,遇见了很正常。也不能故意压制他,越压制他越会觉得你能力不如他,是在以权欺人。认真分析他的这种态度的原因,如果是自己的不足,可以坦率地承认并采取措施纠正,不给他留下嘲讽你的理由和轻视你的借口;如果是他觉得怀才不遇,你不妨为他创造条件,给他一个发挥才能的机会,重任在肩,他就不会再傲慢了。也让他体会到一件事情做成功的艰辛。

3. 对待以自我为中心的下属要公平

有的下属总是以自我为中心,不顾全大局,经常会向你提出一些不合理的要求,什么事情都先为自己考虑。有这样的下属,你就要尽量地把事情办得公平,把每个计划中每个人的责任与利益都向大家说清楚,让他知道他该做什么,做了这些能得到什么,就不会再提出其他要求了。同时满足其需求中的合理成分,让他知道,他应该得到的都已经给了他。而对他的不合理要求,要讲清不能满足的原因,同时对他晓之以理,暗示他不要贪小利而失大义。还可以在条件允许的情况下,做到仁至义尽,让他觉得你已经很够意思了。

4. 对自尊心强的下属多理解

还有的下属自尊心特强,性格敏感,多虑,这样的人特别在乎别人对他的评价,尤其是领导的评价。有时候哪怕是领导的一句玩笑,都会让他觉得领导对他不满意了,因而会导致焦虑,忧心忡忡,情绪低落。遇到这样的下属,要多给予理解,不要埋怨他心眼儿小,多帮助他。在帮助的过程中,多做事,少讲自己的意见,意见多了会让他觉得你不信任他,给他一些自主权,让他觉得自己能行,经常给予鼓励。

要尊重敏感的下属的自尊心,讲话要谨慎一点,不要当众指责、批评他,因为这样的下属的心理承受能力差。同时注意不要当他的面说其他下属的毛病,这样他会怀疑你是不是也在背后挑他的毛病。要对他的才干和长处表示欣赏,逐渐弱化他的防御心理。

5. 对喜欢非议领导的下属刚柔相济

几乎所有的单位都有一种下属,喜欢挑领导的毛病,议论领导的是非。这种下属常对你的一些无关紧要的小问题渲染传播,留意你的一些细节,而有的还像是很忠诚地为你着想。和这样的下属相处,首先要检查一下自己本身是不是有毛病。可以多征求他的意见,让他觉得你是真诚对他的,那他就不好意思再渲染你的一些生活细节问题。对于不易感化的人,也不要一味忍让,可以抓住适当的机会反击一下,让他有自知之明,收敛一些。

任务反馈

思考:对于一些特别有个性的下属,领导者在工作中应该如何与其相处?
讨论:领导艺术模式各有哪些优缺点,分别适用于哪些情形?

知识回顾 >>>

1. 领导者与管理者有何区别与联系?
2. 领导者的影响力构成要素包括哪些方面?
3. 如何提高领导者影响力?
4. 领导艺术内容包括哪些方面?
5. 酒店领导如何科学地运用领导艺术?

能力训练

1. 提高领导者的影响力模拟训练:班级按4~5人每组进行分组,分析班委成员在班级同学中的影响力,讨论其影响力大小的成因,并给出提高影响力的途径和措施。把各组的讨论结果进行汇总,并在课堂上进行讨论,班委成员及全体同学根据建议,在各个方面提升自己在班级中的影响力。

2. 领导艺术能力训练:班级按4~5人每组进行分组,每个小组收集一个关于领导者领导艺术方面的案例,分析案例中领导者是如何运用领导技巧,其艺术性体现在哪些方面,并在以后的工作中加以借鉴。

案例分析

广州某酒店的一位总经理曾讲起这样一件事情:他刚上任不久后的一天,餐饮部粗加工组主管来找他,反映粗加工组的劳动条件太差,工作场所下水道不畅,无论晴雨整天都得穿着胶鞋工作,这位总经理赶去一查看,感到了问题的严重性,立即招来有关的负责人,请他们亲自到现场去查看情况,并责令在三天内改善粗加工组的劳动条件。

三天后,主管又来见他,告诉他问题都解决了,并说:"这个问题先后反映过几次,始终没有人关心,只有您是真正关心我们。"说着,小伙子非常激动,并向总经理表示:"领导看得起我们,我们也要对得起领导。如果总经理信任我们,授权给我们,凡不合采购要求的食品原料可以退货,我们愿意为酒店把关。"在这位主管建议的基础上,总经理设计了一套鲜活食品原料验收及责任追究制度,这一制度实施以后,该酒店餐饮毛利提高了10%。

思考: 案例中酒店总经理是如何调动员工工作的积极性和主动性的?分析该酒店总经理的领导艺术体现在哪些方面?

参考文献

[1] 周瑛,胡玉平. 心理学[M]. 长春:吉林大学出版社,2007.

[2] 本杰明·B. 莱希. 心理学导论[M]. 上海:上海大学出版社,2010.

[3] 周丽. 酒店服务心理学[M]. 北京:中国物资出版社,2009.

[4] 傅昭. 酒店服务心理[M]. 杭州:浙江大学出版社,2009.

[5] 魏乃昌,魏虹. 服务心理学[M]. 北京:中国物资出版社,2006.

[6] 王赫男. 饭店服务心理学[M]. 北京:电子工业出版社,2009.

[7] 丁钢. 饭店服务心理学[M]. 北京:中国劳动社会保障出版社,2006.

[8] 牛志文. 饭店实用心理服务[M]. 北京:电子工业出版社,2008.

[9] 徐栖玲. 酒店服务案例心理解析[M]. 广州:广东旅游出版社,2003.

[10] 朱惠文. 现代消费心理学[M]. 杭州:浙江大学出版社,2004.

[11] 舒伯阳. 旅游心理学[M]. 北京:清华大学出版社,2008.

[12] 刘世权,李远慧. 旅游服务心理[M]. 武汉:武汉大学出版社,2008.

[13] 舒伯阳,廖兆光. 旅游心理学[M]. 大连:东北财经大学出版社,2007.

[14] 张扬. 健康心理每一天[M]. 北京:海潮出版社,2010.

[15] 张春兴. 现代心理学[M]. 北京:人民出版社,1994.

[16] 陈琦. 旅游心理学[M]. 北京:北京大学出版社,2006.

[17] 闫红霞. 旅游心理学[M]. 武汉:华中科技大学出版社,2011.

[18] 舒伯阳,廖兆光. 旅游心理学[M]. 大连:东北财经大学出版社,2007.

[19] 李雪冬. 旅游心理学[M]. 天津:南开大学出版社,2008.

[20] 陈文生. 酒店经营管理案例精选[M]. 北京:旅游教育出版社,2007.

[21] 郑健壮. 管理学原理[M]. 北京:清华大学出版社,2008.

[22] 许庆瑞. 管理学[M]. 北京:高等教育出版社,2005.

[23] 殷智红,叶敏. 管理心理学[M]. 北京:北京邮电大学出版社,2007.

[24] 程厦千. 管理心理学[M]. 海口:南海出版社,2001.

[25] 李雯. 酒店前厅与客房业务管理[M]. 大连:大连理工大学出版社,2005.

[26] 周耀进. 酒店服务心理学[M]. 上海:上海交通大学出版社,2012.

[27] 匡仲潇. 星级酒店培训管理全案[M]. 北京:化学工业出版社,2013.

[28] 贺政林. 酒店服务常见问题情景应对[M]. 北京:中国纺织出版社,2013.

[29] 曹希波. 新编现代酒店服务与管理实战案例分析实务大全[M]. 北京:中国时代经济出版社,2013.